Helmut Swoboda

Propheten und Prognosen

Hellseher und Schwarzseher
von Delphi bis zum Club of Rome

Droemer Knaur

1. bis 20. Tausend

Umschlaggestaltung: Klaus Förster
Gesamtherstellung: Richterdruck, Würzburg
Printed in Germany
ISBN 3-426-26010-7

»Kein Volk gibt es, mag es noch so fein und gebildet, noch so roh und unwissend sein, das nicht der Ansicht wäre, die Zukunft könne von gewissen Leuten erkannt und vorhergesagt werden.«

Cicero, Von der Weissagung

Inhalt

I. Kapitel
Das Reich des Ungewissen

Es gibt nur Vergangenheit und Zukunft – die Ansicht, es gebe auch eine Gegenwart, ist nur ein weit verbreiteter Aberglaube oder eine gedankliche Manipulation der Wirklichkeit. Wie weit man die Gegenwart reichen läßt, ist dann allerdings Ermessenssache: Sie mag die vergangene und die künftige Stunde, den vergangenen und den künftigen Tag, das vergangene und das kommende Jahr einschließen. In Wirklichkeit aber zieht sich durch diese synthetische Gegenwart ein haarfeiner Riß, der die wahre Gegenwart darstellt – der jetzige Augenblick, der schon wieder verschwunden, schon in der Vergangenheit des Geschehenen versunken ist.
Sieht man von solchen Eingriffen in die Logik ab, dann bleiben unvermeidlich nur zwei Ereignisbereiche übrig: Zum einen die Vergangenheit, die alles Geschehene, alle Geschichte, umfaßt – von der Entstehung des Kosmos bis zur eben vertickten Sekunde, und zum anderen die Zukunft, die alles noch Ungeschehene, alles Künftige umfaßt. Die Gegenwart ist nichts als eine gedachte Trennungslinie zwischen diesen beiden Bereichen – eine Linie, an der der Bereich des Ungewissen und der Vermutung beginnt.
Je näher diese Zukunft am gegenwärtigen Augenblick und damit am bereits Geschehenen liegt, um so leichter ist sie vorhersehbar: Die nächste Minute, der morgige Tag sind besser abschätzbar als der 10. Mai 1997. Aber dennoch sind selbst der morgige Tag und die nächste Minute nicht völlig gewiß – irgendwo in der Welt geschieht in fast jedem Augenblick ein unvorhergesehenes Ereignis. *Mors certa, hora incerta* stand auf den alten Uhren: Der Tod ist gewiß, ungewiß die Stunde.
So scheidet also der gegenwärtige Augenblick nicht nur die Ver-

gangenheit von der Zukunft, sondern auch das Gewisse, das Tatsächliche, das Geschehene vom Ungewissen, vom Möglichen, vom noch Ungeschehenen. Alles, was bisher geschah, ist vergangen, ist Geschichte. Alles, was noch erlebt werden wird, liegt in der Zukunft. Wir sind unablässig unterwegs aus dem Reich der Gewißheit in das Reich der Ungewißheit, und alles, was wir tun, denken, planen, in die Wege leiten, ist notwendigerweise zukunftsorientiert im doppelten Sinne: orientiert an unseren Vorstellungen über die Zukunft und ausgerichtet auf die Gestaltung dieser Zukunft.
Selbst der Kurzsichtigste und Gedankenloseste handelt zukunftsorientiert, auch wenn er nur »von heute auf morgen« lebt; denn auch das Morgen ist ja Zukunft. Der Weitsichtige und Überlegende denkt in längeren zeitlichen Perspektiven – sein Entscheidungshorizont mag zuweilen sogar beim Jahr 2000 oder noch darüber hinaus liegen. Beide aber stehen immer wieder vor der Frage: Was wird die Zukunft bringen? An welchen künftigen Gegebenheiten kann oder muß ich mein Planen und Handeln orientieren?

Diese Beschäftigung mit der Zukunft ist also keine modische Marotte sektiererischer und geschäftemachender Prognostiker, sondern ein notwendiges und elementares Anliegen aller Menschen seit dem Anbeginn menschlichen Denkens. Ohne ein Minimum von plausiblen Vorstellungen, zumindest über die nächste Zukunft, ist vernünftiges Verhalten undenkbar. Jede Entscheidung orientiert sich an Erwartungen. Es ist daher existenznotwendig, etwas über die Zukunft zu wissen oder, falls ein exaktes Wissen nicht möglich ist, zumindest das Wahrscheinliche vom minder Wahrscheinlichen trennen zu können.

Seit dem Anfang der Menschheitsgeschichte hat es daher die Neugier gegeben, etwas über diese Zukunft zu erfahren – Wahrsager, Propheten, Sibyllen und Astrologen kannte schon das vorchristliche Altertum. Wieso ist es dennoch erst vor verhältnismäßig kurzer Zeit zu jener Hochblüte der Futurologie gekommen, die wir heute beobachten können?

Es sind wohl drei Hauptursachen, die das Entstehen der modernen Zukunftsforschung erklären. Erstens hat der immer raschere Fortschritt, die zunehmende Dynamik der Entwicklung zu einer vermehrten Unsicherheit über die Zukunft geführt: Weil der Wandel immer schneller wird, ist der Wunsch immer dringender, etwas über diesen Wandel zu erfahren. Und weil so manche Aspekte dieses Wandels und dieser Fortschrittsbeschleunigung zu Besorgnis Anlaß geben, verstärkt sich dieser Wunsch bis zur Notwendigkeit: Viele Aktionen von heute sind in ihren Auswirkungen so zukunftsgestaltend (oder auch zukunftsbedrohend), daß weit mehr Zukunftsschau erforderlich ist als in einer Zeit, deren Taten – und Untaten – nicht so unmittelbar in die Zukunft wirkten.

Zweitens liegt seit einigen Jahrzehnten oder zum Teil seit rund einem Jahrhundert erstmals in der Geschichte der Menschheit das wissenschaftliche Rüstzeug für eine methodische Prognostik vor – von der Statistik bis zur Computerwissenschaft. Zur individuellen Prognose des Arztes sind die Prognosen der Soziologie und der Nationalökonomie gekommen, und wenn sie sich auch nicht auf absolute »Gesetzmäßigkeiten« stützen können, so ist doch ihre Methodik eine vorwiegend wissenschaftliche und unterscheidet sich somit klar von der visionären Prophezeiung früherer Jahrhunderte.

Drittens mag zur Entwicklung der Futurologie auch die schwindende Bedeutung von Religion und Philosophie für das Leben der Menschen entscheidend beigetragen haben. Solange ein Gott oder die Götter den Lauf der Welt bestimmten, konnte man allenfalls versuchen, durch Vermittlung von Priestern Einsicht in den göttlichen Plan zu gewinnen, mußte im übrigen aber auf die Güte und Weisheit der himmlischen Mächte vertrauen. Seit sich die Überzeugung durchgesetzt hat, daß die Menschen selbst das Schicksal der Welt gestalten, ist die Zukunft prinzipiell machbar, planbar und daher wohl auch abschätzbar geworden.

Der Gedanke, daß es möglich sein müßte, ein wissenschaftliches Instrumentarium der Prognose zu entwickeln, mit dem die alte »metaphysische« und »theokratische« Denkstruktur überwunden werden kann, prägt bereits die »Soziologie« des französischen Philosophen Auguste Comte (1798–1857). Comte wollte die Soziologie als moderne Universalwissenschaft verstanden wissen, deren

Hauptaufgabe es war, gesellschaftliche Entwicklungen vorherzuberechnen. Seine Idee vom *prévoir pour prévenir* (vorhersehen, um vorzubeugen) wurde von späteren Soziologen wie Lester Ward (1841–1913) noch prägnanter in den Dienst der Praxis gestellt: *predict in order to control* (vorhersehen, um kontrollieren zu können).

Comte war überzeugt, es sei »der Natur des menschlichen Geistes gemäß, daß die Zukunft durch Beobachtung der Vergangenheit entschleiert werden kann – in der Politik genauso wie in der Astronomie, in der Physik, in der Chemie und in der Physiologie«. Dieser Aufgabe sollte die neue Wissenschaft dienen, der er den Namen »Sozialphysik« oder »Soziologie« gab und deren Zielsetzung weitgehend mit der der heutigen Futurologie übereinstimmt.

Wie weit Comte an naturgesetzliche Abläufe in der Geschichte glaubte, läßt sich nicht eindeutig sagen. Nach der eben angeführten Textstelle steht zu vermuten, daß er an ebenso unverrückbare Gesetzmäßigkeiten in der Soziologie glaubte, wie sie in der Astronomie oder der Physik gegeben sind. Dagegen weist die Formulierung *voir pour prévoir, prévoir pour prévenir* in eine ganz andere Richtung und läßt erkennen, daß Comte sich sehr wohl des Unterschieds bewußt war zwischen jenen Vorgängen, die durch menschliche Aktionen unbeeinflußbar sind und den anderen, die durch menschliche Tätigkeit mitgestaltet werden.

Wenn Comte von der zukunftsbetrachtenden Soziologie fordert, sie müsse Vorhersagen anstellen, um allenfalls rechtzeitig gegensteuernde Maßnahmen zu ermöglichen, dann kann er nur Prognosen im Auge haben, die nicht unwiderruflich und unbeeinflußbar sind. Die Beobachtung soziologischer Trends soll zu Warnungen und Vorkehrungen führen.

Wenn dieses erhoffte Frühwarnsystem bislang nicht annähernd in dem von Comte erhofften Ausmaß funktioniert hat, dann erstens, weil es gewiß keine naturgesetzlichen Notwendigkeiten im historischen Ablauf gibt, und zweitens, weil über die Zukunft letztlich eben doch nichts Genaues gewußt werden kann, und zwar gerade dann nichts gewußt werden kann, wenn sie von Menschen »machbar« und gestaltbar ist. Es gibt also, so meint der 1903 in Paris geborene Philosoph und Politologe Bertrand de Jouvenel (»Die Kunst der Vorausschau«) gar keine Zukunfts-»Wissenschaft«, sondern lediglich eine »Vermut-Kunst«, eine *art de la conjecture* – sprachlich bewußt nachgebildet jener *ars conjectandi,* mit der einst Jakob Bernouilli (1654–1705) die mathematische Wahrscheinlichkeitstheorie mitbegründete. Wer von »Futurologie« oder »Zukunftswissenschaft« spricht, so meint Jouvenel, erweckt allein schon durch die Wortwahl den Eindruck, als ob es grundsätzlich möglich sei, *die* Zukunft vorherzusehen. Es gibt aber nicht eine einzige, unvermeidbare und vorhersehbare Zukunft, sondern eine Vielfalt von denkbaren und gestaltbaren Zukünften. Die Kunst – wohlgemerkt: die *Kunst,* nicht die Wissenschaft – der Vorausschau besteht darin, jene Zukunft auszuwählen, die am wahrscheinlichsten eintreten wird.

Diese Definition der Zukunftsschau als »Kunst« ist nicht abwertend gemeint – man spricht ja unter anderem auch von der »ärztlichen Kunst« –, aber sie stellt immerhin eine exakte Positionsabgrenzung dar und erklärt mit allem Nachdruck: *Die* Zukunft gibt es nicht, sie kann also auch nicht vorherberechnet werden.

Jouvenel wandte sich mit dieser Ansicht vor allem gegen den Berliner Politologen Ossip Flechtheim, der vor nahezu fünfzig Jahren erstmals den Ausdruck *futurology* geprägt hatte und später auch im Deutschen die »Futurologie« durchsetzte – ein griechisch-lateinisches Mischkunstwort übrigens, sprachlich vergleichbar etwa dem »Automobil«.

Auch Flechtheim behauptete jedoch keineswegs, es sei möglich, die *eine* bestimmte Zukunft wissenschaftlich zu erforschen, und so ist die Diskussion, ob die Zukunftsforschung eine Kunst oder eine Wissenschaft sei, eher ein Streit um Worte und um Akzente als um die Sache selbst. Letztlich sind sich fast alle Zukunftsforscher darüber einig, daß es erstens keine in allen Details vorherbestimmte Zukunft gibt und daß zweitens der Versuch, aus den unzähligen denkmöglichen »Zukünften« die eine sich verwirklichende herauszufinden, immer nur ein wissenschaftliches Experiment sein wird und sich nicht auf unumstößliche Gesetze berufen kann. (Le-

diglich die orthodox-marxistische Prognostik basiert auf »Gesetzen« des dialektischen Materialismus: dem »Gesetz vom Umschlag quantitativer Veränderungen in eine neue Qualität«, dem »Gesetz der Einheit und des Kampfes der Gegensätze«, dem »Gesetz der Negation der Negation«, und sie behauptet, »alle Versuche, an Stelle der philosophischen Grundlagen anderen Wissenschaften, wie beispielsweise der Mathematik, den Vorrang zu geben, entbehren jeder Wissenschaftlichkeit«.)
Zukunftsforscher sind aber nicht nur diejenigen, die sich als solche oder als »Futurologen« oder auch als Hellseher bezeichnen, sondern auch jeder einzelne von uns, eben weil sein ganzes Handeln zukunftsgerichtet sein muß, weil Vor-Sicht lebensnotwendig ist. Man kann diese Voraus-Sicht, diese Prävision, aus dem Fundus der eigenen Erfahrung zu gewinnen suchen, und in vielen Fällen von Alltagsentscheidungen wird das auch genügen. Oft aber scheint die einzige Möglichkeit, einen Einblick in das Künftige zu gewinnen, im Befragen der Zukunftsexperten zu bestehen, seien es nun Orakelpriester oder Futurologen, Systemanalytiker oder Propheten.
Diese Aufzählung mag wie ein Sakrileg erscheinen, so als wolle man etwa Sanitätsgehilfen und Chefärzte in eine Kategorie einreihen, weil sie beide mit der Bekämpfung von Krankheiten und der Beseitigung von Unfallfolgen zu tun haben. Abgesehen davon, daß eine solche Zusammenfassung durchaus nicht völlig abwegig ist (der »barfüßige Doktor« des ländlichen China zeigt, wie fließend die Grenzen sind), besteht aber bei den Zukunftsforschern aller Art zumindest insofern eine ganz besondere Gemeinsamkeit, als sie sich allesamt mit dem Ungewissen beschäftigen.
Die Wissenschaft, die sie praktizieren, ist, es wurde bereits erwähnt, mit den Worten Jakob Bernouillis eine *ars conjectandi*, eine Vermutkunst, eine »Kunst der Vorausschau«, wie sie in unseren Tagen Bertrand de Jouvenel genannt hat. Und diese Kunst wird von Kartenschlägerinnen ausgeübt, aber auch von ganzen Gedankenfabriken, von *think tanks* voll akademisch geschulter Experten aller Fachrichtungen. Der wesentliche Unterschied liegt nicht so sehr im Aufgabenbereich als in der Methodik. Aber da

gerade die berühmtesten und erfolgreichsten Hellseher gar nicht so unwissenschaftlich arbeiten (zumindest sind sie hervorragende Amateurpsychologen), verschwimmen zuweilen selbst diese Unterschiede, und auf halbem Wege zwischen Herman Kahn und Frau Buchela steht der vielbeschäftigte Wirtschaftsastrologe mit Doktorhut.

All diese Zukunftsforscher und Zukunftsseher haben – in unterschiedlichem Ausmaß – persönliche Schicksale und den Lauf der Welt mitbestimmt, haben Erwartungen und Befürchtungen hervorgerufen, die ihrerseits wiederum bestimmte Handlungen und Entscheidungen ausgelöst haben. Die Offenbarung des heiligen Johannes, die »Utopia« des Thomas Morus und die »Grenzen des Wachstums« von Meadows (1972) sind – jede in ihrer Art – prognostische, zukunftsverheißende und zukunftsweisende Schriften. Sie haben das Denken der Menschheit zweifellos in neue Kanäle geleitet, auch wenn sich nicht annähernd bestimmen läßt, wie bedeutsam und nachhaltig diese Auswirkungen waren und sind und wie das Leben der Welt ohne sie verlaufen wäre oder verlaufen würde.

Es sind aber nicht nur die geistesgeschichtlichen Strömungen, die großen Weltanschauungen oder die globalen Weltvorstellungen, die durch wortmächtige Zukunftsseher mitgestaltet werden. In noch weit höherem Ausmaß greift die Prognostik tagaus, tagein in unser Leben ein, bis hinab zu den »banalen« Entscheidungen, ob man den Regenmantel mitnehmen oder daheimlassen soll – und im ungünstigsten Fall kann solch eine scheinbar unbedeutende Fehlentscheidung eine wochenlange fiebrige Erkältung zur Folge haben. Es ist eben kein Zufall, wenn man beim Wort »Prognose« zunächst automatisch an »Wetterprognose« denkt. Und Gedanken über die Wetterprognose sind durchaus geeignet, hinüberzuleiten zu Überlegungen über die Prognostik im allgemeinen. Sprechen wir also vom Wetter.

Die Ostertage des Jahres 1975 sollten freundlich, wenn auch nicht allzu warm werden – so prophezeiten es die Fachleute der Österreichischen Zentralanstalt für Meteorologie und Geodynamik, und wiesen im Fernsehen Satellitenphotos und Computerberechnungen der Großwetterlage vor. Das kurz vor Ostern noch etwas unfreundlich-regnerische Wetter werde sich ändern: ab Karsamstag Wetterbesserung, ein milder und freundlicher Ostersonntag mit föhnig aufgeheiterter Südwestwetterlage und Temperaturen in Tirol bis zu plus achtzehn Grad; im allgemeinen wechselnd bewölkt mit Aufheiterungen.

Dann kam der Wettersturz. Während die Wochenendzeitungen mit den optimistischen Prognosen noch durch die Rotationsmaschinen liefen, sanken die Temperaturen im ganzen Land in die Nähe des Gefrierpunktes, Regenschauer gingen nieder, verwandelten sich in weiten Teilen Österreichs in Schnee. Am Ostersonntag war Kärnten im Schnee erstickt, kilometerlange Autokolonnen konnten nur noch mit Schneeketten die Verladestellen der Bahntransporte durch den Tauerntunnel erreichen, fast alle Alpenpässe waren gesperrt, Urlauber in schwer zugänglichen Gebieten mußten mit Hubschraubern versorgt werden, an manchen Stellen fiel bis zu vier Meter Neuschnee, in Südtirol gab es die ergiebigsten Schneefälle seit anderthalb Jahrzehnten. In nächster Nähe der Bahnverladestelle Mallnitz–Tauerntunnel ging eine Lawine nieder, fegte eine Bungalowsiedlung hinweg und tötete acht Menschen.

Am Dienstag, als der Gipfel des höchst unerwarteten Wintereinbruchs überschritten war, meldeten die Zeitungen lakonisch: »Meteorologen irrten wie schon lange nicht« und zitierten einen der falschen Propheten: »Nach wissenschaftlichem Ermessen war die Lage am Samstag nicht anders zu beurteilen. Mit dem, was dann über uns hereinbrach, konnte nicht gerechnet werden.«

Was ist an dieser Reminiszenz so bedeutsam? Daß Wettervorhersagen nicht immer zutreffen, ist nichts Neues; daß sie zuweilen völlig falsch liegen, kommt auch vor. Und niemand hat je im Ernst behauptet, Meteorologen seien Übermenschen, die mit absoluter Zuverlässigkeit stets genau das Richtige prognostizieren.

Aber gerade hier ist der springende Punkt: Man findet es – aufgrund langer Erfahrung – durchaus nicht unverständlich oder auch nur verwunderlich, wenn Wetterprognosen häufig nur halbrichtig und mitunter völlig falsch sind. Wetterprognosen aber sind, im Verhältnis zu vielen anderen Vorhersagen, relativ leicht zu erstellen, denn sie erfordern »nur« eine genaue Kenntnis der gegenwärtigen Wetterlage, der Druckverteilungen, der Wolkenbildung, der Lufttemperatur, der Strömungsverhältnisse und der physikalischen Interaktionen jener Komponenten, die für das Entstehen des »Wetters« verantwortlich sind.

Es handelt sich demnach um eine rein naturwissenschaftliche Prognose, in die menschliches Handeln – bis auf weiteres – nicht eingreifen kann. Der Wettersturz zu Ostern ereignete sich völlig unabhängig von Wunschdenken oder Verwünschungen, und auf ihn hatten auch jene psychologischen Wechselwirkungen keinen Einfluß, die in anderen Bereichen zuweilen zur Selbsterfüllung oder Selbstzerstörung einer Vorhersage führen. Hinzu kommt, daß die Meteorologie einer der ältesten Wissenschaftszweige überhaupt ist, da das Vorher-Wissen des Wetters für den Menschen der Frühzeit mindestens ebenso wichtig war wie für uns: Ein unerwarteter Hagelschlag, heute das Risiko des einzelnen Landwirts und weitestgehend abgedeckt durch eine Versicherung, war in den Anfangszeiten des Ackerbaus eine tödliche Bedrohung für eine ganze Siedlung. Die Geschichte der Zukunftsschau beginnt daher ganz logisch mit der systematischen Beobachtung von Himmels- und Wetterphänomenen – zunächst mit der Feststellung der Regelmäßigkeiten der Jahreszeiten und danach mit dem Registrieren der Gesetzmäßigkeiten des Sternenlaufs. Die Zukunftsforschung begann bei den Priester-Astrologen in Chaldäa, die ihr Vor-Wissen um kommende Himmelserscheinungen, wie Mond- oder Sonnenfinsternisse, dazu benutzten, ihren Einfluß zu festigen.

Damals waren auch noch jene beiden Zweige der Zukunftsforschung eng miteinander verflochten, die man später sorgsam zu trennen suchte und die doch immer wieder zueinander drängen: Magie und Wissenschaft, Astrologie und Astronomie: der Einfluß des Mondes auf die Gezeiten und der Einfluß des Jupiter im siebenten Haus auf die am Spätnachmittag des 3. Dezember geborenen Kinder.

Eine uralte Wissenschaft also, diese Meteorologie – angereichert mit den Erfahrungen von Jahrtausenden, darüber hinaus aber aufs modernste ausgestaltet mit Wettersonden, Fernschreibverbindungen, Satellitenphotos, eigens ausgeklügelten Computerprogrammen; eine Wissenschaft, die systematisch gepflegt wird, der die besten Fachleute zur Verfügung stehen und die in der Regel bestrebt ist, niemandem nach dem Mund zu reden oder in ein unwissenschaftliches Wunschdenken zu verfallen; eine Wissenschaft schließlich, deren Bedeutung für das Leben des einzelnen und der Gemeinschaft unumstritten ist und für deren Weiterentwicklung daher erhebliche Geldsummen in aller Welt aufgewendet werden. Es gibt deshalb wohl kaum ein anderes Gebiet der Vorausschau, das eine gleich günstige Ausgangsposition hinsichtlich der richtigen Prognose des Kommenden hat. Und dennoch: »Mit dem, was dann hereinbrach, konnte nicht gerechnet werden.«

Gerechnet haben jedoch mit dieser Prognose – in unterschiedlichem Umfang – zahllose Menschen. Im Vertrauen auf die Richtigkeit dieser Vorhersage haben sie Entscheidungen getroffen, Urlaubsfahrten angesetzt, Wintermäntel daheimgelassen, Rückkehrtermine geplant. Gastwirte in Ausflugsgebieten haben sich reichlich mit Lebensmitteln eingedeckt, Hilfspersonal verpflichtet, große Torten gebacken. Die Tankstellen verbannten Frostschutzmittel und Schneeketten in die hintersten Winkel der Lagerräume. Die Hoteliers dachten weder daran, daß verdrossene Ostergäste im unerwarteten Schneeregen des Ostersonntag abreisen würden, noch hatten sie die Möglichkeit in Betracht gezogen, daß manche Urlauber mit Sommerreifen am Fahrzeug bis Dienstag bleiben könnten. In den Büros und Fabriken der großen Städte war nicht vorgesehen, daß am Dienstag so viel Personal fehlen würde.

Aber alle jene, die da falsch geplant hatten, konnten sich keine Vorwürfe machen: Sie hatten streng rational gehandelt, hatten die Vorhersage der Fachleute ernst genommen und sich danach gerichtet. Sie waren Opfer falscher Propheten geworden, die ihrerseits in bestem Glauben und in bester Überzeugung vorhergesagt hatten.

Zukunftsorientiertes Verhalten wird, sofern nicht reiche eigene Erfahrungen vorliegen, von den Vorhersagen der zuständigen Experten in entscheidendem Ausmaß beeinflußt. Wer keine eigene

Meinung vom Morgen und Übermorgen hat, akzeptiert eine fremde Meinung, wenn sie nur mit hinreichender Autorität oder Überzeugungskraft vorgebracht zu werden scheint. Das gilt vom Wetter wie vom Weltuntergang.

Das Schicksal erlaubt sich freilich die ironische Pointe, daß derjenige, der in den Tag hineinlebt und, wenn überhaupt, nur kurzfristig plant, vor Überraschungen weit mehr gefeit ist als der Umsichtige und Weitsichtige, der Mittel- und Langfristprognosen durchaus studiert mit heißem Bemühen und dann doch vom wirklichen Gang der Ereignisse überrumpelt wird. Aus meiner Kindheit erinnere ich mich an das Bechstein-Märchen vom Bruder Sparer und Bruder Vertuer – eine höchst ungewöhnliche Geschichte, da es allen traditionellen Erziehungsbestrebungen zuwiderläuft. Der Bruder Sparer häuft durch emsige Arbeit ein kleines Vermögen an, während sein Bruder Vertuer das verdiente Geld gleich wieder ausgibt. Eines Tages nun breitet der Bruder Sparer triumphierend sein Geld auf der Brüstung einer Brücke vor dem – wieder einmal – abgebrannten Bruder Vertuer aus; da kommt ein gewaltiger Windstoß und weht all das Ersparte, »die schönen Silbergroschen und Sechser«, in den Fluß. Bruder Vertuer lacht schallend und spottet: »Na, wieviel Geld hast du denn jetzt?« Und Bruder Sparer schluchzt tiefbetrübt: »Soviel wie du – hu – hu – hu!«

Gegen dieses Märchen hat sich mein kindlicher Gerechtigkeitssinn sehr empört – ohne von Nationalökonomie das mindeste zu verstehen, war ich instinktiv der Überzeugung, der Konsumverzicht des Sparers müsse belohnt werden, ein kleiner Nasenstüber des Schicksals für seinen Hochmut wäre völlig ausreichend gewesen. Wenn man dann heranwächst, merkt man freilich, daß nicht der grimmige Höhepunkt der Schönheitsfehler dieses Märchens ist – der Schönheitsfehler besteht vielmehr darin, daß das Märchen gar keines ist. Die Geschichte vom Bruder Sparer und vom Bruder Vertuer wiederholt sich – höchst real – stets aufs neue; und gar nicht so selten liegt ihr das naive Vertrauen des Bruders Sparer auf die Prognosen der Experten zugrunde.

Es scheint also, als stecke eine tüchtige Portion Wahrheit in dem Bonmot des »Wiener Aristophanes« Johann Nestroy, der einmal

meditierte: »Die Zukunft ist eine undankbare Person, die grad nur *die* quält, die sich recht sorgsam um sie bekümmern.«
Dennoch ist es bei näherem Hinsehen unumgänglich, sich eben *doch* um die Zukunft zu bekümmern, da wir schließlich unser gesamtes künftiges Leben dort verbringen werden. Selbst jene, die vor der Zukunft die Augen schließen, gehen in ihren Handlungen letzten Endes doch von gewissen Annahmen über das Kommende aus – und sei es nur in der simplen Form, daß sie glauben, es werde sich schon nichts Wesentliches ändern.
Von jeher gilt Vor-Sorge aus Vor-Sicht als unabdingbarer Bestandteil vernünftiger Lebensführung. Und wenn man unsere Zeit als von »Sekuritätsgier« geprägt bezeichnet hat, dann drückt dieses Bemühen, sich gegen Wechselfälle zu versichern und rückzuversichern, sehr deutlich unsere Sorge aus, die Situation könnte sich einmal zu unserem – individuellen oder kollektiven – Nachteil verändern. Daß Staaten, Länder, Gemeinden, Institutionen, Behörden, Vereine, Verbände und andere Kollektive zum Unterschied von Einzelpersonen die Vor-Sorge meist vernachlässigen, kaum jemals Reserven anlegen und sich gerne in Schulden stürzen, ist kein Widerspruch. Diese Handlungsweise läßt sich vor allem dadurch erklären, daß diesen Gebilden zumeist das kollektive Verantwortungsbewußtsein fehlt, während jeder einzelne – schon aus reinem Selbsterhaltungstrieb – zumindest die nähere Zukunft ins Kalkül zu ziehen sucht.
Ohne im mindesten Zukunftsforschung betrieben zu haben und auch ohne von jenem kleinbürgerlich-pedantischen Rechentrieb besessen zu sein, den Erich Kästner in einem seiner Gedichte verspottete (»Hei, wie er die Zukunft auswendig wußte! ... Er war berühmt als Vater und Gatte, / der Leben und Sterben und Diebstahl und Brand / versicherungsrechtlich geregelt hatte ...«), also auch ohne eine solche detaillierte Beschäftigung mit der Zukunft nimmt jeder Mensch eine stattliche Liste von künftigen Ereignissen als gegeben oder doch höchst wahrscheinlich an.
Man glaubt etwa, wohl mit der altersspezifischen mittleren Lebenserwartung, die einem die Statistik zubilligt, rechnen zu dürfen. Ethische Regeln besagen zwar seit Jahrtausenden, man möge

stets so handeln, als müsse man am nächsten Tag sterben, aber die reale Lebensplanung geht doch von der Annahme aus, das Pensionsalter zu erleben und dann noch eine Reihe von Jährchen vor sich zu haben. (Nochmals Kästner: »Und wenn sich die Achse der Erde verböge: / Er wußte, wieviel er am ersten Mai / [vorausgesetzt, daß er am Leben sei] / in zwanzig Jahren Gehalt bezöge.«)
Heute ist das freilich nicht mehr so leicht, wie es damals noch zu sein schien, als Erich Kästner in den späten zwanziger Jahren über den »geregelten Zeitgenossen« spottete. Kein Mensch kann heute voraussagen, welches Gehalt er in zwanzig Jahren beziehen wird – zumindest nicht nominal. Und ob es mit den Realeinkommen ständig aufwärtsgehen wird, ist heute auch nicht mehr annähernd so gewiß wie noch vor wenigen Jahren. Immerhin: Wir nehmen an, daß wir in der absehbaren Zukunft finanziell zumindest nicht wesentlich schlechter gestellt sein werden als augenblicklich.
Auf die Frage: »Werden Sie vermutlich heute in einem Jahr noch denselben Wagen fahren oder einen neuen?« kann fast jeder Autobesitzer ebenfalls eine ziemlich klare Antwort geben, auch wenn er sich dabei durchaus bewußt ist, wie viele unvorhergesehene Ereignisse dazwischenkommen können: ein Unfall, ein schwerer Motorschaden, ein geschäftlicher Rückschlag, aber auch ein Tototreffer oder eine Erbschaft.
Auch was die künftigen Familienverhältnisse betrifft, glaubt man leidlich klare Vorhersagen treffen zu können. Wünscht man noch ein weiteres Kind? Wird die Ehe das verflixte siebente Jahr überstehen, oder zeigt sie schon jetzt Sprünge? Welchen Beruf wird der Sohn voraussichtlich ergreifen? Wann ist der Bausparvertrag zuteilungsreif, wann das Eigenheim bezugsfertig?
Manche Zukunftsaspekte werden besonders stark von der emotionalen Grundeinstellung des Betrachters gefärbt. Der Optimist macht seinem Namen insofern Ehre, als er das Beste oder doch viel Gutes von der Zukunft erwartet, während der Pessimist Schwierigkeiten, Sorgen, Unannehmlichkeiten, ja Katastrophen heraufdämmern sieht. Beiden gemeinsam wird die Erkenntnis sein, daß die Entwicklung teils besser, teils schlechter als angenommen verläuft, jedenfalls aber anders.

Die Futurologen haben trotzdem den Begriff der »überraschungsfreien Zukunft« geprägt, der vor allem in den Prognosen von Herman Kahn eine große Rolle spielt. Diese überraschungsfreie Zukunft entspricht etwa dem, was sich ein intelligenter Zeitgenosse von leidlich ausgewogener Gemütsart von der Zukunft erwartet – eine mehr oder minder unveränderte Fortentwicklung der augenblicklich sichtbaren Trends.

Kahns »Standardwelt« der nächsten Jahre und Jahrzehnte ist daher unter anderem durch folgende Erscheinungen charakterisiert: »sowohl Fortdauer als auch Nachlassen des Interesses an einer wettstreitenden Koexistenz und Entspannung« – »Fortdauer und Verfestigung des tatsächlichen Gleichgewichts zwischen den USA und der UdSSR« – »Deutschland wird wahrscheinlich geteilt bleiben und Ostdeutschland mit jedem Jahr legitimer und lebensfähiger werden« – »Aus sozialen, politischen und wirtschaftlichen Gründen werden die japanischen Wachstumsraten bis zur Jahrtausendwende weiterhin hoch bleiben (um acht Prozent)« – »Wir können auch annehmen, daß die Volksrepublik China nach dem Tode Tschiang Kai-scheks auf einer ›Zwei-China-Basis‹ in die Vereinten Nationen aufgenommen werden wird«.

Können wir das noch annehmen? Die Prognose stammt aus dem Jahre 1967, war Teil einer »überraschungsfreien Standardwelt«, aber als Tschiang Kai-schek im Frühjahr 1975 starb, war die Volksrepublik schon lange Mitglied der Vereinten Nationen, hatte Nationalchinas Sitz im Sicherheitsrat eingenommen und von einer »Zwei-China-Basis« war keine Rede mehr. Das ist das typische Schicksal »überraschungsfreier« Prognosen, selbst wenn sie noch so vage und unpräzis formuliert sind.

Überraschungsfreie Prognosen sind etwas sehr Plausibles und Erfreuliches, aber sie haben einen peinlichen Schönheitsfehler: Sie werden fast immer durch irgendein überraschendes Ereignis um ihre Verwirklichung gebracht. Zwar bilden sie eine Welt ab, die sich gleichsam aus den jeweils wahrscheinlichsten Entwicklungen in mehreren Bereichen zusammensetzt, aber gerade diese Summierung macht das Wahrscheinliche unwahrscheinlich.

Handelt es sich um »voneinander unabhängige Ereignisse« im

Sinne der Wahrscheinlichkeitsrechnung, also etwa um Würfe mit einem Würfel oder um das Fallen der Roulettekugel, dann lassen sich – nicht für den einzelnen Wurf, wohl aber für ihre Gesamtheit – Prognosen aufstellen, die tatsächlich weitgehend überraschungsfrei sind: bei 6000 Würfen mit einem nichtverfälschten Würfel wird jede Augenzahl mindestens 850mal und höchstens 1150mal erscheinen: jedes andere Resultat wäre eine große Überraschung.

Handelt es sich aber nicht um derartige voneinander unabhängige Zufallsereignisse und ist überdies die Zahl der vergleichbaren Fälle viel zu gering, um Statistik und Wahrscheinlichkeitsrechnung überhaupt heranziehen zu können, dann sieht es um die überraschungsfreie Zukunft schlecht aus. Weder kann man etwa aus den bisher bekannten Revolutionen der Weltgeschichte prognostische Schlüsse auf den Verlauf und das Ergebnis einer nächsten Revolution ziehen oder zwanzig »Inflationen« auf einen gemeinsamen Nenner bringen und auf diese Weise prognostizieren, noch sind die für die Zukunftsgestaltung bedeutsamen Ereignisse jemals voneinander unabhängig. Ganz im Gegenteil: Das Nichteintreten auch nur einer einzigen »überraschungsfreien« Prognose verändert fast immer auch die Chancen für die Verwirklichung anderer Vorhersagen.

Ein neues Erdöl-Embargo mag recht unwahrscheinlich sein, ebenso ein ständiger Rückgang der Automobilproduktion und ein starkes Absinken des internationalen Fremdenverkehrs. Aber wenn das unwahrscheinliche Erdöl-Embargo Realität wird, dann werden damit auch die Prognosen über die Pkw-Produktion und den Fremdenverkehr hinfällig – und so manche anderen auch. (Wir haben ja in den letzten Jahren gelernt, daß wegen der Verflechtungen im Welthandel im Zweifelsfall an jedem Problem die andern schuld sind.)

So unsicher die Domino-Theorie der politischen Prognostik sein mag (wenn der Staat A »umfällt«, fallen auch die Nachbarn B und C), so sicher gibt es eine Domino-Praxis in der Zukunftsschau: Wenn eine zentrale Annahme nicht hält, dann reißt sie viele andere Prognosen und zuletzt das gesamte Szenario der Zukunft mit sich. Diese Gefahr ist immer dann besonders groß, wenn diese zentrale Annahme jedermann so einleuchtend und selbstverständlich vorkommt, daß man sie scheinbar gar nicht in Frage stellen kann.

Die berühmt-berüchtigte Verelendungs- und Bevölkerungsexplosions-Prognose von Thomas Malthus ging von der, nach dem damaligen Stand des Wissens durchaus gerechtfertigten, Annahme aus, daß der Ertrag des Bodens nicht mehr wesentlich gesteigert werden könne. Der Zusammenbruch dieser Annahme durch die Einführung des Kunstdüngers und der landwirtschaftlichen Maschinen führte zum Zusammenbruch der Prognose für die nähere und mittelfristige Zukunft. Sollten wir aber demnächst die Grenzen der landwirtschaftlichen Ertragssteigerung doch erreichen, dann wären wieder jene Bedingungen geschaffen, von denen Malthus seinerzeit ausging.

Jedenfalls: Mit einer überraschungsfreien Zukunft ist ganz gewiß nicht zu rechnen. Dennoch muß man den Prognostikern zugestehen, daß sie eine ganze Reihe von mutmaßlichen Entwicklungen von vornherein außer Betracht lassen dürfen. Eine sinnvolle Vorschau wird nämlich in dem Augenblick unmöglich, in dem eingewendet wird: Aber es kann doch der Dritte Weltkrieg ausbrechen, es kann eine unbekannte tödliche Seuche die Weltbevölkerung dezimieren, es können die Marsmenschen landen ...

Die erste Überlegung (Dritter Weltkrieg) mag in manchen Prognosen als durchaus gegebene Möglichkeit sehr wohl in Betracht gezogen werden, ja der Krieg bildet sogar die Basis für jene Form der Zukunftsschau, die in Militärschulen seit Jahrzehnten und Jahrhunderten gelehrt wird: Sandkastenspiele und Manöver sind nichts anderes als die Vorwegnahme denkbarer künftiger Ereignisse, auf die man möglichst gut vorbereitet sein will.

Trotzdem müssen notwendigerweise alle anderen Prognosen diese Möglichkeit außer acht lassen. Was könnten Vorschauen etwa über Fremdenverkehr und Handelsschiffahrt, über Börsenkurse und Fremdarbeiterbeschäftigung, über Kupferproduktion und Straßenverkehr noch aussagen, wenn man gleichzeitig den Ausbruch eines globalen und atomaren Krieges unterstellen wollte?

Was die unbekannte tödliche Seuche betrifft, die einen großen Teil der Weltbevölkerung hinwegrafft, so ist eine solche Möglichkeit zwar nicht völlig von der Hand zu weisen, aber einerseits so unwahrscheinlich und andererseits in ihren Auswirkungen so gravierend, daß sie in einer ernsthaften Zukunftsschau wohl unterbleiben und den *Science-fiction*-Autoren überlassen werden muß – wie die Landung der Marsmenschen.

Nun gab und gibt es jedoch eine Reihe von Prophezeiungen, die den bevorstehenden Weltuntergang verkünden. Bei ihnen aber haben wir es eben nicht mit rationaler Zukunftsschau und Prognose, sondern mit erleuchteter Prophezeiung zu tun. Allerdings ist das Vokabular der Zukunftsschau nicht sehr präzis, und etymologische Herkunft, umgangssprachliche Bedeutung und gängiger wissenschaftlicher Sprachgebrauch unterscheiden sich nicht unwesentlich.

Der etymologischen Herkunft nach ist die Prognose eine *pro-gnosis,* eine Vor-Erkenntnis, ein Vor-Wissen, das seinerseits zumeist eine Diagnose, ein Auseinander-Kennen der Ausgangssituationen voraussetzt. Der Prophet ist ein Vorher-Sprecher, ein Vorher-Sager, aber ein Vorhersager ganz besonderer Art, nämlich ein von Gott inspirierter, ein Sprachrohr Gottes. Ein Prophet war ursprünglich nicht unbedingt ein Zukunftsverkünder, sondern ein Erleuchteter, der in Gottes Auftrag sprach. Wenn er dabei auch vom Künftigen sprach, dann kam dieser Prophezeiung selbstverständlich größte Bedeutung zu, war sie doch ebenfalls göttliches Wort. Historisch wäre anzumerken, daß die hebräischen Propheten bald zu einem Berufsstand, zu Religionslehrern und Volksbildnern, schließlich auch zu politischen Propagandisten wurden, bekämpft von konkurrierenden Pseudo-Propheten oder »falschen Propheten«.

Die Vor-Schau ist ferner aufs engste verwandt mit der Vor-Sicht und der Voraus-Sicht, »voraussichtlich« wiederum entspricht einem »sehr wahrscheinlich«. (Die mathematische Wahrscheinlichkeit hat mit der umgangssprachlichen nur Berührungspunkte: Was für uns »wahrscheinlich« ist, entspricht etwa einer mathematischen Wahrscheinlichkeit von mehr als 0,7; was wir eine *»Fifty-*

fifty-Chance« nennen, hat die Wahrscheinlichkeit 0,5; das absolut Sichere ist 1, das völlig Unmögliche ist 0.)
Das zukunftsgerichtete griechische Pro... steckt auch im Programm, dem als Konzept Vorher-Geschriebenen. Programm und Planung spielen in der Zukunftsschau insofern eine wichtige Rolle, als dadurch Leitziele gesetzt werden, deren Erreichung in Anbetracht der Macht der Planer zumindest »wahrscheinlich« ist und daher die Zukunft leichter vorhersehbar macht.
Aber gibt es überhaupt eine Zukunft? So absurd diese Frage zunächst klingen mag, so bedeutsam wird sie, wenn man die Betonung verschiebt und fragt: Gibt es überhaupt *eine* Zukunft, nämlich eine ganz bestimmte, von vornherein feststehende Zukunft? Diese Frage muß jeder für sich selbst beantworten, ehe er weitere Überlegungen darüber anstellt, wie die Zukunft beschaffen sein mag und auf welche Weise man sich Kenntnis über das Kommende, das Künftige verschaffen könnte.
Es ist eine Frage, über die man nicht einfach hinweggehen sollte, wenngleich sie so schwierig zu beantworten ist, daß zwei Jahrhunderte christlich-abendländischer Geistesgeschichte von dem Streit um die Vorbestimmung, die Prädestination, gekennzeichnet waren. Ausgehend von des Jesuiten Luis Molina theologischer Schrift *»Liberi arbitrii concordia«* (1588) kam es zu erbitterten Auseinandersetzungen zwischen Jesuiten (Molinisten) und Jansenisten (Anhänger des holländischen Theologen Cornelius Jansen, 1585–1638) über die Frage der Gnadenwahl und der Vorherbestimmung: Hat Gott von Anfang an entschieden, welche Menschen seiner Gnade teilhaftig werden und welche verdammt sein sollen, oder bietet er seine Gnade allen an, und es steht im freien Willen des einzelnen, sich zum wahren Glauben zu bekennen oder die Verdammnis zu wählen?
Abgesehen von einigen kleinen Gruppierungen wie den Kalvinisten, haben schließlich sowohl Katholiken wie Lutheraner von einer klaren und verbindlichen Entscheidung abgesehen und sich auf die Kompromißformel geeinigt ungefähr des Inhalts, es gebe die Willensfreiheit des Menschen, aber Gott wisse schon im voraus von dieser Entscheidung. Im Islam hingegen ist der Glaube an

das Kismet, das unabänderlich von Gott vorherbestimmte Schicksal, zum starren Glaubensartikel geworden.
Die Frage nach der Vorherbestimmung reicht aber weit über das Theologische und Metaphysische bis in die Praxis der Zukunftsschau hinein. Denn entweder gibt es eine Vorbestimmung, dann gibt es auch nur die *eine*, eben die vorherbestimmte und *eo ipso* unabänderliche Zukunft. Oder aber es gibt *keine* Vorherbestimmung, dann ist die Zukunft grundsätzlich frei gestaltbar, und es gibt eine unendliche Anzahl denkmöglicher – wenn auch unterschiedlich wahrscheinlicher – Zukünfte.
Gibt es eine vorherbestimmte unabänderliche Zukunft, dann ist es grundsätzlich möglich, etwas darüber zu erfahren. Da sie von einem höheren Wesen, einem Weltenschöpfer, von Gott, vorherbestimmt wurde, ist das Ziel, die Zukunft zu erkennen, zweifellos am sichersten zu erreichen, wenn man versucht, mit dem Weltenlenker selbst in Verbindung zu treten: sei es durch eigene mystische Versenkung, sei es durch Vermittlung besonders begnadeter Personen – Zauberpriester, Magier, Schamanen, Hellseher, Besessene, Heilige oder Propheten. Die Vision des Kommenden kann aber auch ungesucht erscheinen, indem sich ein Gott einem Auserwählten offenbart und ihm Einblick in das Kommende gewährt, meist um Zaudernde oder Abtrünnige oder Laue zum Glauben zurückzuführen – ein erster Bruch mit der strengen Prädestination, da ja nun doch individuelle Entscheidungen über die Zukunft möglich werden: der Bereuende oder sich Bekehrende kann jetzt dem drohenden Verhängnis entgehen.
Es gibt übrigens auch eine atheistische Form der absoluten Vorherbestimmung, die ein mechanistisch-materialistisches Weltbild zur Voraussetzung hat. Ihre charakteristischste Ausprägung erhielt sie durch Simon Laplace und danach durch den Physiologen Du Bois-Reymond (1818–1896). Laplace (1749–1827), einer der bedeutendsten Astronomen aller Zeiten und ein hervorragender Mathematiker, schuf die Theorie vom *ésprit supérieur:* Wenn es einen Geist gibt, der einen kurzen Zeitabschnitt hindurch Standort und Bewegung aller Atome im Universum kennt, dann kann dieser Über-Geist, dieser *ésprit supérieur*, auch alles künftige Geschehen

kennen, da die Gesetzmäßigkeiten des atomaren Geschehens unveränderlich sind.*)

Das war ein bloßes Gedankenspiel, das im übrigen durch die neueren Erkenntnisse über Zufälligkeiten im subatomaren Bereich hinfällig geworden ist, aber es zeigt immerhin die prinzipielle Möglichkeit, eine feststehende Zukunft systematisch aus den Erfahrungen der Vergangenheit und aus dem Wissen von den naturgesetzlichen Zusammenhängen absolut zuverlässig zu errechnen.

Auch Mischformen einer Zukunftsberechnung sind denkbar: Kombinationen von mystischem und mathematischem Vorgehen, inspirierte Berechnung gleichsam. Und selbstverständlich hat die Schwarze Magie hier ihren Platz wie auch alle jene Formen der Weissagung, die das Künftige als unabwendbar darstellen. Die berühmteste Ausprägung hat diese Anschauung in der Gestalt des Ödipus – und, als dünner Aufguß, in späteren »Schicksalstragödien« – erfahren: Was immer die Eltern des Ödipus unternehmen, was immer er selbst versucht – unabwendbar, ja mit grausamer Ironie, erfüllt sich das Schicksal. Ödipus ermordet seinen Vater und heiratet seine Mutter, ganz wie der Fluch der Götter es vorherbestimmte, und er hat niemals die geringste Chance, dem Schicksal zu entrinnen.

Diese Vorstellung, daß es ein unentrinnbares vorbestimmtes Schicksal gibt, findet sich, wenn auch in gemilderter Form, in vielen Spielarten der modernen Futurologie, in der kulturphilosophischen Zukunftsschau, in der Wirtschaftsprognostik. So endet etwa Oswald Spenglers berühmtes Werk über den »Untergang des Abendlandes« mit dem alten lateinischen Spruch *Ducunt volentem fata, nolentem trahunt* – den Willigen führt das Geschick, den Widerstrebenden schleppt es mit sich. Auch die vielfältigen Zyklentheorien der Nationalökonomie basieren letztlich auf der Annahme gewisser schicksalhafter Schwankungen, die sich einer exakten Erklärung entziehen.

Aber in solchen Prognosen ist gleichsam nur der große Rahmen

*) Ganz in diesem Sinne aber auch schon Cicero, »Von der Weissagung«: »Wenn es einen Sterblichen gäbe, der die Verkettung aller Ursachen im Geiste durchschaute, würde diesem fürwahr nichts entgehen.«

von Schicksal oder Vorsehung abgesteckt, während innerhalb dieses Rahmens dem Zufall und der Initiative ein gewisser Spielraum verbleiben. Allerdings führt diese Art der Zukunftsbetrachtung zu einer nicht zu leugnenden Unlogik, da vermeintlich freie Handlungen eben doch wieder auf einen prädestinierten Effekt hinauslaufen müssen. Diese Konstruktionen bedeuten eigentlich nur Umwege zur totalen Vorherbestimmung: Der »Zeitgeist« läßt jene historischen Persönlichkeiten auftreten und wirken, deren Tätigkeit notwendig und unvermeidlich ist, wenn das Weltenschicksal seinen vorgesehenen Lauf nehmen soll. Die großen Gestalten und die großen Bösewichte der Weltgeschichte sind nur Erfüllungsgehilfen des Schicksals.

Das andere Extrem der Zukunftsschau ist die Annahme einer völlig frei gestaltbaren Zukunft, für die es weder Regeln noch Vorschriften und schon gar nicht Gesetzmäßigkeiten gibt. In einer solchen Zukunft ist nichts vorherbestimmt, nichts unvermeidbar, sondern schlechterdings alles denkbar und möglich, auch das Märchenhafte, das absolut Unwahrscheinliche, das total Phantastische – die Traumwelt als Realität, die Wirklichkeit als Traumspiel. Wenn von Dichtern immer wieder der Gedanke aufgegriffen wurde, das Leben sei ein Traum, der Traum ein Leben, dann ist dies ein solches Spiel mit der absolut frei gestaltbaren Zukunft.*)

Die Erfahrung zeigt jedoch, daß auch dieses Konzept der totalen Freiheit des Künftigen nicht richtig sein kann: Das Vergangene und das Bestehende wirken weiter fort, ändern sich nicht wie im Traum. Wir erwachen am Morgen nicht als Schneeglöckchen oder Seelöwe, sondern mehr oder minder als der und die, als die wir zu Bett gegangen sind. Und die Welt um uns ist ebenfalls so ziemlich die gleiche, die wir am Abend zuvor noch gekannt haben – und wenn ein »Kulissenwechsel« stattgefunden haben sollte, dann war er gewollt oder ist jedenfalls rational erklärbar. Man kann also

*) Die Faszination des Phantastischen und Unwirklichen manifestiert sich aber auch in Maskenbällen, in den »tollen Tagen«, der »Traumfabrik« Hollywood und der Anziehungskraft der TV-Phantasien.

zumindest für die nähere Zukunft damit rechnen, daß vieles vom Gestrigen auch morgen noch Realität sein wird.
Damit ist bereits eine erste Ausgangsposition für die »Berechnung« der Zukunft bezogen – eine Berechnung, die nun nicht mehr philosophische oder theologische Überlegungen über Endziel und Sinnhaftigkeit des Weltgeschehens als Ausgangspunkt braucht, sondern die Erfahrungen von gestern und die Gegebenheiten von heute. Alle ernsthafte Zukunftsforschung beruht auf dieser Annahme, und so sehr sich die einzelnen Konzepte voneinander unterscheiden mögen, in den elementarsten Prämissen stimmen sie alle überein.
Die erste dieser Annahmen besagt: Es gibt keine Vorherbestimmung in dem Sinn, daß alles künftige Geschehen bereits unwiderruflich festgelegt ist. Daraus ergibt sich zwanglos als zweite Annahme: Die Zukunft ist beeinflußbar und gestaltbar durch das Verhalten des Menschen – soweit dies nicht naturgesetzlich festgelegte Abläufe unmöglich machen. Diese Gestaltungsmöglichkeit der Zukunft ist jedoch begrenzt, denn die dritte Annahme erklärt: Die augenblicklichen Gegebenheiten sind als einengende Bedingungen der möglichen Zukünfte anzusehen. Und viertens: In Anbetracht dieser Reduzierung der denkbaren Möglichkeiten und auch in Anbetracht der annähernden Regelmäßigkeit gewisser wiederholt beobachteter Abläufe ist eine Abschätzung des Kommenden durchaus möglich. Jedoch fünftens: Keine Prognose kann Anspruch auf absolute Gültigkeit erheben, der wahrscheinliche Fehlerspielraum wächst mit der Entfernung von der Gegenwart.
Dies sind die wichtigsten Prämissen der Futurologie, und durch sie unterscheidet sie sich von magischen und mystischen Methoden der Zukunftsschau. Durch diese Annahmen aber ist auch die Methodik der Futurologie bereits in Umrissen skizziert. Da die Zukunft gestaltbar ist, müssen vor allem die Entscheidungsträger und die anderen Mächte (das sind diejenigen, die etwas vermögen) beobachtet und charakteristische Abläufe im sozialen Geschehen untersucht werden. Da die Naturgesetze Schranken setzen, ist deren Berücksichtigung notwendig. Da die augenblicklichen Gegebenheiten starken Einfluß auf die Zukunft nehmen, ist eine sorg-

same Analyse dieser Gegebenheiten und ihrer strukturellen Zusammenhänge von größter Bedeutung.

Die rationale Vorhersage der Zukunft – und zumeist auch die angeblich prophetische oder hellseherische – ergibt sich ja grundsätzlich und zwangsläufig aus der Beobachtung der Vergangenheit, aus einer wägenden Zusammenschau bisheriger Ereignisse und der vermuteten oder erwiesenen Zusammenhänge zwischen diesen, aus einer Kenntnis der Häufigkeiten und der statistischen Wahrscheinlichkeiten.

Ist ein Ereignis B auffallend oft auf ein Ereignis A gefolgt? In welchem Alter sind wie viele Menschen gestorben? Wie wahrscheinlich ist es, daß im Mai noch Schnee fällt? In Ciceros Zwiegespräch über die Weissagung sagt sein Bruder Quintus: »Alle mutmaßliche Weissagung stützt sich auf Vermutung, über die sie nicht hinausgehen kann, doch sehr häufig führt sie uns zur Wahrheit. Denn da sich seit Anbeginn der Zeit die Dinge fast unzähligemal auf ein und dieselbe Weise ereigneten, nachdem dieselben Zeichen vorausgegangen waren, so ist eine Kunst geschaffen worden, indem man diese Ereignisse bemerkte und aufzeichnete.«

Je mehr man über die Vergangenheit weiß, um so mehr Richtiges kann man über die Zukunft aussagen. Die Basis aller sachlichen Zukunftsforschung steckt vornehmlich in den statistischen Nachschlagewerken oder in anderen Datensammlungen, weil die bisher beobachteten Häufigkeiten (sei es der Regentage oder der Erkrankungen an Lungenkrebs) deutliche Hinweise zumindest für die nähere Zukunft geben können.

Auch die frühesten Prognosen, nämlich die Bauernregeln und die Sprichwörter, fallen in diese Kategorie der Auswertung von beobachteten Häufigkeiten. »Juniregen bringt reichen Segen« – das bedeutet: Die Erfahrung hat gelehrt, daß Regenfälle im Juni für die Ernte weit besser sind als eine Trockenheitsperiode; man kann also, von der Bauernregel ausgehend, prognostizieren: Wenn es im Juni regnet, wird die Ernte gut ausfallen. »Ist Dreikönig hell und klar, gibt's viel Wein in diesem Jahr« ist in der Aussage eine scheinbar ganz ähnliche Prognose, inhaltlich aber sicher viel anfechtbarer, da offensichtlich kein logischer Zusammenhang zwi-

schen dem Wetter an einem einzelnen Tag im Januar und der Weinernte im Herbst besteht. Immerhin wäre es denkmöglich, daß langjährige Beobachtungen eine solche Parallelität aufzeigten, sei es durch Zufall oder durch geheimnisvolle Zusammenhänge.
Die Bauern- und Wetterregeln sind ja von höchst unterschiedlicher Qualität: Manche fassen in wenigen Worten Beobachtungen zusammen, die sich immer wieder bestätigt haben, andere sind eher Wortspiele (»Friert's am Vierzigrittertag, bleibt es so noch vierzig Tag«) oder vorwiegend Erfindung und Phantasie, gestützt allenfalls auf ein paar beobachtete Zufälligkeiten.
Erfahrungen werden auch in Sprichwörtern verarbeitet, die in einer Zeit, in der Lesen- und Schreibenkönnen noch nicht Allgemeingut waren, vor allem dazu dienten, elementare Lebensweisheiten in knappster Form weiterzugeben – besonders gern in bildhafter, einprägsamer Sprache. »Der Apfel fällt nicht weit vom Stamm« – eine Alltagserfahrung aus jedem Obstgarten, durch das Sprichwort übertragen auf die Beobachtung, daß die Abstammung oft leicht ersichtlich ist und Kinder ihren Eltern in vieler Hinsicht nachgeraten. Prognostischer Wert dieser frühen soziologischen Vorhersage: Wenn ein Kind in geschädigtem Milieu aufgewachsen ist, wird es mit hoher Wahrscheinlichkeit von diesen schädlichen Einflüssen selbst deutlich geprägt sein.
»Das Auge des Herrn macht den Ochsen fett« – eine symbolische Umschreibung der Erfahrungstatsache, daß Knechte und Dienstleute nicht so emsig und aufmerksam um das Vieh und das andere Besitztum des Herrn bemüht sind, wenn nicht auch der Herr selbst sich darum kümmert. Prognostischer Wert: Wenn irgendwo ein Besitzer um sein Gut nicht persönlich Sorge trägt, dann wird sein Besitztum rasch dahinschmelzen.
In ähnlicher Weise bringen zahlreiche Sprichwörter in aller Welt die Beobachtungen und Erkenntnisse der Vorfahren auf einen kurzen gemeinsamen Nenner, prognostizieren Folgen aus Beobachtungen und sind dadurch zugleich auch Handlungsanleitungen und Entscheidungshilfen.
Zu den frühesten Formen systematischer Erfahrungsverarbeitung zum Zwecke der Vorhersage und der Entscheidungshilfe zählen

auch die ärztlichen Prognosen – ja das Wort »Prognose« selbst hat der Urahn der Medizin, der halblegendäre Hippokrates, in den Wortschatz der Welt eingebracht. Sein »Buch der Prognosen«, entstanden ungefähr gegen Ende des 5. nachchristlichen Jahrhunderts, beginnt mit den Worten: »Für den Arzt ist es sehr wichtig, daß er die Kunst der Voraussicht übt, denn wenn er von sich aus das Gegenwärtige, das Vergangene und das Zukünftige vorauserkennt, dann wird man ihm um so mehr Glauben schenken, und die Menschen werden es wagen, sich ihm anzuvertrauen.« Und überdies – so der vorsichtige Lehrmeister Hippokrates – wird der erfahrene Arzt auch vorhersehen, welcher Patient unrettbar verloren ist, und er wird »von der Verantwortung frei« sein, wenn er in einem solchen Fall eine Behandlung gar nicht erst versucht, die ja ohnehin nutzlos wäre.

Wie aber soll der Arzt dieses Vor-Wissen, diese *pro-gnosis,* erwerben? Indem er aus der Erfahrung lernt – aus der eigenen und aus der im »Buch der Prognosen« zusammengetragenen. Denn hier führt Hippokrates eine Reihe von charakteristischen Krankheitsverläufen an, beschreibt die typischen Symptome und Beschwerden und stellt dann die »Prognose« bezüglich der Heilung oder Gesundung. Manche dieser Prognosen haben sich durch die Jahrhunderte als richtig erwiesen: Die *Facies hippocratica,* das »hippokratische Gesicht« des Sterbenden (»die Nase ist spitz, die Augen sind hohl, die Schläfen eingefallen, die Ohren kalt und zusammengeschrumpft ... und die Farbe des ganzen Gesichts blaß oder schwärzlich«), gilt auch heute noch als ziemlich sicherer Vorbote des Todes, als »Totengesicht«.

Ehe der Arzt eine Prognose stellen kann, muß er freilich erst die richtige Diagnose gefunden, also die augenblickliche Situation des Patienten und die Symptome des Krankheitsbildes richtig eingeschätzt haben. Ist die Diagnose falsch, dann sind mit hoher Wahrscheinlichkeit auch Therapie und Prognose falsch. Bei der Zukunftsforschung, dieser generellen Form der Vorschau auf künftige Entwicklungen, ist es nicht anders: Wird die Ausgangssituation falsch beurteilt, werden die wahren Zusammenhänge und Wechselwirkungen nicht erkannt, dann wird man einerseits ver-

mutlich ungeeignete Planungen ausarbeiten, und andererseits kann die Prognose nicht stimmen.
Diese Schlüsselrolle der Diagnose führt freilich dazu, daß jeder Fachmann (der Arzt wie der Futurologe, der Kfz-Meister wie der Systemanalytiker) verbissen an seiner Diagnose festhält, solange sie nur einigermaßen mit der realen weiteren Entwicklung in Einklang zu bringen ist, auch wenn sich die Hinweise auf eine Fehldiagnose bereits häufen. Das kann bis zur schizophrenen Aufspaltung in zwei Wahrheiten führen: der einen, die aus dem Lehrbuch, der eigenen Überzeugung oder dem Computer kommt, und der anderen, die von der Realität repräsentiert wird. Und wenn sich die Tatsachen nicht der Theorie und dem Plan anpassen: um so schlimmer für die Tatsachen! Das ist nicht nur die Maxime starrköpfiger Polit-Ideologen, sondern zuweilen auch die starrköpfiger Vorherberechner aus anderen Bereichen.
Niemals ist es natürlich auch Schuld des Futurologen, wenn die Vorhersage nicht stimmt, sondern vielmehr der törichten Leute, die sich noch unkluger verhalten, als er ohnehin schon angenommen hatte. Charakteristisch dafür ist eine Äußerung Herman Kahns auf einem Kongreß zu Ende des Jahres 1978. Kahn, der jahrzehntelang mit konsequenter Euphorie goldene Zeiten, Hochkonjunktur und »Fortschritt« prophezeit hatte, schlug auf einmal skeptischere Töne an, sprach von einer »Epoche der Malaise« bis zur Jahrtausendwende und von einem deutlich abgeflachten Wachstum. Waren also seine früheren Prognosen falsch? Bewahre! Es wäre nach wie vor ein glorreicher Aufschwung möglich, aber es sei eben zu einem »drastischen Rückgang der Risikobereitschaft« gekommen, und die wohlhabenden Nationen »werden des materiellen Reichtums überdrüssig«. Wie immer man zu diesen neuen Erkenntnissen des prominentesten aller Futurologen stehen mag, eine Frage bleibt offen: Weshalb hat er diese Entwicklung nicht vorhergesehen, hat sie sogar lange Zeit überhaupt nicht zur Kenntnis genommen?
Jede Zukunftsschau, die sinnvoll und nützlich sein will, muß ja die künftigen Realitäten so gut wie nur irgend möglich abschätzen; sie darf sich nicht in fixe Ideen und Vorstellungen verrennen und für

deren Zusammenbruch dann die bösen Politiker, die dummen Geschäftsleute oder sonst jemanden haftbar machen. An einer Prognose will man sein künftiges Verhalten orientieren. Die Abschätzung des Kommenden ist daher für jedermann die entscheidende Verhaltensmaxime schlechthin, gleichgültig, ob es sich nur darum handelt, das Wetter der kommenden acht Stunden einigermaßen richtig vorherzusagen und also den Regenschirm mitzunehmen oder daheimzulassen, oder ob es um die Einschätzung des Arbeitsmarktes in zwanzig Jahren und damit um die Berufswahl geht. Und nicht bloß verachtenswerte »Opportunisten« erwägen ängstlich, ob ein politisches Regime wohl längeren Bestand haben werde und man daher gut daran täte, sich mit ihm wenigstens zu arrangieren, auch wenn man keinerlei Sympathie dafür empfindet. Ebenso ist die Grundlage der meisten Heiraten die stillschweigende Annahme, einen Partner gefunden zu haben, mit dem man sich auch in vielen Jahren noch gut verstehen wird.

Man entwirft also, wohlüberlegt oder aber ohne es selbst zu merken, und meist nur in groben Umrissen, ein Bild von der Zukunft und versucht anschließend, seine Entscheidungen so zu treffen, daß durch sie die angestrebten Ziele in dieser Zukunft weitgehend erreicht werden können.

Daraus folgt, daß unsere Ansicht über die Zukunft unser Verhalten bestimmt – wohlgemerkt unsere *Ansicht* und nicht die Zukunft selbst –, denn sie kennen wir ja nicht. Diese unsere Ansicht, der so große Bedeutung zukommt, wird von eigenen Erfahrungen und Anschauungen geprägt, zu einem sehr wesentlichen Teil jedoch auch beeinflußt von den Behauptungen jener Menschen, denen wir vertrauen – sei es, weil sie mit der vermeintlichen Autorität eines erfolgreichen Politikers, eines charismatischen Revolutionärs oder eines prominenten Wissenschaftlers sprechen, sei es, weil sie im Bekanntenkreis als glaubwürdige Zukunftsseher, Kartenleger, Astrologen oder Spiritisten gelten. Die Glaubwürdigkeit des Prognostikers ist seine entscheidende Stärke. Daher waren auch zu allen Zeiten die Seher bestrebt, Fehlprognosen gegebenenfalls zu kaschieren, Erfolge jedoch laut hinauszuposaunen – und im übrigen ihre Prophezeiungen nach Möglichkeit so vieldeutig

und dunkel zu formulieren, daß sie hinterher auf jeden Fall sagen konnten, sie hätten recht behalten.
Wenn aber den Prophezeiungen geglaubt wird, dann kann das interessante Phänomen der *self-fulfilling prophecy*, der »Selbsterfüllung« der Prognose, eintreten. Dieses Phänomen ist unter anderem seit langem als »Gesundbeten« beziehungsweise »Krankjammern« bekannt und bezog sich zunächst auf die Beobachtung, daß bestimmte Individuen offensichtlich durch die psychische Ausstrahlung ihrer Umgebung wieder gesundeten beziehungsweise immer mehr verfielen. Unterdessen ist zumindest das »Krankjammern« in den Wortschatz der Politiker eingegangen; es bezeichnet die Verwirklichung einer pessimistischen Prognose, die die Opposition abgegeben hat, und damit verbunden wird, zumindest unterschwellig, die Beschuldigung, erst durch diese negative Prognose, dieses Den-Teufel-an-die-Wand-Malen, sei es zur düsteren Realität gekommen – als Inbegriff einer *self-fulfilling prophecy.*
Die beiden Begriffe der *self-fulfilling* beziehungsweise der *self-destroying prophecy*, also der sich selbst erfüllenden oder aber der sich selbst vernichtenden Vorhersage, gehören zum Fachjargon der Zukunftsforschung, die, seit sie sich selbst zur Wissenschaft erklärt hat, um ein eigenes Vokabular bemüht ist.
Es handelt sich dabei jedoch nicht lediglich um klingende Fachausdrücke; hinter beiden Termini steckt auch etwas sehr Reales. Die *self-fulfilling prophecy* läuft etwa so ab: Als Fachleute oder Zukunftsforscher ausgewiesene Persönlichkeiten machen eine Vorhersage – diese Vorhersage wird, da sie von autoritativer Seite kommt, gläubig aufgenommen. Man verhält sich nun so, als träte das Prognostizierte tatsächlich ein – und erreicht dadurch letzten Endes, daß das Vorhergesagte Realität wird. Beispiel: Ein vertrauenswürdiges (das heißt in der Regel ein mehrfach erfolgreiches) Wirtschaftsforschungsinstitut prognostiziert für das nächste Jahr eine Hochkonjunktur – die Wirtschaft glaubt daran, erhöht die Investitionen, die Lagerbestände, die Produktion, stellt Arbeitskräfte ein – die Hochkonjunktur ist da.
Bei der *self-destroying prophecy* wird ein anderer Mechanismus wirksam: Sie sagt etwas voraus, das den davon Betroffenen

äußerst unangenehm und widerwärtig ist. So werden sie alles daransetzen, um die Erfüllung dieser Prognose unmöglich zu machen – obgleich sie unter den gegebenen Umständen keineswegs unrealistisch wäre. Durch diese Entschlossenheit der Hauptakteure aber werden rasch die Prämissen verändert, und die Schlußfolgerung kann nicht mehr eintreten.

So sagen etwa Statistiker im Hinblick auf einen Babyboom chaotische Zustände in den Grund- und Hauptschulen voraus. Daraufhin werden in aller Hast neue Schulgebäude errichtet und mehr Lehrkräfte ausgebildet – das Chaos bleibt aus, die Prognose hat sich selbst »zerstört« oder widerlegt.

Es handelt sich also in beiden Fällen darum, daß eine Vorhersage von den zum Handeln Berufenen grundsätzlich geglaubt wird, weil sie äußerst plausibel erscheint. Nur wird sie im einen Fall wohlwollend als Richtschnur angenommen, im anderen mit allen Kräften als drohender Alptraum bekämpft. Es ist nie die Prognose selbst, die sich kraft eines magischen Mechanismus selbst erfüllt oder widerlegt, es ist ihre Aufnahme im Publikum, in der Öffentlichkeit, bei den Machthabenden, die zu Erfüllung oder Nichterfüllung führt.

Propheten haben zu allen Zeiten ihr Charisma dafür eingesetzt, diese Wirkungen zu erzwingen. Die Gläubigkeit der Gläubigen besteht ja darin, daß sie dem Wort des Inspirierten, des Sehers und Verkünders, glauben und vertrauen – und je fester die Gläubigen im Glauben sind, um so angestrengter werden sie auf das verheißene Ziel hinarbeiten. Die erfolgreichsten politischen Führer und Demagogen waren stets jene, die Gläubigkeit und hierdurch wiederum Aktivität im Sinne der Zielerreichung hervorrufen konnten. (Wenn die Faszination der Führerpersönlichkeit nachläßt, versucht man es mit totaler Indoktrinierung; aber wie die Erfahrung zeigt, führt das auf längere Sicht eher zu Passivität.)

Auch die sozialistischen Utopien des frühen 19. Jahrhunderts, wie Etienne Cabets »Reise nach Ikarien« oder die spätliberale Utopie des Theodor Hertzka »Freiland«, sind als Versuch zu werten, eine sich selbst erfüllende Prophezeiung zu schaffen – Orwells »1984« hingegen hat das Ziel, den Leser zum leidenschaftlichen Kämpfer gegen das prognostizierte Grauen zu machen; es will eine *self-destroying prophecy* sein.

Freilich ist das Wechselspiel zwischen der prognostischen Aussage einerseits und dem Empfänger dieser Botschaft andererseits oft weit komplizierter. In einer soziologischen Studie wurden einmal nicht weniger als vierzehn Punkte, mit mehreren Unterteilungen, genannt, nach denen – »ohne Anspruch auf Vollständigkeit« – die Varianten der Selbsterfüllung und Selbstwiderlegung einer Prognose angeführt wurden. So ist etwa zu unterscheiden, ob es sich um eine unbedingte oder eine bedingte Voraussage handelt, also um eine apodiktische Prophezeiung des Unabwendbaren, oder nur um eine Warnung (Verheißung), deren Erfüllung von bestimmten Voraussetzungen abhängt. Strenggenommen handelt es sich dabei um keine Voraussage mehr; aber selbstverständlich fallen alle Prognosen der wissenschaftlichen Zukunftsforschung in diesen Bereich der bedingten Voraussage, ja, sie sind meist sogar ausdrücklich durch einschränkende Klauseln (»vorausgesetzt, daß ...«) eingegrenzt.

Die Glaubwürdigkeit der Prognose ist ferner abhängig von den bisherigen Ansichten und Erfahrungen des Botschaftsempfängers. Je mehr sie seinen eigenen Erwartungen, Befürchtungen und Erfahrungen entspricht, je mehr sie seinem Weltbild angepaßt ist, desto eher wird sie geglaubt werden. Ist sie allerdings kraftvoll und überzeugend genug, dann kann sie unter Umständen auch geistige Barrieren niederreißen und sich als neue Welt- und Zukunftsvorstellung bei ihm durchsetzen. Bei dieser Beurteilung spielt auch die – bekannte oder vermutete – weltanschauliche Position des »Propheten« eine wichtige Rolle – so lehnen beispielsweise marxistisch orientierte Wissenschaftler alle Vorhersagen der »bürgerlichen Futurologie« von vornherein grundsätzlich ab.

Liegen hingegen keine gravierenden Einwände gegen die weltanschaulichen Grundprinzipien der Prognostiker vor, dann tritt das Kriterium der Glaubwürdigkeit wieder in den Vordergrund, wobei nicht immer nur der Prozentsatz der Erfolge (der kaum je bekannt ist) den Ausschlag gibt, sondern zuweilen auch der Nimbus der Institutionen: Die Voraussagen der meteorologischen

Zentralanstalten etwa werden eher geglaubt als andere Wetterprognosen, auch wenn man persönlich damit keine allzu guten Erfahrungen gemacht haben sollte. Ähnliches gilt für hochschulnahe Institutionen und – solange keine Beeinflussung vermutet wird – für staatliche Institute.

Nur ein Bruchteil der ständig produzierten Prognosen ist für das Verhalten des einzelnen jeweils von Bedeutung. Aber alle Prognosen, die – bewußt oder unbewußt – vom Gedächtnis als Orientierungshilfe registriert werden, gestalten in ihrer Summe unsere eigene Prognose, die zuweilen identisch ist mit einer anderen, vertrauensvoll und blind übernommenen, zuweilen aber das kritische Resultat mehrerer Prognosen und eigener Erfahrungen darstellt.

»Unsere eigene Prognose« ist dabei kaum jemals genau formuliert und exakt durchdacht, wohl aber eine Summe von Erwartungen, eine mehr oder minder klare Zukunftsvorstellung. Und alle unsere Handlungen und Entscheidungen finden ihre rationale Begründung in diesem unserem jeweiligen Zukunftsbild – ob es nun um den Regenmantel geht oder um die Ehescheidung. »Jeder Akt ist bereits Prognose« formulierte Oskar Morgenstern vor einem halben Jahrhundert in seiner Schrift über die Wirtschaftsprognose. Aber es sind nicht nur Handlungen des wirtschaftenden Subjekts, die seine Zukunftserwartung widerspiegeln (wenn ich eine Aktie verkaufe, nehme ich an, daß sie fallen wird); auch jede andere Entscheidung ist notwendigerweise zukunftsorientiert und daher ebenso notwendigerweise von den Zukunftsvorstellungen geprägt, wobei diese Zukunft in engster zeitlicher Nähe oder aber in weiter Entfernung liegen mag.

Wer nun mit Hilfe seiner Voraussagen unseren Erwartungshorizont mitbestimmt, bestimmt dadurch auch unsere Handlungen mit: Der Zukunftsseher wird zum Zukunftsgestalter, auch dann, wenn kein Extremfall einer Selbsterfüllung oder Selbstzerstörung einer Prognose zustande kommt. Dabei tritt ein wunderlicher Fall von Selbstverwirklichung ein: Weil man den Prognostiker als Autorität akzeptiert, wird er erst wahrhaft zur Autorität – sofern nicht die Realität allzu deutlich seine Vorhersagen widerlegt hat. Und ebenso wird jeder, von dem wir Prognosen willig entgegennehmen, in unseren Augen zum Experten; denn hielten wir ihn nicht für überdurchschnittlich informiert oder weise, dann nähmen wir seine Vorhersage ja nicht ernst.

Da die Prognostiker ihrerseits sich entweder als Experten fühlen oder zumindest daran interessiert sind, als Autoritäten zu gelten (wodurch sie, wie eben gezeigt, dann tatsächlich Autoritäten werden können), und da schließlich die Zukunftskenntnis ganz offensichtlich kein normales, erlernbares Tatsachenwissen darstellt, erscheinen die Propheten und Prognostiker nur allzu leicht als eine Art von Übermenschen: als Magier, als Gottgesandte, als Erleuchtete, zumindest aber als besonders scharfsinnige Köpfe, als Super-Experten einer äußerst schwierigen Kunst und Wissenschaft.

Freilich hat nur *der* Prophet Erfolg und Echo, dem man glaubt, und um dies zu erreichen, muß sich der Zukunftsseher legitimieren können. Er muß glaubhaft machen, daß gerade *er* mehr oder Richtigeres über die Zukunft weiß als andere. Zu diesem Ziel führen zwei Wege: Entweder er überzeugt die Hörer von seinem Prophetentum, von seinen magischen Fähigkeiten, von seinem »direkten Draht« zu den Göttern, oder aber er überzeugt sie von seinem futurologischen Fachwissen, seiner wissenschaftlichen Spezialkenntnis, seiner optimalen Methodik der Zukunftsanalyse.

Wer aber einmal, auf welche Weise immer, Einfluß als Zukunftsseher ausübt, sitzt, wenn auch nicht an den Schalthebeln der Macht, so doch unmittelbar daneben. Daher lag zu allen Zeiten die Versuchung nahe, das Prophetenamt nicht aus wahrer Berufung und innerem Drang anzustreben, sondern um dadurch Macht oder wenigstens Vorteil zu erlangen. Solche Berufspropheten hat es schon im Altertum gegeben (Ciceros Bruder lehnt alle Seher ab, »welche des Gewinnes halber weissagen«), und in neuester Zeit ist die Prognostik zu einem mitunter sehr lukrativen Gewerbe geworden.

Es gibt und gab kein Prüfverfahren, das die wahren von den falschen Propheten zu scheiden vermag. Doch kann es nicht schaden, ein wenig Einblick in die Methodik und das Wirken der Zukunftsseher zu gewinnen und sich eine eigene Meinung zu bilden. Man ist ihnen dann nicht völlig ausgeliefert.

II. Kapitel
Hinter hölzernen Mauern

Propheten und Prognostiker wollen recht behalten. Was bei anderen Menschen lediglich persönlicher Ehrgeiz, Wunsch nach Selbstbestätigung oder Demonstration ihrer Klugheit ist, das ist bei ihnen darüber hinaus eine Berufsnotwendigkeit: Können sie nicht nachweisen, daß ihre Vorhersagen eingetroffen sind, dann büßen sie ihre Glaubwürdigkeit ein. Es ist ihnen also sehr daran gelegen, daß zumindest ein erheblicher Teil ihrer Prognosen und Prophezeiungen Wirklichkeit wird. Wie ist das zu bewerkstelligen?

Das einfachste – und beste – wäre es selbstverständlich, von vornherein viele richtige Prognosen zu liefern. Es gilt ja auch der Arzt als besonders tüchtig, der überdurchschnittlich viele Patienten heilt, und ein guter Lehrer ist jener, der seinen Schülern ein Maximum an nützlichem Wissen vermittelt. Nicht anders verhielt es sich zu allen Zeiten mit den Wahrsagern: Einige brachten es deshalb zu besonderem Ruhm, weil angeblich besonders viele oder besonders bedeutsame ihrer Vorhersagen in Erfüllung gegangen waren. Zu ihnen gehören der Seher Kalchas, die tiburtinische Sibylle, der Kalendermacher Nostradamus, der Futurologe Herman Kahn – inwieweit diese und andere Berühmtheiten ihren Ruf zu Recht erlangt haben, wird später noch zu untersuchen sein. Ebenso haben einzelne Institutionen oder halbanonyme Weissagungen legendären Ruf erlangt: das Orakel von Delphi, die Malachias-Prophezeiung, die Weissagung von Orval, die *RAND Corporation.*

Nun muß man aber überall dort, wo Erfolge unbedingt nachgewiesen werden sollen, die tatsächliche Leistung großartiger erscheinen lassen, als sie in Wirklichkeit ist. Die Prognostiker und

Propheten haben diese Kunst zu allen Zeiten aufs vortrefflichste beherrscht (und wenn nicht sie selbst, dann ihre Jünger, Apologeten und Bewunderer). Es gibt ja eine relativ einfache und überaus bewährte Methode: Man läßt mißlungene Prognosen unter den Tisch fallen und betont um so stärker jene, die eingetroffen sind. Aber das allein genügt nicht – immer noch ist die Fehlerquote zu hoch. Und da sticht nun die Trumpfkarte der Vorhersagekunst: die Mehrdeutigkeit.

Die griechischen Orakel im allgemeinen und das von Delphi insbesondere wurden immer schon – trotz aller Ehrfurcht und Bewunderung – doch auch als Meisterwerkstätten doppeldeutiger Vorhersagen betrachtet. Wir Heutigen verbinden mit »Orakel« ja ebenfalls Begriffe wie »unklar«, »dunkel«, »rätselhaft«. In der griechischen Mythologie trug Apollon, dem Delphi und zahlreiche andere Orakelstätten »unterstanden«, deshalb auch den Beinamen »Loxias«, was etwa »der Schräge, Schiefe«, »der Indirekte« bedeutete. Die griechische Intelligenz nahm im übrigen den Orakelpriestern diese listige Mehrdeutigkeit nicht übel, sondern betrachtete sie als ein anregendes geistiges Spiel – und selbst die Betroffenen, die einen Orakelspruch, wie sich hinterher herausstellte, zu naiv oder zu wörtlich interpretiert hatten, machten letzten Endes gute Miene zum bösen Spiel, wenn man ihnen zeigte, was sie falsch ausgelegt hatten und wie sie den Spruch hätten eigentlich deuten müssen.

Wir werden uns mit den Orakeln noch beschäftigen; der Fall des berühmten Königs Krösus oder Kroisos soll jedoch zur Illustration gleich hier geschildert werden. Der Lyderkönig Krösus fragte beim Delphischen Orakel an, ob er gegen die Perser und deren König Cyrus (Kyros) zu Felde ziehen solle, und erhielt die Antwort: »Wenn du den Halys überschreitest, wirst du ein großes Reich zerstören.« Der Halys (heute türkisch Kizil Irmak) bildete die Grenze des lydischen Reiches gegen die Meder und Perser. Krösus ging also vertrauensvoll in diesen neuen Krieg – scheinbar mit gutem Grund, da das gleiche Orakel zuletzt noch verkündet hatte: »Wenn ein Maulesel König der Meder sein wird, dann, Lydier, fliehe und fürchte dich nicht, feige zu scheinen.«

Krösus konnte um so zuversichtlicher sein, als zuvor von ihm in geradezu naturwissenschaftlich exakter Weise sechs oder sieben Orakelstätten »getestet« worden waren: Er hatte gleichzeitig Boten mit der Frage abgeschickt, womit er, Krösus, sich an einem bestimmten Stichtag beschäftigen würde. Und die delphische Pythia orakelte: »Ich zähle die Sandkörner des Meeres und messe seine Tiefe; ich höre den Stummen und den Schweigenden – und zu mir dringt der Geruch des Lammes und der Schildkröte, und Kupfer ist darüber und darunter.« Mit diesem Spruch war für Krösus die Entscheidung gefallen: Er hatte an diesem Tag in einem Kupferkessel Lamm- und Schildkrötenfleisch gekocht und wußte nun, daß die beste Orakelstätte Delphi war.
Als er dann, im Vertrauen auf die delphischen Weissagungen, gegen die Perser zu Felde zog, jedoch besiegt und gefangengenommen wurde, sandte er nochmals Boten nach Delphi und beklagte sich bitter über die falsche Prognose. Doch die Pythia ließ ihm, laut Herodot, sagen: »Apollon weissagte ihm nur, er werde ein großes Reich zerstören, wenn er gegen die Perser ziehe. Er aber verstand nicht das Wort und fragte auch nicht, ob sein eigenes Reich gemeint sei oder das des Kyros. So ist er also an seinem Unglück selbst schuld – um so mehr, als er auch das Orakel vom Maulesel nicht begriffen hat. Denn dieser Maulesel war Kyros, dessen Mutter eine edle Mederin aus Königsgeschlecht, dessen Vater jedoch ein Perser gewöhnlicher Abkunft war.« Und, so schließt Herodot: »Krösus erkannte nun, daß *er* gefehlt habe und nicht der Gott.« In abgewandelter Form kehrt diese Argumentation bei der Verteidigung der Orakel und Prognosen immer wieder. Plutarch etwa behauptete, die Doppeldeutigkeit der Orakel sei letztlich nur eine Art von apollinischer Pädagogik: Der Gott wolle die Menschen zu klarem und logischem Denken zwingen und sende ihnen gerade deshalb seine Botschaften in verschlüsselter Form.
Uralt ist auch die Behauptung, die Botschaften der Götter seien stets unfehlbar, doch könnten zuweilen Fehler bei ihrer Ausdeutung unterlaufen. Marcus Tullius Cicero hat sich vor ziemlich genau zweitausend Jahren in seiner Schrift *»De divinatione«*

(»Von der Weissagung«) sehr ausführlich mit diesem Thema beschäftigt, wobei er im ersten Teil des Buches seinem Bruder Quintus die Argumente *für* die Weissagung in den Mund legt, im zweiten Teil jedoch selbst entschieden *dagegen* Stellung bezieht. In der Darlegung der Pro-Argumente erklärt Quintus unter anderem genau das oben bereits Angeführte: »Was ungeschickt gemutmaßt und ungeschickt ausgelegt ist, das ist nicht durch die Schuld der Dinge, sondern durch die Unwissenheit der Erklärer falsch.« Die Botschaften der Götter, ob es sich nun um Träume, Vogelflug, Eingeweide oder Orakel handelt, sind stets richtig; wenn es zuweilen erscheint, sie seien falsch gewesen, dann ist die Schuld bei den Empfängern oder Interpreten der Botschaft zu suchen.
Ausgedeutet müssen die Zeichen ja immer dann werden, wenn es sich nicht um intuitive eigene Schau handelt (wie etwa bei den Propheten der Bibel oder anderen »Erleuchteten«), sondern wenn Zeichen oder schwer verständliche Original-Botschaften, etwa Träume, interpretiert werden müssen. Auch die Pythia auf ihrem Dreifuß neben der Erdspalte in Delphi, aus der vermutlich betäubende Dämpfe drangen, stieß oft nur einzelne Worte oder Laute hervor, die dann erst von den Orakelpriestern – und zwar immer noch mehrdeutig – formuliert wurden, nicht selten in gebundener Rede, also in Versen. Das veranlaßte später Lukian und die Philosophen der epikureischen Schule, die den Orakeln äußerst skeptisch gegenüberstanden, zu der bissigen Bemerkung, aus dem Munde Apollons, des Schirmherrn der Musen, könne man eigentlich Besseres erwarten als die hinkenden Hexameter, die in Delphi produziert würden.
Gerne bedienten sich die Orakelpriester einer Bildersprache, weil sich derartige Prophezeiungen im nachhinein besonders vielfältig auslegen ließen – ein Beispiel dafür war bereits der »Maulesel«, mit dem der Perserkönig gemeint war. Noch deutlicher ist dieses Verfahren in einem Orakel zu erkennen, von dem Pausanias berichtet. Da erhielt ein Feldherr namens Phalenthos in Delphi die kryptische Weissagung: »Wenn du Regen aus heiterem Himmel fühlst, wirst du eine Stadt und ein Land erobern.« Das klang nicht gerade verheißungsvoll. Dennoch unternahm Phalenthos seinen

Kriegszug, begleitet von seiner Frau Aithere. Er landete in Süditalien, doch das Kriegsglück blieb ihm versagt. Nach mühsamen, fruchtlosen Kämpfen befürchtete er, sich mit den Resten seines Heeres wieder einschiffen zu müssen. Als er am Vorabend des geplanten Rückzugs in seinem Zelt lag und trüben Gedanken nachhing, beugte sich seine Frau über ihn, voll Mitleid mit seinem Kummer, und ihre Tränen tropften auf sein Gesicht. Da erkannte der Krieger jäh den Sinn des Orakels: Der Name seiner Frau »Aithere« bedeutete wörtlich »schöner Himmel«, und aus diesem Himmel waren Tränen wie Regen auf ihn gefallen. Am nächsten Tag führte der Feldherr seine Truppen nochmals in den Kampf und eroberte Tarent sowie das weite Hinterland.

Eines der berühmtesten – und schlechthin perfekt doppeldeutigen – Orakel sei noch erwähnt, ehe wir vorerst von Delphi und der Pythia Abschied nehmen. Pyrrhos (lateinisch Pyrrhus), König von Epiros im dritten Jahrhundert, wurde von den Tarentinern gegen die Römer zu Hilfe gerufen. Er befragte ein Orakel (in Delphi oder in Dodona, die Berichte stimmen nicht völlig überein) nach den Siegesaussichten und erhielt die Antwort: »Wahrlich, das Volk der Römer wird Aiakos' Enkel (d. i. Pyrrhus) besiegen.« Wer steht hier im Nominativ, wer im Akkusativ? Wer besiegt wen?

Pyrrhus hielt sich für den Nominativ und begann mit den Römern jenen Krieg, in dem er zwar den sprichwörtlichen Pyrrhussieg bei Ausculum in Apulien errang, aber vier Jahre später vernichtend geschlagen wurde. Er kam einige Zeit danach durch einen vom Dach geschleuderten Ziegelstein beim Nahkampf in einer feindlichen Stadt um.

Übrigens ist die überlieferte lateinische Fassung des Orakels noch weniger verbindlich, falls das überhaupt möglich ist. Sie lautet: *»Aio te, Aecida, Romanos vincere posse«*, bringt also mit dem »posse« zu dem Nominativ-Akkusativ-Spiel noch die zusätzliche »Möglichkeit« ein, so daß die korrekte Übersetzung etwa lauten könnte: »Wahrlich, das Volk der Römer könnte Pyrrhus besiegen.«

Die Wörtchen »kann«, »vermutlich«, »vielleicht«, »wenn«, »falls«, »sobald« sowie die Möglichkeitsform der Aussage überhaupt spielen in den Prognosen ja bis auf den heutigen Tag eine große Rolle – eine besonders große immer dann, wenn der streng wissenschaftliche Charakter einer Prognose betont werden soll. Da sichert sich der Autor vorerst mit der – unleugbar richtigen – Feststellung ab, daß man selbstverständlich über die Zukunft nichts absolut Sicheres aussagen könne, und beginnt dann munter, mit viel »wenn« und »vielleicht« einen bunten Strauß einander widersprechender Möglichkeiten anzubieten. Am zugleich naivsten und raffiniertesten wird dieses Spiel von Herman Kahn getrieben, dessen prognostisches Buch »Ihr werdet es erleben« die Orakelpriester von Delphi vor Neid erblassen ließe.

Ehe wir aber auf dieses Meisterwerk moderner Vorhersagekunst etwas näher eingehen, seien noch einige moderne Kurzorakel erwähnt, die sich zwar auf eine so nüchterne und vermeintlich rationale Institution wie die Wertpapierbörse beziehen, aber in ihrer redseligen Unverbindlichkeit nicht selten an die Weissagungen der antiken Orakel erinnern. Da stand zum Beispiel einmal fettgedruckt in einem Börsenberatungsdienst: »Rechnen Sie weiterhin mit Schwankungen nach beiden Seiten im Aktienkursindex.« Wahrlich, Aeces-Geber, *Romanos vincere posse.*

Eine Firma, die sich auf Portfolio-Management spezialisiert hat, versichert treuherzig, eine galoppierende Inflation liege ebenso im Bereich des Möglichen wie eine lähmende Stagnation. Unter uns gesagt: Im Bereich des Möglichen liegt grundsätzlich alles, unmöglich ist letztlich nur das, was logisch nicht möglich ist, etwa ein kontradiktorischer Gegensatz. Eine hübsche »Einerseits-andererseits«-Prognose ist ferner diese Vorschau auf die Silberpreisentwicklung: »Sollte die amerikanische Währung weiter unter Druck geraten, wird die Nachfrage nach Silber weiter steigen ..., doch könnten gerade dann, wenn alle Welt auf steigende Preise wartet, empfindliche Preiseinbrüche folgen.«

Noch ein paar Prognosen, die schon überleiten zu den Binsenweisheiten der Tageszeitungshoroskope: »Der weitere Weg der deutschen Aktienkurse kann je nach Temperament und Einstellung durchaus unterschiedlich gesehen werden« und »Dem Anleger wird empfohlen, die Entwicklung an den Devisenmärkten genau zu verfolgen«. Weisheit einer großen amerikanischen Beraterfirma: »Wir befürworten grundsätzlich eine konstruktive Anlagepolitik, die allerdings die Versuchung zum Eingehen allzu hoher Risiken ausschließen sollte.«

Ebenso banal sind fast alle persönlichen Prognosen – vom Kartenschlagen bis zum Horoskop –, falls nicht hinter der Magie eine tüchtige Portion psychologisches Einfühlungsvermögen und reiche Erfahrung stehen. Die Gemeinplätze dieser Pauschalprognosen treten nur dadurch weniger in Erscheinung, weil jeder einzelne Leser sie auf sich persönlich bezieht und simple Alltagswahrheiten zur Kenntnis nimmt, als seien sie für ihn speziell geoffenbart worden: »Wollen Sie erfolgreich sein, so müssen Sie lernen, mit sich selbst auszukommen und im richtigen Augenblick die Fähigkeiten anzuwenden, die die Situation erfordert. Das heißt, Sie müssen den Ausgleich zwischen Ihrem Unternehmungsgeist und Ihrer Vorsichtigkeit finden.« Diese Sätze finden sich in einem Horoskop, das von einem berühmten französischen Astrologen erarbeitet wurde und für das man als Unterlage genaueste Daten über Geburtsort und Geburtsstunde, ja sogar Geburtsminute anzugeben hatte. Sie gelten für jemanden, bei dessen Geburt der Deszendent vierzehn Grad Fische war und die Sechstelstellung Uranus-Mars sechzig Grad betrug.

Im übrigen hat jedwede Prognostik eine narrensichere Rückzugslinie, falls sie nicht gerade auf das unabwendbare Fatum eingeschworen ist. Diese Rückzugslinie ist der Warncharakter der Weissagung: So und so wird es kommen, wenn nicht entsprechende Abwehrmaßnahmen getroffen, entsprechende Vorsichtsregeln befolgt werden. Seinen abergläubischen Bruder Quintus läßt Cicero sagen: »Die Auspizien geben keine Gründe an, warum etwas geschieht, sondern sie verkünden nur, daß es sich so ereignen werde, wenn man sich nicht vorsieht.« Und in genau dem gleichen Tonfall schließt ein sorgfältig programmiertes Elektronenorakel: »Vergessen Sie vor allem nicht, daß die Gestirne den Menschen oder eine Situation zwar beeinflussen, aber niemals entscheidend bestimmen können – das heißt, der Mensch bleibt auf jeden Fall Herr seiner Entscheidungen und in hohem Maße auch seines Schicksals.« Das ist, etwas langatmiger formuliert, der impulsive Ausruf des Illo, als Wallenstein sein eigenes Zögern auf die Gestirne schiebt: »In deiner Brust sind deines Schicksals Sterne!«

Sprachliche Tricks, Doppeldeutigkeiten, Banalitäten und Unverbindlichkeiten haben aber Einzug gehalten auch im hehrsten Tempel der zeitgenössischen Futurologie, und der Oberpriester des Hudson Institute, Herman Kahn, hat sie in seinem Konzept der »Standardwelt« und ihrer »kanonischen Variationen« zur Perfektion entwickelt. Die »Standardwelt« der Zukunft ist die der sogenannten »überraschungsfreien Zukunft«, und diese überraschungsfreie Zukunft entspricht ungefähr dem, was sich ein durchschnittlich intelligenter Zeitgenosse von leidlich ausgewogener Gemütsart erwartet – eine mehr oder minder unveränderte Fortentwicklung der augenblicklich allgemein sichtbaren Trends.

Kahns »Standardwelt« der nächsten Jahre und Jahrzehnte – es war davon bereits auf Seite 22 die Rede – ist daher unter anderem durch folgende Erscheinungen charakterisiert: »sowohl Fortdauer als auch Nachlassen des Interesses an einer wettstreitenden Koexistenz und Entspannung« – »Fortdauer und Verfestigung des tatsächlichen Gleichgewichts zwischen den USA und der UdSSR« – »Deutschland wird wahrscheinlich geteilt bleiben und Ostdeutschland mit jedem Jahr legitimer und lebensfähiger werden« – »Aus sozialen, politischen und wirtschaftlichen Gründen werden die japanischen Wachstumsraten bis zur Jahrtausendwende weiterhin hoch bleiben (um acht Prozent)« – »Wir können auch annehmen, daß die Volksrepublik China nach dem Tode Tschiang Kai-scheks auf einer ›Zwei-China-Basis‹ in die Vereinten Nationen aufgenommen werden wird«.

Können wir das wirklich annehmen? Die Realitäten der Weltpolitik haben die »überraschungsfreie Zukunft« um eine Überraschung bereichert: Als Tschiang Kai-schek im Frühjahr 1975 starb, war die Volksrepublik China schon lange Mitglied der Vereinten Nationen, hatte den Sitz Nationalchinas im Sicherheitsrat eingenommen, und von einer »Zwei-China-Basis« war keine Rede

mehr. Das ist das typische Schicksal »überraschungsfreier« Prognosen, auch wenn sie noch so vage und unpräzis formuliert sind.
Aber Herman Kahn ist ein ehrenwerter Mann, und er sagt ja stets ausdrücklich, daß die überraschungsfreie Zukunft nicht wirklich erwartet werden darf – ja es wäre geradezu überraschend, träfe sie so ein. Dennoch ist sie von vornherein durch orakelhafte Unklarheiten auf einen weiten überraschungsfreien Raum ausgedehnt. Was heißt denn zum Beispiel »sowohl Fortdauer als auch Nachlassen des Interesses an einer wettstreitenden Koexistenz und Entspannung«? Wie ist der Satz überhaupt zu lesen? Beziehen sich Fortdauer und Nachlassen auf »Koexistenz und Entspannung« oder nur auf die wettstreitende Koexistenz, mit der Folge vermehrter Entspannung? Welche Entwicklung, außer einer dramatischen Verschärfung der Spannung und akuter Kriegsgefahr, läßt sich *nicht* unter dieser dehnbaren Prophezeiung subsumieren? Geht das Wettrüsten unvermindert fort – nun ja, »Fortdauer der wettstreitenden Koexistenz«. Tritt weltpolitisches Tauwetter ein: »Nachlassen des Interesses an Wettstreit. Entspannung.« Und so fort.
Im übrigen ist die überraschungsfreie Standardwelt Kahns ja höchst flexibel – es gibt sie in drei verschiedenen »Hauptformen« und insgesamt acht »kanonischen Variationen«, in denen so ziemlich alles untergebracht ist, was einigermaßen plausibel erscheint. Auch das angebotene Zahlenmaterial bietet für jeden etwas, für Optimisten wie für Pessimisten: Das Bruttosozialprodukt pro Kopf der Bevölkerung wird für das Jahr 2000 für die USA im Bereich 4000 bis 15000 Dollar (Wert 1965) prognostiziert, für die Sowjetunion zwischen 1600 und 8000, für Japan zwischen 3500 und 12000, für China zwischen 100 und 900. Das sind die »überraschungsfreien« Entwürfe, die also jeweils einen Spielraum vom Vier- bis zum Neunfachen haben – und in dem läßt sich dementsprechend viel unterbringen. Es ist daher auch u. a. möglich, daß das Bruttosozialprodukt der Sowjetunion im Jahre 2000 ganz merklich über dem der USA liegt, es ist aber auch möglich, daß es nicht viel mehr als ein Zehntel davon betragen wird; Japan kann

an der Spitze der Welt liegen (eine Vorstellung, zu der Kahn sehr stark neigt, obwohl Japan mehr als jede andere Industriegroßmacht auf Rohstoffimporte angewiesen ist), es kann aber auch das Schlußlicht unter den Industrienationen bilden.
Auch für die »eher desintegrierten Weltformen« werden wahlweise sechs Szenarien angeboten, darunter eines mit begrenzter Invasion der USA in Nordvietnam, Angriff der Chinesen auf amerikanische Flugzeugträger und »atomarem Schlagabtausch«. Es erübrigt sich, nocht weiterhin auf ein Buch einzugehen, das bereits mehr als zehn Jahre alt ist. Aber diese wenn auch nur kursorische Auseinandersetzung war notwendig, weil Herman Kahn als streng rationaler, wissenschaftlicher Futurologe galt und gilt, während eine unvoreingenommene Analyse seiner Aussagen ihn in äußerst bedenkliche Nähe der Pythia und ihrer Orakelpriester rückt – nicht in der Methodik, aber in der Diktion.
Ähnlich verhält es sich mit dem seinerzeit vieldiskutierten und rasch zu Bestsellerehren gekommenen Buch vom »Zukunftsschock«. Der Autor Alvin Toffler malt ein noch weit umfassenderes Panorama von Zukunftsaussichten – allerdings handelt es sich nicht um das Resumé eigener Forschungsarbeit, sondern um eine Synopsis futurologischer Äußerungen von Experten jeglichen Kalibers. Der »Zukunftsschock« gehört daher in die unmittelbare Nachfolge von Robert Jungks »Die Zukunft hat schon begonnen«, nur ist es inhaltlich nicht so knapp und prägnant und weniger gut lesbar.
Immerhin ist es bemerkenswert, daß Toffler trotz des »Panoramablicks« und trotz der Umfragen bei allen möglichen Experten die wichtigsten Probleme der unmittelbaren Zukunft fast völlig übersehen hat: Die Erstausgabe ist 1970 erschienen, aber über eine bevorstehende oder auch nur mögliche Öl- und Energiekrise findet sich kein Wort, über den Terrorismus lediglich ein einzelner Satz. Dafür aber beschäftigt sich der Autor in aller Ausführlichkeit mit den Zukunftsmöglichkeiten eines Lebens unter Wasser, stellt Erwägungen an darüber, wann es zu einer Fusion von Mensch und Maschine kommen wird, und für die Zukunft von Familie und Kleingruppe werden zahlreiche Variationen angeboten. Als Gan-

zes gesehen ist der »Zukunftsschock« voll von Widersprüchen; sieht man ihn hingegen als Querschnitt durch die futurologischen Spekulationen der Zeit um 1969 an, dann wird er fast zur brillanten Satire auf die gesamte Zukunftsforschung überhaupt, deren einzelne Repräsentanten einander noch weit mehr widersprechen als einst die Orakel von Dodona, Delphi, des Zeus Ammon und des Amphiaraos.

Diese Widersprüchlichkeiten erklären sich zum großen Teil daraus, daß um der – teils vorgespiegelten, teils wirklich beabsichtigten – Wissenschaftlichkeit der Prognostik willen immer mehr Fachleute mit immer engeren Fachgebieten herangezogen werden, während die frei spekulierende Zusammenschau im Stile der frühen – und auch der späteren – Utopisten unterbleibt oder als »unwissenschaftlich« abqualifiziert wird. Das ist insoweit richtig, als die Utopie niemals exakte Prognosen geliefert hat und nur höchst selten mit einem auch nur bescheidenen wissenschaftlichen Instrumentarium gearbeitet hat. Es ist aber andererseits völlig unrichtig, weil nämlich die nunmehr wissenschaftlich »Szenarios« genannten Zukunftsskizzen eben auch nichts anderes als Utopien sind, nur wesentlich kürzer.

Das Heranziehen der gegenwärtigen Experten als Prognostiker für die Zukunftschancen ihres Fachgebietes wirft im übrigen mindestens so viele Probleme auf wie man damit zu lösen beabsichtigt – es wird darüber später noch einiges zu sagen sein. Vorerst müssen wir, weil das für den gesamten Fragenkomplex der Zukunftsvorhersage so wichtig ist, wieder auf die sprachlichen Tricks und ihre psychologischen Auswirkungen zurückkommen.

Wie kann es eigentlich geschehen, daß leidlich vernünftige Menschen die Unklarheiten und Doppeldeutigkeiten von Prognosen entweder übersehen oder entschlossen nicht zur Kenntnis nehmen?

Der elementarste Grund ist und war wohl zu allen Zeiten der, daß man zwar unbedingt ein wenig in die Zukunft blicken wollte, aber selbst nicht die Möglichkeiten dafür besaß. Daher befragte man jene, die sich als Fachleute ausgaben. Selbst wenn man von ihnen enttäuscht wurde, so blieb das Gefühl, sie wüßten vielleicht doch ein bißchen mehr als die Laien. Es ist, kurz gesagt, genau jene Haltung, die wir alle gegenüber den Meteorologen einnehmen: Jeder weiß aus Erfahrung, daß die Wettervorhersage x-mal falsch und 2x-mal halbrichtig war. Und trotzdem hört man sie immer wieder mit Interesse und richtet sich mitunter sogar danach – nicht so sehr, weil man von ihrer Zuverlässigkeit nun plötzlich überzeugt wäre, sondern weil es ganz einfach keine bessere Prognose gibt. (Abgesehen vielleicht vom Hundertjährigen Kalender oder vom rheumatischen Knie; die Laubfrösche im Glas sind ja leider dem Fortschritt zum Opfer gefallen.)

Das ist aber lediglich jene rationale Haltung, mit der zum Beispiel auch die Unternehmer eine Wirtschaftsprognose aufnehmen oder die Staatsmänner eine politische Prognose – man weiß, Experten sind zu diesem oder jenem Schluß gekommen, man weiß auch, daß Experten zuweilen irren, aber woran sonst soll man glauben? Manche versuchen es mit dem eigenen Instinkt, und wenn sie Glück haben, fahren sie gut damit.

Bei sehr vielen Prophezeiungen besteht jedoch beim Empfänger der prophetischen Botschaft eine weit höhere Aufnahme- und Glaubensbereitschaft. Wen es nach Weissagungen verlangt, der ist meist *eo ipso* bereit, sie als wahr hinzunehmen: Wer vom Kartenschlagen nichts hält, geht gar nicht erst zur Kartenschlägerin. Wer jedoch zu ihr geht, mag sich zwar durchaus noch einen Rest von Skepsis bewahrt haben, ist im großen und ganzen aber vertrauensvoll. Wer an die Sterne nicht glaubt, läßt sich kein Horoskop stellen; wer sich sein Horoskop stellen läßt, setzt in die Astrologie zumindest einiges Vertrauen.

Wer aber größeres Vertrauen aufbringt als der Durchschnittsmensch, dessen Einstellung zur Prophetie und ihren Resultaten verändert sich zwangsläufig. Jeder Mensch – das hat die moderne Kommunikationswissenschaft wiederentdeckt – hat die Neigung, aus einer Botschaft *das* herauszuhören, was ihm am meisten zusagt. Wer an Vorhersagen glaubt, hat daher die Neigung, die richtigen Prognosen überzuwerten, die halbrichtigen als richtig anzusehen und die falschen zu vergessen. Selbst der Skeptiker, dem einmal auf dem Jahrmarkt eine Zigeunerin aus den Handlinien

gelesen hat, erinnert sich eher an das wenige, das eingetroffen ist, als an all das, was nicht eingetroffen ist.
Immerhin darf bei allen Bedenken hinsichtlich von Prophezeiungen ein Argument nicht aus den Augen verloren werden, das Cicero in seiner Schrift über die Weissagung dem Verteidiger der Orakel in den Mund legt: »Wenn auch nur eine einzige Sache so vorausgesagt und vorgeahnt worden ist, daß sie genau so eintrifft und dabei offenbar nichts durch Zufall sich zugetragen hat, dann müssen wir zugestehen, daß es eine Weissagung gibt.« Damit ist zwar noch keineswegs bewiesen, daß *jedwede* Weissagung richtig sein muß, aber der Grundgedanke des Quintus Cicero ist unwiderlegbar: Hat es jemals einen Fall von Weissagung gegeben, der sich nicht durch *Zufall* bewahrheitet hat, dann gibt es eine Zukunftsschau.
Der Kulturhistoriker Max Kemmerich hat daher im Jahre 1911 als Ausgangspunkt seiner Untersuchung über die Prophezeiungen die Wahrscheinlichkeitsrechnung genommen und die berühmtesten der prophetischen *Quatrains* (Vierzeiler) des Nostradamus nach ihrem Zufallsgehalt analysiert. Es lohnt die Mühe, Kemmerichs Gedankengang nachzuverfolgen und zu sehen, wie er zu welchen Schlüssen gelangt ist.
»Eines war mir klar«, beginnt Kemmerich. »Allein durch die Zusammentragung beglaubigter Prophezeiungen ist das Problem niemals zwingend zu lösen. Denn mögen die Daten noch so zahlreich sein, so wird die Möglichkeit des Zufalls doch niemals ganz von der Hand gewiesen werden können. Es handelte sich also vor allem darum, eine Methode zu ersinnen, die diesen Rückzug endgültig abschneidet. Sie fand ich durch Verbindung der Wahrscheinlichkeitsrechnung mit den historischen Tatsachen. Dadurch gelang es mir, an die Stelle eines Glaubens oder Nichtglaubens an Prophetie das unbedingt feststehende Wissen von ihrer Existenz zu setzen. Das ist eine neue Wahrheit. Denn die Voraussetzung der Wahrheit – das, was sie vom Glauben oder Aberglauben unterscheidet, ist ihre Beweisbarkeit. In die Wissenschaft wird etwas nur durch den Beweis eingeführt. Und ihn zu erbringen, gelang mir als erstem.«

Es ist dies die konsequente Fortführung jener vorhin erwähnten Überlegung, die Marcus Tullius Cicero seinem orakelgläubigen Bruder in den Mund legt: Wenn ein Zufall nachweislich ausgeschlossen werden kann, dann bestätigt das Eintreffen der Prophezeiung zwingend das Phänomen der Weissagung. Kemmerich glaubte nun, das Maß des Zufalls in der Wahrscheinlichkeitsrechnung gefunden zu haben. Er argumentierte sinngemäß etwa so: Wenn man einem alten Mann vorhersagt, daß er in zehn Jahren tot sein wird, dann beweist das selbstverständlich gar nichts, denn mit dem Ableben eines alten Menschen ist innerhalb dieser Zeitspanne durchaus zu rechnen. Wenn für einen bestimmten Zeitabschnitt ein Krieg vorausgesagt wird, dann ist das ebenfalls noch kein schlüssiger Beweis, denn Kriege hat es immer wieder gegeben. Wenn jedoch so viele Einzelheiten eines künftigen Ereignisses vorhergesagt werden, daß diese Kumulierung von Details durch den bloßen Zufall extrem unwahrscheinlich ist, dann haben wir es offensichtlich mit einer echten Prophezeiung zu tun. Für Nostradamus glaubte er diesen Beweis führen zu können.

Ehe wir auf diese Beweisführung aber näher eingehen, sind ein paar Worte über die Wahrscheinlichkeitsrechnung einzufügen, die ja nicht nur in Kemmerichs Argumentation eine entscheidende Rolle spielt, sondern die schlechthin die mathematische Aussageform für das Künftige ist. Die Wahrscheinlichkeit wird in Dezimalzahlen ausgedrückt, die zwischen null und eins liegen: Die Wahrscheinlichkeit Null bedeutet die völlige Unmöglichkeit eines Ereignisses, die Wahrscheinlichkeit Eins (geschrieben $p = 1$) die absolute Gewißheit; $p = 0{,}5$ entspricht dem, was man umgangssprachlich als *Fifty-fifty*-Chance bezeichnet.

Die einfachsten Verdeutlichungsmodelle leiten sich vom Glücksspiel ab (das übrigens auch die historische Wurzel der Wahrscheinlichkeitsrechnung ist). Die Wahrscheinlichkeit, daß ein normaler, unverfälschter Würfel beim nächsten Wurf die Zahl 2 zeigt, ist demnach $^1/_6$ oder $p = 0{,}167$; die Wahrscheinlichkeit, daß in einem unmanipulierten Roulettekessel beim nächsten Wurf der Kugel die Zahl 17 erscheint, ist $^1/_{37}$ oder $p = 0{,}027$. Was sich beim Würfel und beim Roulette aus den Konstruktionsmerkmalen einsichtig machen läßt (sechs gleiche Flächen, bzw. siebenunddreißig gleiche Segmente), wird in anderen Fällen aus der Häufigkeit der bisher beobachteten Ereignisse abgeleitet. So geben etwa die »Sterbetafeln« auf Bruchstellen genau an, wie hoch die Wahrscheinlichkeit für einen fünfundvierzigjährigen Bundesdeutschen ist, im Laufe der nächsten zwölf Monate zu sterben. Sie beträgt ungefähr 0,0047 – von tausend fünfundvierzigjährigen Männern werden etwa fünf binnen zwölf Monaten sterben.

Auf ähnlichen Kalkulationen beruhen auch alle Zweige des Versicherungswesens: Die auf Erfahrung beruhende Häufigkeit von Schadensfällen und deren Schwere wird als Ausgangsbasis für die Errechnung der Prämien genommen. Dabei ist allerdings zu bedenken, daß man es bei Naturereignissen wie Hagel, Blitzschlag und Überschwemmung mit Phänomenen zu tun hat, die dem menschlichem Einfluß entzogen sind. In geringerem Ausmaß gilt das auch noch für die mittlere Lebenserwartung und die Todesursachen, obwohl hier meist schon differenziert wird und bei Versicherungsabschluß bestehende schwere Krankheiten nicht selten vom Versicherungsschutz ausgenommen werden. Eine weitere Gruppe von Schadensereignissen schließlich ist *nur* auf menschliche Entscheidungsakte zurückzuführen (Diebstahl, Brandstiftung, Selbstmord) oder doch in hohem Maße von ihnen abhängig (Kfz-Haftpflicht).

Nun stehen menschliche Entscheidungen zwar im freien Ermessen des einzelnen, sehen wir einmal von einer strikten Determination ab, aber die Erfahrung hat gezeigt, daß sie dennoch – oft über Jahrzehnte hinweg – ein gleichbleibendes Verhalten zeigen oder aber, entsprechend gewissen sozialen Veränderungen und ähnlichen Faktoren, einen deutlichen Trend erkennen lassen. Auch sie sind daher innerhalb erstaunlich enger Grenzen prognostizierbar, wenn ausreichend Datenmaterial zur Verfügung steht.

Dabei ist eines mit besonderem Nachdruck festzuhalten: Die Wahrscheinlichkeitsrechnung und die eng zu ihr gehörende Statistik haben es stets mit Massenphänomenen zu tun, und ihre Prognosen werden um so präziser sein, je mehr Beobachtungen vorliegen. Es leben derzeit in der Bundesrepublik rund 400 000 Männer im fünfundvierzigsten Lebensjahr – da lassen sich schon zuverlässige Aussagen über die Wahrscheinlichkeit, in diesem Alter zu sterben, machen. Wo hingegen nur wenige Beobachtungen vorliegen, wird das Spiel mit Statistik und Wahrscheinlichkeit nicht selten aberwitzig. Von siebenunddreißig Präsidenten der USA (Washington bis einschließlich Ford) wurden vier ermordet. Daraus kann jedoch nicht geschlossen werden, daß die Wahrscheinlichkeit für Carter oder einen künftigen Präsidenten 0,11 beträgt und ebensowenig, daß sie, geht man nur von den Daten der letzten hundertzwanzig Jahre aus, sogar 0,19 ausmacht. Hier wird man sich mit der Erfahrungstatsache begnügen müssen, daß Persönlichkeiten in hohen Positionen überdurchschnittlich oft einem Attentat zum Opfer fallen.

Wenden wir uns aber nun der Beweisführung zu, mit der Max Kemmerich zeigen wollte, daß »Nostradamus die Zukunft enthüllen konnte, wie niemand vor ihm oder nach ihm, von dem wir wissen«. Kernpunkt dieses Nachweises ist der *Quatrain* IX, 34 der *»Centuries«*, einer aus insgesamt 952 vierzeiligen Versen bestehenden Prophezeiung.

Kemmerich stellt zunächst eine Reihe von historischen Begebenheiten aus der Französischen Revolution zusammen: Am 20. Juni 1791 unternahmen König Ludwig XVI. und Marie Antoinette einen Fluchtversuch, wurden jedoch in Varennes erkannt, verraten und wieder nach Paris zurückgebracht. Genau ein Jahr später drang eine aufgebrachte Menschenmenge in die Tuilerien ein, das Königspaar wurde beschimpft, dem König eine rote Jakobinermütze aufgesetzt. Im August 1792 schließlich wurden die Tuilerien vom Pöbel erstürmt, wobei die sogenannten »Fünfhundert« aus Marseille die Schweizergarde niedermachten und das Königspaar gefangensetzten.

Des weiteren führt Kemmerich umständlich den Nachweis, daß die *»Centuries«* des Nostradamus nachweislich schon im Jahre 1558 in vollem Umfang vorlagen und in späteren Ausgaben nur minimale Textvarianten zu verzeichnen sind. Und nun kommt er zu dem triumphierenden Schluß: Nostradamus hat mehr als zweihundert Jahre vor der Französischen Revolution alle genannten und noch weitere Einzelheiten vorhergesagt, die in ihrer Gesamtheit unmöglich durch bloßen Zufall hatten eintreten können. Er hat vorhergesagt, daß man dem König die phrygische Mütze aufsetzen würde, daß fünfhundert Mann die Tuilerien (die es zu Nostradamus' Zeit noch nicht gab) erstürmen würden; er nannte sogar den Namen des Mannes, der das Königspaar auf seiner Flucht in Varennes verriet, und er nannte auch den Namen des Kriegsministers, der eine etwas zwielichtige Rolle spielte.

Das alles kann nicht nur Zufall gewesen sein, argumentiert Kemmerich, und versucht eine mathematische Beweisführung mit Hilfe der Wahrscheinlichkeitsrechnung. Erster Schritt: Unter Berücksichtigung der Bevölkerungszahl und des Zeitraums zwischen Prophezeiung und Ereignis war die Zufallswahrscheinlichkeit, unter rund 30 Millionen Franzosen gerade auf das Geschlecht der Grafen Narbon zu stoßen, nur eins in zwei Millionen. Und er fügt hinzu: »Dabei ist bemerkenswert, daß meines Wissens die Familie zur Zeit des Nostradamus noch gar nicht existierte.« (Ein Blick in ein Lexikon hätte Kemmerich allerdings belehrt, daß es seit 1080 die Vicomtes von Narbonne gibt; im übrigen ist bei Nostradamus von keinem Grafen die Rede, und der Name Narbon und Narbonne war gewiß nicht auf das eine Grafengeschlecht beschränkt.)

In einem ähnlichen Verfahren schätzt Kemmerich dann für den Namen »Sausse« eine Zufallswahrscheinlichkeit gleicher Größenordnung und folgert, allein die Entstehung der Zufallskombination der beiden Namen Narbon und Sausse ergäbe nur noch eine Wahrscheinlichkeit von eins zu 6000 Milliarden. Rechnet man nun noch die »Tuilerien« hinzu (»eines von zehntausend Schlössern, das Schauplatz des Kampfes hätte sein können«), ferner den einzigartigen Fall mit der Mütze und so fort, dann ist mathematisch exakt erwiesen, daß es sich um keinen Zufall gehandelt haben kann.

Dieser Argumentation könnte, ja müßte man sich – wenn auch vielleicht nur widerstrebend – anschließen, wenn der fragliche *Quatrain* des Nostradamus tatsächlich gelautet hätte: »Der Ehegatte wird allein betrübt mit der Mütze geschmückt werden. Ein

Angriff wird geschehen auf den Tuille durch fünfhundert Mann. Ein Verräter wird Narbon sein, der einen hohen Titel trägt, und Saulce, dessen Ahnen Ölfässer verwahrten.« (Der Verräter Sauce oder Sausse in Varennes war ein kleiner Lebensmittelhändler.)
Wie aber ist Kemmerich zu dieser Übersetzung gelangt?

Es ist hier nicht der Ort, den Stil des Nostradamus sorgfältig zu analysieren; doch darf ohne Übertreibung behauptet werden, daß jeder einzelne *Quatrain* des Nostradamus bereits seinen Zeitgenossen nicht klar verständlich war, dem Franzosen von heute noch weniger sagt und bei der Übertragung in eine andere Sprache völlig der Willkür des Übersetzers ausgeliefert ist. Nostradamus selbst wußte sehr wohl, wie vieldeutig seine Verse waren, und rechtfertigte dies in einem Widmungsbrief an König Heinrich II. mit den Worten, er habe sich einer dunklen Sprache bedient, weil zu diesen Zeiten die Kassandras ein wenig beneidenswertes Schicksal erwartete.

Die *Quatrains* sind ein dichterisch einzigartiges Werk surrealer Phantasie, stilistisch ein atemloses Hervorstoßen von Wortfetzen und -brocken ohne deutlichen Satzzusammenhang, die Eigennamen, Volks- und Landesnamen sind meist altertümlich verfremdet, viele andere Wörter willkürliche Neubildungen aus griechischen und römischen Wurzeln (zumindest wird das von den Kommentatoren behauptet).

Wer also den eben zitierten *Quatrain* IX, 34 aufschlägt und ihn zu übersetzen versucht – mit gutem Schulfranzösisch –, wird überhaupt nichts von dem finden, was Kemmerich und andere vor und nach ihm (aber alle erst *post festum*, nämlich *nach* der Französischen Revolution) herausgelesen haben. Der Vers lautet im Original: *Le part soluz mary sera mitré / Retour: conflict passera sur le thuille / Par cinq cens: un trahyr sera tiltré / Narbon: et Saulce par coutaux avous d'huille.* Oder, in der mir vorliegenden Fassung von 1649: *Le part sous mary sera mitré / Retour conflict passera sur la thuille: / Par cinq cens vn trahyr sera tiltré, / Narbon & Saulce par contaux auons d'huille.*

Zunächst muß also nach Strich und Faden interpretiert werden: *part* ist nicht etwa ein beliebiger Teil oder Teilhaber, sondern ein

»Eheteil«, ein Ehegatte. *Solus* ist lateinisch (einsam, einzeln) – in der Fassung mit »sous« paßt das nun freilich nicht. *Mary* ist keineswegs der Ehegatte *mari*, den hatten wir ja schon als *part*, es bedeutet vielmehr – laut einem Kommentator des 19. Jahrhunderts – soviel wie *affligé*, betrübt, bedrückt. *Par* heißt nicht »durch«, sondern ist verkürzt für *parmi* (unter), *coutaux* ist vom lateinischen *custos* (Hüter) abgeleitet. (Die zweite Version spricht von *contaux*, was wieder andere Deutungen zuläßt.) *Avous* hat nichts zu tun mit *avouer*, sondern kommt vom lateinischen *avus* her und bedeutet Großeltern.

Diese Interpretation ist allerdings noch nichts gegen das Hexeneinmaleins, das mit einem anderen *Quatrain* getrieben wird. Da wird allen Ernstes behauptet, *noir* heiße nicht etwa »schwarz«, sondern sei ein Anagramm für *roi* und der unverständliche Eigenname *Erne* (in anderen Fassungen *Hem* oder *Herne* geschrieben) ein Anagramm für *reine*, Königin!

Es entbehrt im übrigen nicht einer gewissen Pikanterie, wenn sich zwar alle Nostradamus-Apologeten völlig darüber einig sind, daß der *Quatrain* von den Tuilerien eine perfekte Prophezeiung darstelle, dabei aber von unterschiedlichen Textvarianten ausgehen und auch unterschiedliche Schlüsse ziehen. So sagte Kemmerich vom Angriff der Fünfhundert auf die Tuilerien: »Sogar die Zahl der Mordbrenner wird im *Quatrain* richtig angegeben!« Andere Kommentatoren aber haben herausgefunden, daß der Satzzusammenhang lauten muß »unter fünfhundert wird ein adeliger Verräter sein«, und daß damit jener Philippe Egalité gemeint sei, der später im Konvent für die Hinrichtung des Königs stimmte.

Allerdings stimmten dort nicht fünfhundert Deputierte für die Hinrichtung, sondern nur vierhundertdreiunddreißig – und Narbonne hängt nun in der Luft oder vielmehr jenes »Narbon«, das kurzerhand als Name des Ex-Kriegsministers Narbonne-Lara gedeutet wird, der überhaupt keine wesentliche Rolle spielte. Selbst Kemmerich muß zögernd zugeben: »Ein Verräter war der Graf sicherlich nicht« – aber eben doch wohl insofern, als er »nicht unbedingt seinem König durch dick und dünn beistand«. Hinzuzufügen wäre um der historischen Gerechtigkeit willen, daß

Narbonne-Lara vom König auf Anstiften eines Intriganten nach kurzer Dienstzeit höchst ungnädig entlassen worden war, sich aber trotzdem am Tag des Tuileriensturms so eifrig für den König einsetzte, daß er beinahe selbst ums Leben gekommen wäre und eilends nach England fliehen mußte.

Wenn wir versuchen, den *Quatrain* von allem interpretativen Beiwerk zu befreien und in eine verständliche Sprache zu übertragen, dann müßte er etwa lauten: »Der Teilhaber wird vom Ehemann zum Bischof gemacht. Am Ziegeldach wird sich der Streit erneuern. Fünfhundert werden einen Verräter adeln, Narbonne und Salses werden durch Bewaffnete mit Öl versorgt werden.« Denn falls Nostradamus tatsächlich mit den beiden Eigennamen etwas Bestimmtes meinte, dann ganz gewiß nicht den Grafen Louis Narbonne-Lara und auch wohl kaum den Gewürzkrämer Sausses in Varennes, sondern den ihm geographisch weit näher liegenden südfranzösischen Ort Narbonne und das unweit davon gelegene Schloß Salses. Im übrigen hätte zu Sauce, Salses oder Sausse weit eher Drouet gepaßt, der Name des Postmeisters, der den König erkannte und verriet, als Narbon oder Narbonne.

Was nun? Haben wir also den Beweis erbracht, daß Nostradamus ein Schwindler und Betrüger war? Nein. Wir haben lediglich nachgewiesen, daß die Beweisführung mit Hilfe der Wahrscheinlichkeitsrechnung von der Anlage her falsch war. Man könnte weit eher argumentieren: Wenn unter nahezu tausend vieldeutigen und unverständlichen Versen ein paar sind, die sich als Vorhersage späterer Ereignisse deuten lassen, dann ist das nicht nur nicht unwahrscheinlich, sondern sogar durchaus wahrscheinlich, ja beinahe unvermeidlich.

Was die Persönlichkeit des Nostradamus anlangt, so war er unter anderem ein wagemutiger, einfallsreicher und erfahrener Arzt, ein überaus gelehrter Mann und – ein großartiger Dichter, der als Poet deshalb keine Anerkennung fand, weil man in ihm nur den Propheten sehen wollte. Die »*Centuries*« sind eine Art Gegenstück zur Apokalypse, deren hinreißende Sprachgewalt ebenfalls stets in den Hintergrund gedrängt wurde, weil man kabbalistische Spiele um die »Zahl des Tieres« aufführen wollte – Spiele, die ganz nahe mit jenen aberwitzigen Tricks verwandt sind, durch die *noir* zu *roi* wird (und, nebenbei bemerkt, bei der Suche nach den legendären Ländern *Ophir* zu *Peru*).

Was aber den Grundtenor der »*Centuries*« betrifft, so künden sie immer wieder Blut und Tod, Verbrechen und Zeichen am Himmel, Katastrophen und Mord, Terror und Kampf, Verrat und Hunger, Blitz und Pest – und davon, das läßt sich nicht leugnen, war die Geschichte der Menschheit zu allen Zeiten voll.

Im ersten, einleitenden Vers der »*Centuries*« hat Nostradamus geschildert, wie er jene Visionen erlebte, die er dann niederschrieb: »Das Nachts einsam auf ehernem Stuhle, geheimem Studium hingegeben; schlanke Flamme bricht aus der Einsamkeit und läßt mich sagen, woran man füglich glauben kann.« Es ist kein Zufall, daß er den ehernen Stuhl der Pythia ausdrücklich erwähnt – der provençalische Seher stößt seine Prophezeiungen in der Tat ähnlich hervor wie einst die Pythia. Aber sie fügen sich zu einem grandiosen, gespenstischen Ganzen: Drei große Fürsten werden Feinde werden – vom Himmel getroffen der Friede – bebende Erde, Schlangen an der Küste – der Adler wird von anderen gejagt – wenn die Trommeln und Hörner erschallen, erwacht die ohnmächtige Dame – nah diesem Himmel weithin Menschenblut – uralter Feind stirbt an Gift – es regnet Steine – gehenkt werden die Anführer – verführt werden die Eroberer. Und selbst die Pausen im blutigen Geschehen sind nur von kurzer Dauer: »Vorbei die Heimsuchungen, entvölkert die Welt, lang währt der Friede im leeren Land. Der Herr zieht über Himmel, Erde, Meer und Welle – und dann erhebt aufs neue sich der Krieg.«

Wie ernst sich Nostradamus selbst als Prophet genommen hat, ist schwer zu sagen. Eines ist immerhin auffallend: Der von ihm selbst gewählte Name Nostradamus ist keineswegs, wie meist angenommen wird, die lateinische Übersetzung seines französischen Namens Michel de Notre-Dame. »Nostradamus« heißt »wir geben das Unsere«. Ein zeitgenössischer Spötter, Etienne Jodelet, witzelte denn auch: *Nostra damus, cum falsa damus, nam fallere nostrum est* – »Wir geben das Unsere, wenn wir das Falsche geben, denn unser ist der Schwindel.«

Ganz selten nennt Nostradamus eine Jahreszahl. Eine aber bezieht sich auf das Ende dieses Jahrhunderts: »Im Jahre 1999 und sieben Monate wird vom Himmel ein großer König des Entsetzens kommen, um wiederzuerwecken den großen König von Angolmois – zuvor, danach regiert Mars zu guter Stunde.« Angolmois wird – unter anderem – zu Mongolei umgekrempelt und dieser König der Letzten Tage wird zum »großen Hunnenkönig«.
Was ist übrigens, so fragt man sich bei dieser Jahreszahl, aus den anderen Jahreszahlen der *»Centuries«* geworden? Kurz gesagt: Was für 1580, 1607, 1609, 1700, 1703 und den Oktober 1727 angekündigt wurde, läßt sich selbst von den phantasievollsten Erklärern nicht mit den historischen Ereignissen in Einklang bringen. Aber was tut's? »Der Prophet sieht wohl das Ereignis, nicht aber das Datum. Daraus ergibt sich der logische Schluß, daß prophetische Daten überhaupt nicht in Betracht zu ziehen sind. Mit den Ereignissen ist es ganz anders, denn sie sind stets mit großer Genauigkeit beschrieben.« So der italienische Okkultist und Parapsychologe Volden in einem vor wenigen Jahren erschienenen Buch. Und die seelenverwandte Joelle de Gravelaine in einer »Sachbuch«-Reihe über die großen Probleme der Menschheit im Zusammenhang mit einer danebengegangenen Weissagung eines spanischen Sehers: »Letztlich hat er sich nur in den Zeiträumen geirrt. Ein Jahr, zehn Jahre, hundert Jahre – in der Geschichte der Menschheit macht das wenig Unterschied.«
Kurioserweise ist gerade die Prophezeiung für jenes Jahr, für das Nostradamus richtig vorhergesehen hat, anscheinend mit einem Teil seiner Schriften untergegangen und nur durch die Kampfschrift eines zeitgenössischen Gegners erhalten geblieben. Ein Autor namens Antoine Coulliard verspottete in einem Pamphlet *»Contradicts à Nostradamus«* den weissagenden Arzt und andere Propheten: »Sie kündigen uns eine außerordentliche Gestirnkonjunktion für das Jahr 1789 an mit zehn Umdrehungen *(revolutions)* des Saturn.«
Was den großen König von Angolmois betrifft, so muß dazu gesagt werden, daß Nostradamus mit dem Adjektiv »groß« recht verschwenderisch umgeht *(la grand arq, le grand Prelat, par gran*

fureur, grand armee, la grande cité, grand preminence, ce gran monarque, grand ruyne, le grand Empire, le grand Arabe, la grande Romanie, grand Messie, grand Tartarie, grand mal, grand nombre, grande guerre, grand Legislateur, grand Roy und so weiter). Auf diese Weise kann jede große Stadt, jeder bedeutendere Herrscher gemeint sein, und *grand Tartarie* könnte entweder Rußland oder China bedeuten. An einer Stelle ist auch von *grand Germanie* die Rede. Daraus wurde geschlossen, Nostradamus habe wortwörtlich das Großdeutsche Reich vorhergesagt – wobei in diesem *Quatrain* Hitler als der *grand duc d'Armenie* fungiert. Wahlweise kann man in dem *grand duc d'Armenie* aber auch Josef Stalin sehen. *Assaillira Vienne* (wird Wien – oder Vienne im Rhônetal? –) angreifen stimmt einigermaßen für Hitler wie für Stalin, *et la Cologne* will dagegen zu beiden nicht recht passen.

Ein letztes Wort noch zu dem größten Wortmagier Europas: In dem *Quatrain* I, 35 wird ein Zweikampf angekündigt. Er fand so bald nach der Prophezeiung statt (1559), daß sich nicht mehr feststellen läßt, ob der heute vorliegende Wortlaut der ursprüngliche war. Die erste Zeile dieses *Quatrain* ist nun genau nach dem Nominativ-Akkusativ-Schema gebaut, das wir bereits aus dem *Romanos vincere posse* kennen: *Le lyon ieune, le vieux surmontera* – der alte Löwe wird den jungen überwinden, oder auch: Der junge Löwe wird den alten überwinden. Und damit noch einmal zurück zur Antike – nicht zuletzt wegen jener Kassandra, von der Nostradamus in seinem Brief an den König sprach und die auch heute noch immer dann zitiert wird, wenn Optimisten glauben, sie müßten sich gegen negative Prognosen verwahren: Die Warnung wird dann als »Kassandraruf« abgetan.

Übrigens: Wer allzu hochmütig und überlegen jeden Skeptiker und Warner als »Kassandra« bezeichnet, sollte zuerst ein wenig griechische Mythologie rekapitulieren, ehe er spottet. Kassandra hat zwar tatsächlich immer wieder Gefahr und Unheil verkündet – aber sie hatte auch immer recht. Es wurde ihr nur nicht geglaubt.

Wie alle wichtigen Ereignisse in der Göttergeschichte von Hellas beginnt auch der Bericht von der Sehergabe der Kassandra mit

einer amourösen Affäre. Kassandra war die schönste der fünfzig Töchter des trojanischen Königs Priamos – so schön und begehrenswert, daß sogar der Gott Apollon sich in sie verliebte und sie mit seinen Anträgen verfolgte. Schließlich versprach er ihr die Gabe der Weissagung zu verleihen, wenn sie ihm für eine Nacht ihre Liebe schenke. Kassandra zögerte zunächst, erklärte sich dann einverstanden – und verweigerte sich trotzdem dem Gott.
Nun waren selbst die griechischen Götter an gewisse Spielregeln gebunden. Apollon durfte daher der reizenden Schwindlerin die Sehergabe nicht einfach wieder entziehen. Aber er konnte sie durch eine »Zusatzbestimmung« modifizieren und dadurch zu einer ewigen Last und Qual werden lassen: Er fügte nämlich hinzu, daß Kassandras Weissagungen niemand Glauben schenken und jeder sie als Schwarzseherin verachten werde.
Diese Rache des geprellten Gottes war geradezu teuflisch. Kassandra sah all das Unheil vorher, das Troja, ihren Geschwistern, ihren Eltern und auch ihr selbst drohte. Sie warnte, mahnte, flehte, beschwor – alles vergebens! Der Fluch Apollons wirkte. Sie warnte davor, Helena in Troja aufzunehmen. Sie warnte vor dem Trojanischen Pferd, das die Ratgeber des Königs für völlig unverdächtig hielten, obschon sie sich darüber wunderten – und aus dem Pferd stiegen die Eroberer und Zerstörer Trojas. Sie selbst wurde als besonders kostbares Beutestück dem Oberbefehlshaber der Eroberer, dem König Agamemnon als Sklavin und Mätresse übergeben, und sie mußte hilflos auch das blutige Ende Agamemnons und ihren eigenen Tod vorhersehen.
Nun ist es zwar leicht, die Geschichte der Kassandra mit einem Achselzucken dorthin zu verweisen, wo sie herkommt: ins Reich der Sage und des Mythos. Aber wie die meisten griechischen Sagen reicht auch diese über das Einmalige weit hinaus ins Allgemeingültige. Entspricht unsere eigene Haltung gegenüber Warnern und Mahnern – und wie gern wird über die *prophets of doom*, die »Weltuntergangspropheten« gelästert – etwa nicht genau der Haltung der Trojaner? Sie konnten selbstverständlich nicht wissen, daß Kassandra die Wahrheit sprach, und sie waren keineswegs deshalb dumm, weil sie nichts von der Quelle von Kassandras

Prophezeiungen ahnten. Aber sie waren unentschuldbar töricht. Sie nahmen die Mahnungen der Seherin, die Mahnungen einer in jeder Hinsicht bemerkenswerten Außenseiterin, nicht ernst genug, sondern lehnten es in blindem Vertrauen auf die Meinung der etablierten Experten einerseits und aus denkfauler Bequemlichkeit andererseits ab, kritisch die Risiken zu wägen. Sie verhielten sich wie Morgensterns Palmström, der der Überzeugung war, daß »nicht sein kann, was nicht sein darf« – eine Überzeugung, die auch heute noch gefährlich weit verbreitet ist.

Dennoch: Die Kassandragestalt ist Sage, ihre Prophetengabe die Erfindung von Dichtern. Ganz anders steht es jedoch mit den Orakelstätten des Altertums, unter denen Delphi die berühmteste war – sie hat es gegeben, dort wurde jahrhundertelang die Zukunft vorhergesagt, die individuelle wie die ganzer Völker. Bei den Griechen und später auch bei den Römern machte man nicht selten die Entscheidung darüber, ob ein Kriegszug unternommen, eine Schlacht geschlagen werden sollte, von den Weissagungen der Orakelpriester, der Eingeweideschauer, der Vogelflugdeuter und anderer Berufsseher abhängig. Und es war wohl unvermeidlich, daß diese einflußreichen Personen mitunter ihre Rolle in doppelter Weise mißbrauchten.

Zum einen in bewußter, jedoch versteckter Parteilichkeit – entweder aufgrund persönlichen Machtstrebens und um die Ereignisse im gewünschten Sinn zu beeinflussen –, zum anderen zugunsten irgendwelcher Dritter, die dem Weissagenden besonders nahestehen oder sich seine Gunst einfach erkauft haben.

Dem Orakel von Delphi scheint man trotz seiner jahrhundertelangen Tätigkeit allerdings kaum Verfehlungen dieser Art vorwerfen zu können, wenn auch Demosthenes behauptet haben soll, die Pythia »philippisiere«, das heißt sie halte es mit Philipp von Makedonien, zum Nachteil der Athener. Im großen und ganzen aber konnte man es sich in Delphi leisten, auf kleinkarierte Bestechungsversuche nicht einzugehen. Erwiesen dürfte allerdings sein, daß die Orakelpriester in mindestens einem Falle die Familie der Alkmäoniden deutlich begünstigten, wohl weil sie die Orakelstätte nach einem vernichtenden Feuer großzügig hatte wieder aufbauen lassen. Jedenfalls empfahl das Orakel kurz danach den Spartanern, die Peisistratiden, die Konkurrenten und Erbfeinde der Alkmäoniden, aus Athen zu vertreiben, womit diesen der Rückweg aus dem Exil geebnet war.

Des weiteren wird von einem Fall berichtet, wo die Pythia – richtiger wohl die auslegenden Priester – bestochen worden war, doch handelt es sich hier eher um eine Ausnahme, denn insgesamt war das Orakel von Delphi wohl mindestens so unabhängig wie die renommiertesten der modernen Zukunfts-Institutionen – wenn nicht unabhängiger. Aus Delphi erfuhr so mancher Fragesteller nämlich nicht bloß Doppeldeutiges, sondern gelegentlich auch eindeutig Unerfreuliches, während es relativ selten vorkommt, daß eine Institution, die mit einer Zukunftsanalyse beauftragt wird, zu völlig anderen Ergebnissen gelangt, als dem Auftraggeber angenehm ist.

Zuweilen ließ man allerdings in Delphi auch mit sich reden. Einer der berühmtesten Orakelsprüche, der – indirekt – den Verlauf der Perserkriege bestimmte, kam auf sehr komplizierte Weise zustande.

Auf dem Höhepunkt der Perserkriege verloren die Orakelpriester in Delphi offensichtlich die Nerven – Xerxes und seine gewaltige Streitmacht erschienen ihnen unüberwindlich. Sie bangten um das Heiligtum und um ihr Leben, wußten sie doch, daß die Perser erst wenige Jahre zuvor nach der Schlacht von Miletus die Kultstätte des Apollon in Branchidae geplündert und niedergebrannt hatten. Jedenfalls: Als zwei Boten aus Athen kamen, um zu erkunden, wie es um die Aussichten im weiteren Verlauf des Krieges stünde, soll, Herodot zufolge, die diensthabende Pythia geradezu hysterisch ausgerufen haben: »Unglückselige! Was wollt ihr hier? Flieht ans Ende der Welt und verlaßt eure Heimatstadt. Der grimmige Kriegsgott, der die Wagen der Perser lenkt, wird alles zerstören und verbrennen. Geht fort von hier in tiefstem Schmerz!«

Nun wagten jedoch die Abgesandten nicht, eine derart defaitistische, wie wir heute sagen würden, Botschaft nach Hause zu bringen. So berieten sie sich mit einem einflußreichen Mann in Delphi. Der empfahl ihnen, nochmals das Orakel zu befragen – diesmal als Bittsteller. Sie folgten dem Rat und flehten den Gott um eine günstigere Botschaft an; andernfalls würden sie bis zu ihrem Tode an der Schwelle des Tempels ausharren. Und siehe da: Nunmehr fiel die Botschaft der Pythia nicht ganz so trostlos aus. »Wenn alles erobert ist, das die Grenzen von Kekrops umschließen, gibt der weitblickende Zeus dem Triton-Geborenen einen hölzernen Wall, der allein unüberwindlich ist und euch und eure Kinder beschützen wird. Erwartet nicht die Heerscharen des Feindes, die vom Festland kommen, sondern kehrt um und zieht euch zurück. O göttliches Salamis, du sollst die Söhne der Mütter umkommen lassen, wenn das Korn reif ist.«

Das war nicht gerade sehr präzis und keineswegs übertrieben hoffnungsvoll – auch wurde wiederum zur Flucht und zum Verlassen von Athen geraten –, aber immerhin, mit diesem Spruch wagten sich die Boten heim. In Athen berichteten sie den Spruch der Pythia dem Oberkommandierenden Themistokles. Der studierte ihn eingehend und hatte im Handumdrehen die Erklärung: Mit dem hölzernen Wall, den hölzernen Mauern, von denen die Rede war, konnte nichts anderes gemeint sein als Schiffsrümpfe. Das Orakel also riet unmißverständlich dazu, die Stadt selbst vorübergehend aufzugeben, alle Einwohner auf der Flotte – die natürlich entsprechend vergrößert werden müßte – unterzubringen und den Entscheidungskampf zur See zu suchen. Da Themistokles schon immer für eine Verstärkung der Flotte eingetreten war, kam ihm dieser Spruch so sehr gelegen, daß man sich fragt, inwieweit er oder seine Abgesandten bei der revidierten Fassung des Spruches Hilfe leisteten.

Jedenfalls erwies sich die Strategie des Themistokles als durchaus richtig. In der Seeschlacht von Salamis wurden die Perser in hartem Kampf so schwer geschlagen, daß sie bald danach auch Athen und einen großen Teil des griechischen Festlands räumten.

Eines ist freilich nicht nur bei der Überlieferung der griechischen Orakelsprüche, sondern bei der Prüfung jeglicher Vorhersage immer zu beachten: Wie stimmt der zeitliche Ablauf überein? Ist es nachweisbar, daß der Orakelspruch tatsächlich vor dem Ereignis stattfand, oder handelt es sich nicht etwa um eine jener häufigen

»Prognosen« *post festum*, die schlicht und einfach erschwindelt sind, um das Prestige eines Sehers oder eines Orakels zu erhöhen? Oder ist die Prophezeiung vielleicht so vage, daß hinterher fast jegliches Ereignis als »Erfüllung« paßt? (Unübertrefflich etwa die Prognose der französischen Seherin Germaine Soleil über das Schicksal berühmter Persönlichkeiten im – damals unmittelbar bevorstehenden – Jahr 1974: »Ich weiß, wer im nächsten Jahr sterben wird. Aber ich sage das nie in der Öffentlichkeit. Ich will nur soviel sagen: In den Jahren 1974 und 1975 wird es ein wahres Massensterben unter den führenden Staatsmännern der Welt geben.«)
Eine geschickte Verknüpfung von Post-festum-Prognosen und frischfroher Prophezeiung, die hinterher von gläubigen Beobachtern, auf »sensationell richtig« zurechtgebogen wurde, stellt die berühmte Malachias-Prophezeiung über die Reihenfolge der Päpste und das Schicksal des Papsttums dar. Sie beginnt mit dem Jahr 1143 und reicht bis etwa zum Jahr 2000. Jeder Papst wird durch kurze lateinische Sprüche, Devisen, charakterisiert, lediglich der Schluß ist etwas ausführlicher: »Während der letzten Verfolgung der Kirche wird Petrus II. aus Rom regieren. Er wird die Herde unter vielen Bedrängnissen weiden, nach deren Überwindung die Siebenhügelstadt zerstört werden und der Furchtbare Richter sein Volk richten wird.«
Die Prophezeiung wird – fälschlich – dem heiligen Malachias zugeschrieben, der im Jahre 1148 gestorben ist, nachweisbar ist sie jedoch erstmals im Jahre 1596, und bis zu diesem Zeitpunkt reichen auch die Deutungen, die der Dominikanerpater Alphons Chacon jeder einzelnen Devise beigegeben hat. Herausgegeben wurde die Prophezeiung von dem Benediktiner Arnold de Wyon; einen plausiblen Hinweis darauf, weshalb man viereinhalb Jahrhunderte hindurch von dieser Prophezeiung nichts gehört hatte, gab er allerdings nicht. Der französische Jesuitenpater Menestrier erklärte sie später, gegen Ende des 17. Jahrhunderts, als glatte Fälschung, ja, mehr noch, als eine Art *public relations job:* Sie sei anläßlich der Papstwahl von 1590 verfaßt worden, um mit dem Motto *Ex antiquitate urbis* (»Aus der uralten Stadt«) auf den

Kardinal Simoncelli, Bischof von Orvieto (*urbs vetus,* alte Stadt), hinzuweisen.

Nun gibt es aber in Italien sehr viele alte Städte, und so traf es sich, daß zwar nicht der Kardinal Simoncelli aus der alten Stadt Orvieto Papst wurde, wohl aber der aus der alten Stadt Mailand gebürtige Gregor XIV., der überdies Senator von Mailand war – und ein Senator ist etymologisch zudem selbst ein »Alter«.

Während sich die Devisen der Päpste bis zum Zeitpunkt der Veröffentlichung der Prophezeiung verhältnismäßig gut aus ihrer Herkunft oder ihrer Tätigkeit vor der Papstwahl erklären lassen, sieht es für den Zeitraum der tatsächlichen Zukunftsspekulation wesentlich schlechter aus. Der Publizist und philosophische Schriftsteller Arthur Hübscher, der den Weissagungen informiert, interessiert, aber objektiv gegenübersteht, meint dazu: »Betrachtet man die Sprüche, die den Päpsten seit 1590 zugewiesen werden, so läßt die große Mehrzahl trotz aller Bemühungen keine annehmbare Deutung zu. Nach der Weise der ersten vierundsiebzig Sprüche sind eigentlich nur drei eingetroffen ... Ein paar andere Sprüche konnten, unter Verzicht auf Folgerichtigkeit in der Erklärungsweise, aus Art und Schicksal der Päpste gedeutet werden ... Mit den übrigen Devisen aber stand es schlimm, die Erklärer hatten große Not mit ihnen.«

Allerdings – was ein tüchtiger Propheten-Interpret ist, läßt sich nicht so leicht kleinkriegen. Man wird doch wohl noch zwei lateinische Hauptwörter so deuten können, daß sie notdürftig passen! Tatsächlich wurde unter anderem *undosus vir* (Wellenmann) damit erklärt, daß Leo XI., sonst ein kräftiger Mann *(vir)*, bei Amtsantritt stark geschwitzt habe (*unda*, Welle, Woge!) und daran gestorben sei. Ein anderer Kommentator meinte, sein Papsttum sei rasch und flüchtig, wie eine Welle vorübergegangen – und schließlich gibt es nocht eine französische Interpretation: Er sei, da am 1. April gewählt, gleichsam ein *poisson d'avril* gewesen. Das Französische gestattet hier, sozusagen zwei Fliegen mit einer Klappe zu schlagen: Im *poisson*, Fisch, ist die Anspielung auf den *undosus vir* enthalten, im Gesamtbegriff *poisson d'avril* ein Hinweis auf die Papstwahl am 1. April (möglicherweise auch auf die kurze Amtszeit Leos XI.), denn *poisson d'avril* bedeutet auf deutsch ja »Aprilscherz«.

Es ist dies nicht der einzige Fall in der Malachias-Prophezeiung, wo aberwitzige »Deutungen« an den Haaren herbeigezogen wurden. *De flumine magno* (vom großen Strom) wurde als zutreffend für Clemens X. angesehen, weil sein Familienwappen das Sternbild der Cassiopeia zeigte, durch das die Milchstraße führt, die seinerzeit »der große Strom« genannt worden sein soll. Die Devise für Leo XII. lautete *Canis et coluber*, Hund und Schlange, und auch das, so versichern die abergläubischen Kommentatoren, trifft zu, denn in die Zeit seines Pontifikats fiel die Blütezeit jener religionsfeindlichen geheimen Gesellschaften, die durch Zynismus (etymologisch vom griechischen Wort für Hund abzuleiten) und durch Verräterei – Symbol dafür die »falsche« Schlange – gekennzeichnet waren. Man könnte diese Liste noch lange forsetzen, aber das, was zu zeigen war, ist wohl mit diesen Beispielen schon hinlänglich belegt: Man kann, grimmige Entschlossenheit vorausgesetzt, alles aus allem erklären.

Die Devisen der letzten Päpste lauteten übrigens: für Johannes XXIII. *Pastor et nauta,* Hirte und Schiffer, für Paul VI. *Flos florum,* Blume der Blumen (er führte im Papstwappen drei Lilien), für Johannes Paul I. *De medietate lunae*, vom Halbmond, und für Johannes Paul II. *De labore solis* mit den Übersetzungen »Von der Sonnenfinsternis« oder »Von der Mühe der Sonne«.

Was den Papst »vom Halbmond« betrifft, so rätselte eine Interpretin im Jahre 1965: »Könnte sein Pontifikat etwa gekennzeichnet sein durch die erste Landung eines Menschen auf dem Mond, oder werden die Muselmanen sich zum Katholizismus bekehren, oder aber umgekehrt: Wird die abendländische Welt von den Arabern angegriffen werden?« So viele unterschiedliche Deutungsmöglichkeiten gab es schon neun Jahre früher, und was die wechselweisen Bekehrungen anlangt, so haben sie jedenfalls nicht in den drei Wochen der Amtszeit von Papst Johannes Paul I. stattgefunden.

Es wäre selbstverständlich verlockend, den Halbmond lieber auf den aus dem »Osten« stammenden Johannes Paul II. zu deuten, und seinen so kurz amtierenden Vorgänger unter den Tisch fallen zu lassen, aber wenn seinerzeit Leo XI. trotz ähnlich kurzer Amtszeit seine eigene Devise hatte, dann muß man das wohl auch Johannes Paul I. zugestehen. Ihm hatte übrigens der Nostradamus-Deuter Ruir im Jahre 1953 ein ganz anderes, dramatischeres Schicksal zugedacht: Um das Jahr 1973 würden, so Ruir, die Araber »unter dem Oberbefehl des 7. Antichrist« an allen Küsten Südeuropas gleichzeitig landen, den »Papst vom Halbmond« gefangensetzen und zuletzt, nach fünfzehnjähriger Amtszeit, am Schwarzen Meer hinrichten.

Jedenfalls ist nach der Malachias-Prophezeiung der derzeitige Papst »von der Sonnenfinsternis« der drittletzte in der Geschichte der Kirche. Als vorletzter Papst des Christentums scheint noch *Gloria olivae*, Glorie des Ölbaums, auf und dann kommt, wie schon vorhin erwähnt, die Zeit der letzten Verfolgung der Kirche und der Tag des Jüngsten Gerichts; dieser letzte Papst wird Petrus II. Romanus heißen, also wohl ein Römer sein.

Weniger bekannt als die sogenannte Malachias-Prophezeiung ist eine spätere Ergänzung dazu, die einem anonymen »Mönch von Padua« zugeschrieben wird und 1682 verfaßt worden sein soll, nach anderen rund hundert Jahre später. Erstmals veröffentlicht wurde sie freilich erst im Jahre 1899. Der »Mönch von Padua«, für den mehrere Namen genannt werden, sagte die Namen vorher, die die Päpste der Malachias-Prophezeiung nach ihrer Wahl annehmen würden – beginnend mit Benedikt XIV. (1740–1758).

In dem Zeitraum 1740–1958 sind zwölf von vierzehn Päpsten korrekt benannt, die beiden Irrtümer fallen bemerkenswerterweise auf die neuere Zeit: Benedikt XV. (1914–1922) wurde Paul VI. genannt, Pius XII. (1939–1958) wurde zu Gregor XVII. Johannes XXIII. fällt schon dadurch aus, als er in der Malachias-Prophezeiung bereits als Gegenpapst des frühen 15. Jahrhunderts genannt ist, Paul VI. schließlich erscheint gleichfalls unter einem anderen Namen, da der seine ja bereits an Benedikt XV. vergeben war. Wenn also ein Kommentator wieder einmal die Wahrscheinlichkeitsrechnung bemüht, um zu behaupten, die Chance, zwölf von vierzehn Papstnamen richtig vorherzusagen, sei eins zu zwei

Milliarden, dann ist das hanebüchen, ganz abgesehen von der fraglichen Entstehungszeit der Weissagung.
Die Kirche hat sich von Anfang an gegenüber der Malachias-Prophezeiung reserviert bis ablehnend verhalten; ob dennoch ein Papst, der kein eigenes Familienwappen hatte, gelegentlich eines wählte, das seiner Devise bei Malachias entsprach, läßt sich nicht feststellen.
Deutlicher als in jeder anderen Prophezeiung wird jedenfalls bei Malachias, daß die Kürze des Weissagungsspruches die Möglichkeiten der Interpretation wesentlich erweitert: Je weniger gesagt wird, desto mehr läßt sich dahinter vermuten.
Es kann nicht überraschen, wenn auch die modernen Spielarten der Zukunftsschau eine merkliche Vorliebe für Abbreviaturen zeigen, die sich bei näherer Betrachtung ebenfalls als unzureichend bis mehrdeutig erweisen. Wie das in der Praxis aussieht, sei an einem der berühmtesten Beispiele moderner Prognostik, dem *»Report on a Long-Range Forecasting Study«* von Gordon/Helmer aus dem Jahre 1964, vorgeführt. Die Autoren waren unzweifelhaft bestrebt, wissenschaftlich exakt zu arbeiten, dennoch gerieten sie, vermutlich völlig unbeabsichtigt, tief ins Halbdunkel der Vieldeutigkeit. Daß sie ihre Prognosetechnik selbst als »Delphi-Methode« bezeichneten, läßt immerhin auf einen gewissen Sinn für Humor schließen und weist in entwaffnend offenherziger Weise darauf hin, wie nahe die Orakelstätten des Altertums und der Gegenwart einander sind.
Auf die Details dieser seither noch öfter angewandten Umfrage- und Prognosemethode wird später noch näher einzugehen sein. Hier sei vorerst nur kurz erwähnt, daß jeweils eine Anzahl von Fachleuten bestimmter Wissensgebiete darüber befragt wurde, welche Entwicklungen in ihrem Fachbereich zu erwarten seien und für welchen Zeitpunkt mit bestimmten Durchbrüchen gerechnet werden könne. Die genannten Jahresdaten wurden dann in Schaubildern dargestellt, aus denen sich ablesen ließ, bis zu welchem Jahr ein Viertel, die Hälfte, drei Viertel der jeweiligen Experten das Zustandekommen einer Erfindung oder die Durchsetzung eines Verfahrens erwarteten.

Wenn man jedoch diese Tabellen und vor allem die schlagwortartig skizzierten Errungenschaften der Zukunft näher betrachtet, dann steht man den Aussagen mindestens ebenso unschlüssig wenn nicht ratlos gegenüber wie eben einem Orakel aus Delphi. So haben zum Beispiel die Experten damals mit klarer Mehrheit erwartet, daß es bis zum Jahre 1976 *automated language translators* geben werde, also Übersetzungscomputer. Und nun muß man sich heute fragen: Gibt es sie, oder gibt es sie nicht?

Kein Zweifel, es gibt sie; schon vor Jahren wurden nämlich durchaus brauchbare Computerprogramme für automatische Übersetzung entwickelt. Und doch sind größte Zweifel angebracht: Denn offensichtlich haben sich die bislang erarbeiteten Programme als unzureichend erwiesen und blieben auf einen relativ engen Bereich technischer Routineübersetzungen beschränkt. Hat sich die Prognose bewahrheitet, ja oder nein?

Eine Ja-oder-nein-Antwort kann darauf nicht gegeben werden. Die lapidare Frage nach dem wahrscheinlichen Datum für Übersetzungscomputer läßt den entscheidenden Punkt unberücksichtigt: die befriedigende Qualität, und es wird auch kein Versuch unternommen, diesen Punkt zu definieren.

Selbst die erste dieser Fragen – nach der »Wirtschaftlich sinnvollen Entsalzung von Meerwasser« (Mehrzahl der Befragungen: um das Jahr 1970) – ist trotz der Einschränkung auf rationelle Methoden immer noch unklar, weil sich auch von diesem technischen Problem heute nicht eindeutig sagen läßt, ob es nun gelöst ist oder nicht. Gewiß, es gibt Meerwasserentsalzungsanlagen, die an einzelnen Punkten der Welt eine Wassergewinnung zu Preisen ermöglichen, die günstiger sind als der Süßwassertransport zu diesen Orten. Dennoch ist als Ganzes die Meerwasserentsalzung keine brauchbare Methode, etwa um den ständig steigenden Wasserverbrauch der Industriestaaten zu decken oder gar die Bewässerung weiter Dürregebiete rentabel erscheinen zu lassen.

Weiteres Beispiel: »Direktverbindung von Läden zu Banken, um den Kreditstand zu kontrollieren und Einkäufe zu registrieren« – mehrheitlich vorhergesagt für die Zeit um 1975. Gibt es das? Ja, selbstverständlich haben manche Supermärkte bereits derartige

Einrichtungen. Aber die Prognose ist falsch, da sie ja wohl besagen sollte, daß zumindest ein nennenswerter Bruchteil aller Einkäufe auf diese Weise getätigt würde.

Eine letzte Voraussage noch, bei der sich die Verfasser der Studie sichtlich bemüht haben, trotz aller Kürze eine präzise Definition zu geben. Dennoch stehen wir heute vor der Frage, ob die Prognose nun eingetroffen ist oder nicht: »Automation der Büroarbeit und daraus resultierende Verringerung der gegenwärtigen Arbeitsplätze um fünfundzwanzig Prozent« – die überwiegende Mehrzahl der Befragten erwartete dies bis längstens 1975. Und was ist eingetreten?

Die Büroarbeit wurde tatsächlich zu einem erheblichen Teil automatisiert (wobei im übrigen immer noch zu klären wäre, von welchem Augenblick an beispielsweise die moderne Buchungsmaschine zum Computer wird und dem Bereich der »Automation« zuzuzählen ist). Möglicherweise wurden auch jene Büroarbeitsplätze, die es 1964 gab, wirklich um ein Viertel verringert. Sicher ist aber andererseits, daß die Gesamtzahl der in den Büros Beschäftigten – vor allem dann, wenn man das Bedienungs- und Wartungspersonal der Datenverarbeitungsanlagen mitzählt – sich nicht nur nicht verringert hat, sondern weiter angewachsen ist.

Andere schlagwortartige Zukunftsfragen, die noch nicht »fällig« geworden, aber charakteristisch für die Problematik abgekürzter Prognosen sind, gelten unter anderem dem *automated rapid transit* (automatisierter Nahschnellverkehr?), den *reliable weather forecasts* (bei wieviel Prozent Trefferquote kann man von »verläßlichen« Wetterberichten sprechen?) und der *inter-galactic communication*, womit vermutlich irgendeine Art der Kontaktaufnahme mit einem anderen Lichtstraßensystem gemeint ist, welche wunderlicherweise von den Experten recht einheitlich für den Zeitraum um das Jahr 2023 prognostiziert wurde.

Soviel an dieser Stelle zur schlagwortartigen Kürze auch moderner Prognosen. Was den Inhalt der Gordon-Helmer-Studie und den anderer technologischer Voraussagen betrifft, so wird in einem späteren Abschnitt dazu noch etliches zu sagen sein. Hier sei jedoch auf etwas anderes eingegangen, dessen sich die zitierte Studie zwar durchaus nicht schuldig gemacht hat, das aber von uns schon mehrmals beobachtet werden konnte: die Prognose im nachhinein.

In diese überaus umfangreiche Kategorie gehören sämtliche Prophezeiungen und Weissagungen, bei denen nicht einwandfrei feststeht, daß sie tatsächlich vor dem Zeitpunkt des Ereignisses abgegeben wurden. Beteuerungen, diese oder jene Prognose sei im engsten Kreis schon lange vorher gemacht, aber eben nicht publiziert worden, sind mit allergrößter Vorsicht aufzunehmen. Selbst Prognosen, die beim Notar unter Verschluß liegen, sind nicht über jeden Zweifel erhaben – keineswegs, weil man dem Notar mißtrauen müßte, sondern weil bei einem Notar mehrere Umschläge oder bei mehreren Notaren je ein Umschlag deponiert sein können.

In diesem Zusammenhang ist vor allem von der Cazotte-Prophezeiung zu berichten, in der die Ereignisse der Französischen Revolution mit einer wahrhaft beängstigenden Genauigkeit vorausgesagt wurden. Jacques Cazotte (1720–1792) war Staatsbeamter, Abenteurer, Spekulant, Schriftsteller – sein bizarr-phantastischer Roman »Der verliebte Teufel« wird auch heute noch gelesen – und Mystiker, dazu ein eingefleischter Royalist, der noch im Alter von zweiundsiebzig Jahren das französische Herrscherpaar bei seiner Flucht unterstützte und nach deren Mißlingen auf dem Schafott endete.

Dieser Jacques Cazotte befand sich, so berichtete später einer seiner Bekannten, im Herbst 1788 in einer Gesellschaft von Adeligen, Intellektuellen, Philosophen und Gelehrten. Dem Zeitgeist entsprechend plauderte man über die allgemein erwartete und erhoffte kommende Herrschaft der Vernunft, die Aberglauben und religiösen Fanatismus ablösen würde. Diese, wir würden heute sagen, halblinke Schickeria, malte sich genußvoll das neue Zeitalter aus und war sich lediglich nicht darüber einig, wann es wohl beginnen würde. Da griff Cazotte, der bis dahin geschwiegen hatte, unvermittelt in das Gespräch ein: »Diese große und glorreiche Revolution steht tatsächlich bevor, und wir alle werden ihren Anfang erleben.« Die Gesellschaft lachte schallend: Um das vor-

herzusagen, bedürfe es nicht jener Visionen, für die Cazotte bekannt war.
Doch Cazotte fuhr fort, wobei er von einem zum anderen ging: »Aber diese Revolution wird ganz anders verlaufen, als Sie annehmen. Sie, Monsieur Condorcet, werden auf den Steinfliesen eines Gefängniskellers enden – an dem Gift, das Sie sich verschafft haben, um dem Henker zu entgehen. Sie, Monsieur Chamfort, werden sich die Pulsadern aufschneiden. Sie, Monsieur Nicolai, werden auf dem Schafott sterben, auch Sie, Monsieur Bailly, und auch Sie, Monsieur de Malesherbes, und auch Sie, Monsieur Roucher.«
Unruhe, Gelächter, eine Frage, ob denn etwa die Tataren kommen würden? Aber Cazotte versicherte: »Nein. Es wird sich lediglich um die Herrschaft der Vernunft handeln, und die Herrscher werden genau jene Worte im Mund führen, die *Sie* jetzt ständig verwendet haben. Und es werden keine sechs Jahre vergangen sein, bis das alles eingetreten ist.«
Die Damen in der Gesellschaft versuchten, zum leichten Konversationston zurückzufinden, und meinten, es sei doch sehr tröstlich, daß wenigstens *sie* von diesen Greueln verschont bleiben würden. Aber Cazotte prophezeite weiter: »Das Geschlecht wird keinen Unterschied machen. Herzogin von Grammont, Sie werden zum Richtplatz geführt werden, mit den Händen auf dem Rücken – und so wird es anderen Damen vor und nach Ihnen ergehen, auch Prinzessinnen von Geblüt.« Die Herzogin versuchte weiter zu scherzen: »Aber man wird mir doch hoffentlich meinen Beichtvater lassen?« Darauf Cazotte todernst: »Nein, Madame. Der letzte, der diese Gunst erfahren wird – das wird der König von Frankreich sein.«
Nun aber ging der makabre Scherz allen zu weit, der Gastgeber verwahrte sich gegen diese Geschmacklosigkeit, und Cazotte empfahl sich rasch.
Soweit die wichtigsten Einzelheiten aus der Prophezeiung des Dichters Cazotte. Was er vorhergesagt hatte, traf genauestens ein; auch er selbst starb, wie wir bereits wissen, auf der Guillotine. Von der damaligen illustren Gesellschaft überlebte fast niemand – außer einem Schriftsteller namens Jean François de LaHarpe. Er

starb im Jahre 1803, also lange nach Ende der Revolution. Von der Prophezeiung Cazottes hatte er nie erzählt. Erst 1814 fand der Herausgeber seiner Schriften, Petitot, die Prophezeiung im Nachlaß, veröffentlichte sie und erregte damit großes Aufsehen.

Einige Zeit danach, bei der kritischen Gesamtausgabe der Werke LaHarpes, zeigte sich allerdings, daß Petitot die Prophezeiung radikal gekürzt und verändert hatte: Die abschließenden Betrachtungen LaHarpes hatte er unter den Tisch fallen lassen. Es hieß dort unter anderem: »Man fragt, ob das nicht ein Wunder sei? Ein Wunder, ein ganzes Bündel von Wundern sind jene unerhörten und monströsen Tatsachen, die sich entgegen allem, das für möglich gehalten wurde, ereignet haben. Darin liegt das Unglaubliche, nicht in der Prophezeiung, die nur eine Fiktion ist.«

Es kann kaum ein Zweifel bestehen, daß LaHarpe, vor der Revolution ein radikaler Freigeist, nachher ein bigotter Konservativer, diese gleichnishafte Prophezeiung in der frommen Schlußphase seines Lebens geschrieben, aber dann als nicht publikationswürdig erachtet hat. Der Testamentsvollstrecker LaHarpes und nachmalige Herausgeber seiner gesammelten Werke hat bereits 1817 auf den Betrug des Erstherausgebers hingewiesen. Aber bis auf den heutigen Tag taucht die Prophezeiung des Cazotte in allen einschlägigen Schriften auf, weil die Richtigstellung nicht zur Kenntnis genommen oder – so weit geht die Hartnäckigkeit der Wundergläubigen – uminterpretiert wird: So sagt etwa Kemmerich über die decouvrierenden Schlußsätze: »Aus diesen Worten LaHarpes läßt sich nicht viel machen. Dazu sind sie zu unklar.«

Dagegen stellt Gérard de Sède, gewiß kein trockener Materialist und Naturwissenschaftler, in seinem 1977 erschienenen Werk *»L'étrange univers des prophètes«* zu dieser angeblichen Prophezeiung klipp und klar fest: »Hier handelt es sich um einen Archetyp, der leider sehr weit verbreitet ist, um eine apokryphe Prophezeiung. Falsch der Autor, falsch der Zeuge, vordatiert, Manipulation des Textes und, zu allem Überfluß, eifrige Parteigänger und Verfechter – alles ist da ... Man denkt fast an das Wort von Talleyrand, wonach in der Politik dasjenige, das für wahr gehalten wird, wichtiger ist als die Wahrheit selbst.«

Für Propheten ist es tatsächlich mindestens ebenso wichtig wie für Politiker, daß man ihre Aussagen und Prognosen für wahr hält, denn darauf beruht ihr guter Ruf und zumeist auch ihr Einkommen. Deshalb ist für sie nichts von größerer Bedeutung, als daß man sich von ihnen erzählt, sie hätten dieses oder jenes Ereignis richtig vorhergesehen. Im Falle der Cazotte-Prophezeiung trifft die Beschuldigung gewiß nicht LaHarpe, wohl aber den Erstherausgeber Petitot, der sich offensichtlich die Zeitströmung der Restauration und der bigotten Reaktion zunutze machen wollte, wie sie für das zweite Jahrzehnt des 19. Jahrhunderts charakteristisch war.
Wenn es hingegen darum geht, in eigener Sache Werbung zu treiben, dann ist niemand dazu so geeignet, wie ein tüchtiger Journalist und Public-relations-Berater. Die »phänomenale« Seherin Jeane Dixon, die unter anderem die Ermordung John F. Kennedys vorhergesagt haben will, hat solch eine wertvolle Schützenhilfe durch die Journalistin Ruth Montgomery gefunden, die ein ganzes Buch über sie schrieb.
Kernpunkt des Lobgesangs ist die Behauptung, Jeane Dixon habe – unter vielem anderem – die Ermordung Präsident Kennedys vorhergesagt, und zwar sowohl seit Jahren als auch unmittelbar vor der Tat. Bereits im Jahre 1952 hatte sie eine Vision: Das Weiße Haus erschien ihr in strahlendem Glanz, darüber die Zahl 1960, doch von dieser ging rasch eine dunkle Wolke aus und senkte sich auf den Amtssitz des Präsidenten und den Mann an seiner Schwelle. Der war groß, jung, blauäugig und hatte kräftiges braunes Haar. Überdies sagte ihr eine innere Stimme, daß er Demokrat sei und ein gewaltsames Ende finden werde.
Doch erst vier Jahre später, also 1956, als John F. Kennedy kein Unbekannter mehr war, sondern sich mit sehr guten Chancen um die Vizepräsidentschaftskandidatur seiner Partei bewarb, äußerte sich Mrs. Dixon erstmals öffentlich und erklärte in einem Zeitschrifteninterview, ein blauäugiger Demokrat werde 1960 gewählt werden und während der Amtszeit sterben – der gewaltsame Tod fiel angeblich auf Drängen der Reporter weg.
Als es im Jahr 1960 tatsächlich zur Wahl kam, hatte Jeane Dixon ihre alten Prophezeiungen allerdings bereits vergessen, denn in

ihrer Jahresvorschau für 1960 erklärte sie rundheraus, Kennedy werde nicht zum Präsidenten der Vereinigten Staaten gewählt werden. Noch unmittelbar vor der Wahl tippte sie auf Nixon, soll aber privat die Befürchtung geäußert haben, man werde den Republikanern den Sieg stehlen, wenn sie nicht jede Wahlurne bewachten. Sie blieb auch hinterher noch bei der Überzeugung, in Wirklichkeit habe Nixon die Mehrheit erhalten, und der hauchdünne Sieg Kennedys sei nur das Resultat eines Wahlschwindels gewesen. Über sich selbst sagt sie, gleichzeitig anmaßend und bescheiden: »Meine Gesichte sind niemals falsch, aber mitunter lege ich sie falsch aus.«

1960 war jedenfalls der blauäugige Demokrat Kennedy Präsident der USA geworden, und Jeane Dixon sah weiterhin die Wolke über dem Weißen Haus. Aber in ihren Veröffentlichungen und offiziellen Prognosen war davon nichts mehr zu merken – sogar der Hinweis von 1956 über den Tod des Siegers von 1960 im Amt fehlte. Alles, was Jeane Dixon über die Ermordung vorhergesagt haben soll, reduziert sich bei näherem Ansehen auf privaten Tratsch zwischen Bekannten und guten Freundinnen, die alle dem Okkultismus mehr oder weniger zugetan waren und sich nach dem Attentat plötzlich daran erinnerten, was Jeane Dixon ihnen gesagt hatte. Da waren Mrs. Cope, »Witwe eines Konteradmirals«, Mrs. Rebecca Kaufmann, Kay Halle, »Tochter des Philanthropen Samuel Halle«, Miss Eleanor Bumgardner, Ex-Sekretärin eines Obersten Richters, und David Greene, ein Vertreter in der Firma von Mrs. Dixons Mann.

Will man überprüfen, wie zutreffend die Zukunftsschau von Jeane Dixon wirklich war, dann muß man von jenen Prognosen ausgehen, die schwarz auf weiß bereits vor den angekündigten Ereignissen vorlagen – und da ist die Erfolgsquote überaus bescheiden. So verkündete sie zum Beispiel Mitte 1966: »Die Friedensverhandlungen in Vietnam werden nur dann Fortschritte machen, wenn der Gegner der Ansicht ist, der Zeitpunkt sei günstig.« (Der Gegner war anscheinend nie dieser Ansicht.) »Die Herbstwahlen werden den Republikanern in beiden Häusern beträchtliche Erfolge, aber nicht die Mehrheit bringen.« (In den sogenannten *off-year-*

elections gewinnt fast immer jene Partei, die nicht an der Regierung ist.) »Präsident de Gaulle wird beginnen, seinen Nachfolger aufzubauen und vor Ende seiner Amtsperiode ausscheiden.« (Richtig ist, daß de Gaulle 1969 freiwillig sein Amt niederlegte.) »Präsident Sukarno wird noch vor Ende 1966 aus dem Amt scheiden.« (Eine sehr zweifelhafte Prognose, da Sukarno schon seit Spätherbst 1965 seine Machtposition *de facto* eingebüßt hatte; offiziell aus dem Amt schied er übrigens erst 1967.) »Vizepräsident Humphrey wird erweiterte Vollmachten erhalten; Robert Kennedys zunächst wachsende Popularität wird 1967 stark darunter leiden, daß er sich zuweit nach links bewegt und Unterstützung bei Bürgerrechtsbewegungen und ähnlichen Gruppierungen sucht.« (Humphrey trat wenig in Erscheinung; Robert Kennedys Popularität wuchs so sehr, daß er 1968 als aussichtsreicher Präsidentschaftskandidat galt – da fiel er einem Attentat zum Opfer.) »Totaler Stromausfall in mehreren Großstädten, darunter in Washington, wird auf feindliche Experimente mit einer Geheimwaffe zur Unterbindung des Nachrichtenverkehrs und der Energieversorgung zurückzuführen sein.« (Der Stromausfall, der 1965 in New York so viel Aufregung verursacht hatte, wiederholte sich – nicht in Washington, sondern wieder in New York – erst 1977, und die Ursachen waren Blitzeinschläge und Fehlorganisation.) »Rußland wird das erste Land sein, das Astronauten auf dem Mond landen läßt.« (Nein, es waren die Vereinigten Staaten.) »Amerika wird im Zeitraum 1961 bis 1969 drei Präsidenten haben.« (Da 1963, nach der Ermordung Kennedys bereits Johnson im Amt war, konnte damit gerechnet werden, daß spätestens 1968 ein dritter zum Zuge kommen würde.) »Sargent Shriver und Richard Nixon werden für ihr Land Großes leisten.« (Shriver ist in Vergessenheit geraten, Nixon war der erste Präsident der amerikanischen Geschichte, der in Schmach und Schande sein Amt verlassen mußte.) »Die Berliner Mauer wird fallen, aber vermutlich nicht vor Jahresende 1964.« (Sie steht immer noch.)
Für die achtziger Jahre dieses Jahrhunderts hat Jeane Dixon einen Weltenbrand gewaltigen Ausmaßes vorhergesehen, bei dem sich vermutlich die USA und Rußland gegen China verbünden werden.

Derzeit sieht es freilich eher so aus, als ob die USA und China Front gegen ein übermächtiges Rußland machen wollten.
Von mindestens ebenso großer Bedeutung ist die Prophezeiung, daß am Morgen des 5. Februar 1962 im Nahen Osten ein Kind geboren wurde, das die Welt revolutionieren wird als Gründer eines neuen, weltumfassenden Christentums, welches die gesamte Menschheit in einem einzigen Glauben vereint.
Mit dieser Vision vom Großen Weltenbrand und von der Ankunft eines neuen Messias haben wir jedoch ein so wichtiges Gebiet der Prophetie erreicht, daß ihm ein eigenes Kapitel gewidmet werden muß – das Gebiet der Weltuntergangsprognosen. Es ist für unsere Zeit insofern von besonderer Wichtigkeit, als sich in den letzten Jahrzehnten zu den magisch, mythisch, okkult und religiös orientierten Prophezeiungen über das Ende der Zeiten noch eine ganze Reihe von rationalen und naturwissenschaftlichen Prognosen gesellt hat, in denen wegen technologischer und demographischer Fehlentwicklungen schwerste Katastrophen angekündigt werden.

III. Kapitel
Die Geschichte des Weltuntergangs

Ein neues Wort macht seit etwa zehn Jahren die Runde: Man spricht von den »Weltuntergangspropheten« und will damit all jene verächtlich machen, die vor drohenden Katastrophen aller Art warnen – vor der Bevölkerungsexplosion, der Kernenergie, der Umweltzerstörung. Freilich hat im Deutschen dieses Wort nicht jene Mehrschichtigkeit, die das englische Original auszeichnet: Dort heißt es *prophets of doom* und *doom* ist nicht nur der Weltuntergang, sondern es ist auch der Tag der Abrechnung und der Gerichtstag – insbesondere der Tag des Jüngsten Gerichts –, es ist Urteilsspruch und Verdammung, Schicksal und Verhängnis.

Aber mit Untergang, Verdammung und Jüngstem Gericht sind die Propheten und Weissager nicht erst seit zehn Jahren beschäftigt. Die Ankündigung von Katastrophen, die Warnung vor dem drohenden Untergang, die Deutung der Flammenschrift »Menetekel« gehörten vielmehr seit den Uranfängen der Prophetie zu den Hauptaufgaben der Künder und Seher. Das Vor-Wissen und Vorher-Sagen des Endes ist ja der dramatische Höhepunkt jeder Vorhersage, mag es sich nun um das Schicksal des einzelnen, das Schicksal einer Gesellschaft, einer Nation oder der ganzen Welt handeln.

Die Weltuntergangsprophezeiungen im weiteren Sinne des Wortes sind also nicht auf Schreckensvisionen von der totalen Vernichtung der Erde oder des Weltalls beschränkt; weit öfter betreffen sie Vorhersagen gewaltiger Veränderungen – den »Untergang des Abendlandes« etwa. »Vor uns die mageren Jahre«, »Die biologische Zeitbombe«, »Nach uns die Sintflut« – das sind charakteristische Titel der modernen *doomsday literature*.

Ein Werk überragt freilich alle anderen Weltuntergangsbücher um ein Gewaltiges, da es seit nahezu zweitausend Jahren den weitaus größten Einfluß auf die geistesgeschichtliche Beschäftigung mit Ende und Untergang ausgeübt hat: die Offenbarung des heiligen Johannes von Patmos, die Apokalypse, oder besser *die* Apokalypse, denn auch einige andere biblische und prophetische Schriften, die sich in bildhafter Form mit dem bevorstehenden Ende der Welt beschäftigen, gelten als Werke der »Apokalyptik«, so vor allem das Buch Daniel.

Die üppig wuchernde Phantasie und die mitreißende Dramatik der Bildersprache in der Offenbarung Johannis haben zu allen Zeiten ihre Faszination ausgeübt. Martin Luther bemerkte in seiner Bibelübersetzung im Vorwort zur Offenbarung allerdings etwas säuerlich und mißmutig: »Mancherlei Weissagung findet man in der Christenheit ... Etliche weissagt von künftigen Dingen, die nicht zuvor in der Schrift stehen und diese ist dreierlei. Die erste tut's mit ausgedrückten Worten ohn Bilder und Figuren ... Die andere tut's mit Bildern, aber setzt doch daneben auch die Auslegung mit ausgedrückten Worten ... Die dritte tut's ohn Wort oder Auslegung, mit bloßen Bildern und Figuren, wie dies Buch der Offenbarung ... und solange solche Weissagung ungedeutet bleibt, ist's eine verborgene stumme Weissagung und noch nicht zu ihrem Nutzen und Frucht gekommen.«

Nun, an Deutungen der Apokalypse hat es wahrlich nicht gefehlt, auch bereits zu Luthers Zeiten, und was der Übersetzer damals feststellte, hat noch heute seine Berechtigung: »Es haben wohl viele sich an diesem Buch versucht, aber bis auf den heutigen Tag nichts Gewisses aufbracht; etliche viel ungeschickts dinges aus ihrem Kopf hineingebraut.«

Und recht verdrossen klingt es, wenn Luther weiter schreibt: »Um solcher Auslegung und verborgen Verstands willen, haben wir's bisher auch lassen liegen« – im übrigen seien auch etliche Kirchenväter der Ansicht gewesen, es handle sich nicht um eine Schrift des Evangelisten Johannes. Luther teilte diesen Zweifel und nannte den Autor der Offenbarung den »Theologen« Johannes, um ihn vom Evangelisten deutlich zu unterscheiden. Auch heute neigt man zu der Ansicht, daß es sich um zwei verschiedene Verfasser handelt. Aber die umstrittene Frage der Autorschaft hat der Ausstrahlung dieses prophetischen Wortgemäldes zu keiner Zeit ernsthaften Schaden zufügen können, sondern seine Faszination eher noch erhöht, bei Gläubigen wie bei Ungläubigen.

Luther selbst, so skeptisch er sich gegenüber der Apokalypse zeigte und so unwillig er an ihre Übersetzung herangegangen war, erlag sofort der Verlockung zu ihrer Ausdeutung. So schrieb er etwa als Marginalie zu der berühmten Textstelle von der »Zahl des Tieres«: »Das sind sechshundertsechsundsechzig Jahr; so lange stehet das weltliche Papsttum« – eine tagespolitische, historisch kaum fundierte und sogar im Widerspruch zum Text stehende Deutung, da es ja ausdrücklich heißt: »Es ist eines Menschen Zahl.«

Diese Zahl sechshundertsechsundsechzig spielt, neben den Textstellen über das Tausendjährige Reich, das Neue Jerusalem und Armaggedon, eine so große Rolle in vielen Prophezeiungen, daß die Kenntnis des genauen Wortlauts unerläßlich ist – und dazu wiederum bedarf es vorher einer, notwendigerweise verstümmelnd gekürzten, »Inhaltsangabe« des Offenbarungs-Textes bis zu dieser Stelle.

Die Offenbarung verkündet das Wort Gottes, denn der Autor beginnt die Schilderung mit den Worten: »Ich war im Geiste an des HErrn Tag und hörte hinter mir eine gewaltige Stimme wie eine Posaune, die sprach: ›Ich bin das A und das O, der Anfang und das Ende. Und was du siehst, das schreibe in ein Buch ... Schreib, was du gesehen hast, und was da ist, und was geschehen soll danach!‹«

Nun öffnet sich für den Seher ein Tor des Himmels, und dort sitzt auf einem Stuhl »einer, der anzusehen war wie der Stein Jaspis und Sardis, und ein Regenbogen war um den Stuhl, wie ein Smaragd«. In der rechten Hand hält »der, der auf dem Stuhl saß«, ein Buch mit sieben Siegeln. Ein Lamm öffnet das erste bis vierte Siegel, und dem Buch entspringen die vier »apokalyptischen« Reiter auf weißem, rotem, schwarzem und fahlem Pferd und tragen Krieg, Hungersnot und Seuchen in die sündige Welt. Die Öffnung des sechsten Siegels bringt Erdbeben und Himmelskatastrophen und die Mächtigen auf Erden faßt namenloses Entsetzen. Ehe es aber zum Weltuntergang kommt, treten vier Engel hervor und drücken jenen Menschen, die gerettet werden sollen (»die Knechte unseres Gottes«), ein Siegel auf, jeweils zwölftausend von jedem der zwölf Stämme Israels.

Danach wird das siebente Siegel geöffnet, sieben Engel mit Posaunen erscheinen, und bei jedem Posaunenstoß bricht neues Unheil über die Erde herein: Hagel mit Feuer und Blut gemengt, Sterne fallen vom Himmel, das Meer wird bitter wie Wermut, riesige Heuschrecken quälen und fressen jene, die nicht das Siegel Gottes auf der Stirne tragen, aber noch bleiben Unbußfertige auf Erden zurück. Wenn aber der siebente Engel posaunen wird, dann »soll vollendet werden das Geheimnis Gottes«.

Johannes aber sieht nun doch, wie der siebente Engel in die Posaune stößt. Zeichen erscheinen am Himmel, ein gewaltiger Kampf erhebt sich zwischen dem Erzengel Michael und seinen Scharen und dem Drachen und seinen Kämpfern, der mit dem Sieg der himmlischen Heerscharen endet, während der Drache auf Erden weiterhin jene verfolgt, die Gottes Gebot halten und Zeugnis ablegen für Christus. Er leiht seine Macht auch einem gräßlichen Tier mit sieben Köpfen und zehn Hörnern, das aus dem Meer steigt, und die Menschen bewundern die Macht des Tieres und beten es an. Das Tier lästert Gott, besiegt die Frommen. Ein zweites Tier tut ein übriges, um alle zur Anbetung des Monsters zu verführen, dem auch eine Bildsäule errichtet wird. Und alle, die das Bild des Tieres nicht anbeten, werden getötet. Jeder muß an der Hand oder der Stirn das Abzeichen oder die Zahl des Tieres tragen. Und nun folgt die entscheidende Stelle: »Hier ist Weisheit! Wer Verstand hat, der überlege die Zahl des Tieres; denn es ist eines Menschen Zahl. Und seine Zahl ist sechshundertsechsundsechzig.«

So geheimnisvoll das klingt, so groß war die Zahl der Deutungen – und wenn man es geschickt genug anstellt, kann man erstaunlich viele Namen der dunklen Prophezeiung anpassen. Es gibt ja zahlreiche Möglichkeiten, Buchstaben in Ziffern umzusetzen. Vom römischen Alphabet ist hinreichend bekannt, daß einzelne Buch-

staben auch als Zahlzeichen fungieren: I für 1, V für 5, C für 100, D für 500 – das M für 1000 interesssiert in diesem Zusammenhang weniger, weil die Zahl des Tieres ja nur 666 beträgt.
Aber auch das Griechische bediente sich des Alphabets (mit drei Zusatzzeichen) zur Niederschrift von Zahlen, wobei die ersten neun Buchstaben die Einer, die nächsten neun die Zehner und die weiteren die Hunderter ergaben – die Null kam ja erst später auf.
In ähnlicher Weise kann auch das hebräische Alphabet zur Bezeichnung von Zahlen herangezogen werden, und vermutlich kommt man auf diese Weise dem ursprünglichen Sinn der Textstelle am nächsten. Schreibt man nämlich die Worte »Neron Caesar« mit hebräischen Buchstaben, dann soll ihre Zahlensumme 666 ergeben.
Spätere Deuter haben sich mit dieser Auslegung, die im übrigen einen Hinweis auf die Entstehungszeit der Apokalypse bietet, nicht zufriedengegeben, sondern jeweils die Bösewichter ihrer Zeit hinter der ominösen Zahl vermutet. Leo Tolstoj spielt in »Krieg und Frieden« mit der Idee, Napoleon sei das Tier mit der Zahl 666. Adolf Hitler läßt sich sogar mit zwei ganz verschiedenen Methoden in 666 verwandeln. Einmal kann man den Namen mit griechischen Buchstaben schreiben (ph für f) und den griechischen Zahlenwert errechnen – dann kommt man angeblich auf 666. Wenn man jedoch die angegebenen Einzelzahlen addiert, dann ist die Summe freilich nur 664 – und wenn man verwegen genug ist, die Konstruktion noch näher zu betrachten, dann erweist sich, daß sowohl *pi* als auch *rho* jeweils mit 100 gleichgesetzt wurden, während üblicherweise *pi* für 80 steht. Aber das ist ja leider charakteristisch für fast alle Ausleger von Prophezeiungen: Sie lassen sich durch Tatsachen höchst ungern von ihren vorgefaßten Meinungen abbringen und versuchen sie mit allen Mitteln, wenn nötig mit – ins Unterbewußtsein verdrängten – Fälschungen zu belegen.
Die zweite Methode geht von einer Numerierung des deutschen Alphabets aus, beginnend mit A = 100. Dann kommt man bei der Addition von HITLER in der Tat auf 666. Auch STALIN soll auf die Zahl des Tieres gedeutet worden sein – vielleicht geht das bei zweckmäßiger Numerierung des russischen Alphabets. Im Ersten

Weltkrieg interpretierten die Alliierten den deutschen Kaiser als 666. Auch Ismet Inönü, der Vater der modernen Türkei, mußte sein ISMET in 666 übersetzt finden, und wenn man den Papst als VICARIUS FILII DEI, als Statthalter von Gottes Sohn ansieht, dann ergeben die lateinischen Zahlzeichen abermals 666. Der Ribbentrop-Stalin-Pakt war angeblich 666 Tage in Kraft. Auch der DUCE ist vermutlich nicht davongekommen, denn dieses Wort allein ergibt schon 600 und bedarf nur noch eines passenden Adjektivs. Läßt man das Alphabet mit 101 statt mit 100 beginnen, dann käme übrigens selbst Jimmy CARTER in gefährliche Nähe des Tieres: 665.

Diese verhältnismäßig ausführliche, wenn auch nicht annähernd umfassende Beschäftigung mit der Zahl 666 mag abstrus erscheinen; aber gerade an diesem Beispiel läßt sich mit besonderer Klarheit zeigen, ein wie breiter Spielraum den Interpretationsmöglichkeiten gegeben ist, sobald man sich einmal auf eine bestimmte Deutung eingeschworen hat und sie unbedingt bestätigt finden will. Bei der Erörterung des »Geheimnisses der Großen Pyramide« wird diese Methode abermals deutlich werden; sie erstreckt sich aber letztlich auf nahezu alle Weissagungen und auch auf viele Prognosen. Zunächst aber ist noch einiges über die Offenbarung des heiligen Johannes nachzutragen.

Mit der Nennung der Zahl des Tieres endet das 13. Kapitel, und das 14. beginnt mit den 144 000 Gerechten und endet mit dem Auszug der Engel zum Kampf gegen die Anbeter des Tieres. In den folgenden Kapiteln wird geschildert, wie diese nun von gräßlichen Plagen heimgesucht werden und sich bei Harmagedon (Armaggedon) zur Endschlacht rüsten; doch zuvor erschüttert noch ein gewaltiges Erdbeben die Welt.

Welche Bewandtnis es mit Armaggedon hat, ist ebenfalls eine Auslegungsfrage. Luther sieht darin ein Kunstwort, das aus Herem und Gad zusammengestellt wurde und etwa »verdammte Kriegsleut« bedeutet, andere Interpretationen sehen darin eine Schreibvariante der Ortsbezeichnung Megiddo (Buch Richter v, 19) in der Ebene Jesreel zwischen Haifa und dem Jordantal, wo es in biblischen Zeiten und auch danach wiederholt zu Schlachten gekommen war. Im Englischen hat das Wort auch den erweiterten Sinn von »Endschlacht« angenommen, und in der Bibelauslegung der Zeugen Jehovas – die, offenbarungsgemäß, das Siegel Gottes zu tragen glauben – spielt die Endschlacht in Armaggedon eine zentrale Rolle beim in Kürze zu erwartenden Weltuntergang.

In der Offenbarung Johannis tritt aber – im 17. und 18. Kapitel – noch die »große Hure Babylon« auf, trunken vom Blut der Heiligen und der Zeugen Jesu. Sie reitet auf dem siebenköpfigen Untier, »das gewesen ist und ist nicht und wird wiederkommen aus dem Abgrund und wird fahren in Verdammnis«. Doch eine Stimme vom Himmel verkündet den Fall Babylons, und auf einem weißen Pferd reitet der Anführer der Himmlischen mit den Seinen in die große Schlacht. Das »Tier« und sein falscher Prophet werden gefangen und in den »feurigen Pfuhl« geschleudert.

Der Satan wird für »tausend Jahre« in den Abgrund verbannt, und das Tausendjährige Reich der unverführten Zeugen Jesu beginnt, sie »wurden lebendig und regierten mit Christus tausend Jahr«. Nach diesen tausend Jahren aber bricht Satan noch einmal aus seinem Gefängnis aus, die letzte Entscheidungsschlacht bricht an, göttliches Feuer fällt vom Himmel, Satan wird endgültig besiegt, die Auferstehung der Toten erfolgt, das Jüngste Gericht wird abgehalten.

Damit ist der Weltenlauf zu Ende, und ein neuer Himmel und eine neue Erde erstehen, die alte Erde und das Meer sind verschwunden, gekommen ist »die heilige Stadt, das neue Jerusalem«, in dem Gott selbst unter seinem Volk wohnt, und wo es weder Tod noch Leid, weder Schmerzen noch Kummer geben wird. »Und der auf dem Thron saß, sprach: Siehe, ich mache alles neu.« Dieses neue Jerusalem strahlt aus einem inneren Licht, seine Mauern sind aus Jaspis, die Bauten aus Gold und Edelsteinen, die Tore aus Perlen.

Und nun schließt die Offenbarung mit der Andeutung eines Zeitpunkts: »Und er sprach zu mir: Gott der Herr hat seinen Engel gesandt, zu zeigen seinen Knechten, was bald geschehen muß. Siehe, ich komme bald.« Und nochmals betont der Engel gegenüber Johannes: »Versiegle nicht die Worte der Weissagung in diesem Buch; denn die Zeit ist nahe!« Und neuerlich die Stimme Jesu: »Ja, ich komme bald.«

Es wäre müßig, hier auch nur ansatzweise den Versuch zu unternehmen, auf die zahllosen Deutungen näher einzugehen oder sie auf ihre Widersprüche hin zu untersuchen. Festzuhalten ist jedoch, daß gemäß dieser Schrift erstens nach vielen Drangsalen zunächst ein Tausendjähriges Reich der Gerechten kommen soll, daß zweitens nach einer kurzen Wiederkehr des Teufels das Jüngste Gericht, die Auferstehung der Toten und das Ende der alten Erde kommen soll, gefolgt von dem ewigen Gottesreich des neuen Jerusalem, und drittens soll der Beginn dieser Geschehnisse in naher Zukunft liegen: »Siehe, ich komme bald.«

Da nun einerseits nach fast zweitausend Jahren noch nicht einmal das Tausendjährige Reich angebrochen ist (wenn man von der Perversion des Begriffs im »Dritten Reich« absieht; das »Dritte Reich« selbst wiederum geht als Begriff zurück auf das »Ewige Evangelium« des Joachim von Fiore, 1132–1202), andererseits aber *per definitionem* die Worte der Heiligen Schrift nicht unwahr sein können, hat es nicht an Versuchen gefehlt, die Verheißung »Siehe, ich komme bald« umzudeuten – und zwar nicht zuletzt mit Hilfe eines biblischen Kalendariums, das die Zeit der Welterschaffung etwa in das Jahr 4000 v. Chr. zurückverlegt – laut dem anglikanischen Erzbischof Ussher (*»Annales Veteris et Novi Testamenti«*, 1650–54) genau im Jahre 4004.

Bei den Zeugen Jehovas heißt es: »Nach der zuverlässigen biblischen Chronologie wurden Adam und Eva im Jahre 4026 v. u. Z. erschaffen.« Demzufolge hätten die sechstausend Jahre Menschheitsgeschichte, die sie aus der Bibel herausinterpretieren, im Jahre 1975 abgelaufen sein müssen. Dieser Termin ist unterdes vorübergegangen, aber lange kann es bis zum Weltende trotzdem nicht mehr dauern, denn der Beginn der »Letzten Tage« wird mit dem Jahre 1914 festgesetzt, und nach dem Matthäus-Evangelium müßten noch jene Menschen die Endzeit erleben, die im Jahre 1914 schon geboren waren. (»Diese Generation wird nicht vergehen, ehe alle diese Dinge geschehen sind.«)

Nun hat freilich die Welt schon so manchen Untergangstermin

überlebt, wie die Geschichte zeigt. Mit Hilfe griechischer Zahlzeichenspiele hat man den Untergang wenn auch nicht der Welt, so doch der Stadt Rom für das Jahr 195 vorhergesagt; auch das Jahr 365 wurde genannt, da das Jahr 365 Tage hat und in der Bibelinterpretation immer wieder Tage und Jahre wechselseitig vertauscht werden.

Besonders bedeutsam war ferner das Jahr 1000, erinnerte es doch – rein von der Zahl her – an die Verheißung des Tausendjährigen Reiches. Es hat auch nicht an Behauptungen gefehlt, wonach kurz vor Beginn des Jahres 1000 eine allgemeine Endzeitpanik über das Abendland hereingebrochen sei.

Der spanische Kulturphilosoph José Ortega y Gasset hat allerdings in seiner Dissertation aus dem Jahre 1904 *(»Los terores del año mil – critica de una leyenda«)* den Nachweis geführt, daß es sich bei den angeblichen Schreckensszenen des Jahres 999 um Legenden handelt, die erst im 17. Jahrhundert entstanden und im frühen 19. Jahrhundert von berühmten Historikern in den Rang geschichtlicher Tatsachen erhoben wurden. Die realen Grundlagen reduzieren sich praktisch auf einen einzigen Satz in der Chronik des wenig gebildeten und abergläubischen Mönches Raoul Gabler, der kurz vor der Jahrtausendwende die angstvolle Eintragung machte: »Gemäß der Prophezeiung des heiligen Johannes wird Satan nun bald von seinen Ketten befreit, denn die tausend Jahre gehen zu Ende« – eine Deutung des Tausendjährigen Reiches also, die von der Annahme ausgeht, dieses Reich habe bereits mit der Geburt Christi begonnen.

Wenn des weiteren darauf verwiesen wird, Testamente aus dieser Zeit wiesen die Formel auf *Mundi terminum apropinquante*, »Da das Ende der Welt herannaht«, so ergibt eine kritische Forschung, daß diese Floskel nicht nur schon im 7. Jahrhundert verwendet wurde, sondern im 11. (also *nach* dem Jahr 1000) sogar weit mehr gebraucht wurde als im 10. Jahrhundert.

Für das Jahr 992 war übrigens der Weltuntergang auch schon vorhergesagt worden, da in diesem Jahr der Tag Mariä Verkündigung und der Karfreitag auf dasselbe Datum fielen, Geburt und Tod sich gleichsam vereinten – ein Kalenderereignis, das sich seither schon oft unbemerkt wiederholt hat: Auch 1978 fielen Karsamstag und Mariä Verkündigung zusammen. Der heilige Bernhard von Thüringen soll im späten 10. Jahrhundert gleichfalls das unmittelbar bevorstehende Ende der Welt vorhergesagt haben, ohne sich aber auf das Jahr 1000 festzulegen.

Sind also die Berichte über eine »wahre Untergangsneurose« im Jahre 1000 zum größten Teil erfunden und der Rest übertrieben, so scheint eine astrologische Prophezeiung für das Jahr 1186 tatsächlich erhebliche Auswirkungen auf das Leben der Zeitgenossen gehabt haben: Der Kaiser von Byzanz soll sogar die Fenster seines Palastes zumauern haben lassen. Das Zusammentreffen sämtlicher Planeten im Zeichen der Waage führte jedoch ebensowenig zur Katastrophe wie manche als verhängnisvoll gedeuteten Gestirnkonstellationen in späteren Jahren. Auch 1496 war angeblich solch ein Schicksalsjahr. Prompt wurde, so heißt es, schon zu Jahresbeginn ein schreckenserregendes Wesen aus dem Tiber gefischt – ein Frauenkörper mit Eselskopf, einem Hirschenfuß und einer Greifenklaue.

Der nächste Weltuntergang wurde für 1524 avisiert: Saturn, Mars und Jupiter befanden sich gemeinsam in den Fischen, und daher war eine Sintflut vorauszusehen. Die Weltuntergangsprophezeiungen waren im übrigen nicht auf das katholische Abendland beschränkt: Luther selbst nahm an, das Weltende stehe kurz bevor: Noch vor 1542 würden die himmlischen Heerscharen die Türken vernichten und den Papst stürzen. Die Rabbiner Sabbatai Zwi und Mordechai aus Eisenstadt sagten fast alljährlich die Geburt des Antichrist in Babylon voraus.

Das Jahr 1666 brachte die ominöse Addition von Tausend mit der Zahl des Tieres, aber der Weltuntergang blieb abermals aus. Im 17. Jahrhundert erschien auch erstmals die bei uns wenig bekannte, im angelsächsischen Sprachraum aber berühmte Prophezeiung der »Mother Shipton«, einer Kleinbürgersfrau aus York, die von 1488 bis 1561 gelebt haben soll und von der in nahezu allen Schriften, die sich mit Prophezeiungen beschäftigen, unter anderem die folgenden bemerkenswerten Vorhersagen zitiert werden: »Die Wagen werden ohne Pferde fahren – Die Gedanken werden in einem einzigen Augenblick um die Erde kreisen – Die Menschen werden über die Berge reisen, ohne Pferde zu benötigen, und sie werden auch unter das Wasser tauchen und dort schlafen und plaudern – Auch in der Luft wird man sie finden, weiß, schwarz und grün gekleidet – Eisen wird auf dem Wasser schwimmen wie Holz – Feuer und Wasser werden Wunder vollbringen.« Die Weissagung endet schließlich mit den Worten *»The world to an end will come – in eighteen-hundred-and-eighty-one«*.

Nun sind derartige phantasievollen Ankündigungen übermenschlich erscheinender Errungenschaft nichts Neues, es handelt sich ja um ewige Wunschträume und Märchenmotive – man denke nur an den Fliegenden Teppich, die Siebenmeilenstiefel, das Schlaraffenland oder die Ikarussage. Es ist daher, gelinde gesagt, eine Übertreibung, wenn man aus diesen Worten herauslesen will, Mother Shipton habe das Auto, die Telegraphie, das Flugzeug und die Unterseeboote vorhergesehen und vorangekündigt. Auch Sir Francis Bacon, der in seinem Staatsroman »Neu-Atlantis« im ersten Drittel des 17. Jahrhunderts ein Wunderland der wissenschaftlichen Errungenschaften ausmalt, stellt letzten Endes nur eine riesige Wunschliste zusammen; doch ungeachtet dieser Tatsache steht er jetzt im Rufe, fast sämtliche Errungenschaften der modernen Technik »vorhergesagt« zu haben.

Bei Mother Shipton stimmt jedoch nicht einmal der Märchentraum. Die schmale Schrift aus dem Jahre 1641 enthält keine einzige der vorhin aufgezählten Prognosen, sondern schildert zunächst ein Zusammentreffen der Mother Shipton mit drei Edelleuten aus dem Gefolge des Kardinals Wolsey, denen sie ihre persönliche Zukunft richtig vorhersagt, und daran schließen sich etliche verworrene und bizarre Aussprüche (»Wenn Hasen auf kalten Herdplatten braten und Bauerknechte Edelfräuleins heimführen, dann folgt ein schlimmes Hungerjahr«). Doch weder vom Flugzeug noch von der Telegraphie ist die mindeste Andeutung zu finden, und auch den Weltuntergang im Jahre 1881 wird man vergeblich suchen.

Wie es scheint, ist die heute so gern zitierte Fassung erstmals in

dem Sammelband von 1797 *»Mother Shipton and Nixon's Prophecies«* enthalten. Jedenfalls war aber diese Weltuntergangsprophezeiung für 1881 im vorigen Jahrhundert wohlbekannt. In manchen Landstrichen Englands sollen die Menschen die Nächte betend auf Feldern verbracht haben, in Erwartung des Weltendes, und so mancher scheint seinen Grundbesitz und sein sonstiges Gut verschleudert zu haben – zur Freude jener Spekulanten, die aus der Prophezeiung Nutzen zogen. So war teils die Erleichterung, teils die Enttäuschung groß, als das Jahr 1881 ohne Weltuntergang vorbeiging. Und nur die Unentwegtesten ließen sich einreden, der richtige Text laute in Wirklichkeit: *»The world at an end we'll view – in eighteen-hundred-and-eighty-two.«*
Um ein Jahr verschoben wurde der Weltuntergang aber auch bei den *»Millerites«*, einer Sekte, die an der Nordostküste der Vereinigten Staaten um die Mitte des vorigen Jahrhunderts aus dem Boden schoß, als ein gewisser William Miller nach eingehendem Studium des Buches Daniel und anderer Bibelstellen zu der Überzeugung kam, die Welt müsse am 21. März 1843 um Mitternacht untergehen, weil das Ende der Zeiten gekommen sei.
Mit dieser Prognose befand er sich in guter Gesellschaft. Der angesehene pietistische Theologe, Prälat und Konsistorialrat Johann Albrecht Bengel hatte bereits rund hundert Jahre früher auf Grund seiner Interpretation des Buches Daniel das Jahr 1836 als Endjahr bezeichnet. Spätere Kommentatoren kamen mit Bengels eigener Berechnungsmethode auf 1844 oder auch 1847, je nachdem, ob man das Jahr der Geburt Christi in das Jahr 0 unserer Zeitrechnung verlegt oder etwas später. Die Quelle all dieser Prophezeiungen ist das 8. und 9. Kapitel des Buches Daniel, wo zunächst von »2300 Abenden und Morgen« gesprochen wird, die als ebenso viele Jahre interpretiert werden, und danach von »siebzig Wochen« (entsprechend also 490 Jahren). Nimmt man an, daß diese 490 Jahre den ersten Teil der 2300 Jahre bis zur Endzeit bedeuten und mit dem Tod Christi im Jahre 34 unserer Zeitrechnung endeten, dann kommt man (2300 − 490 + 34) auf das Jahr 1844, nimmt man Christi Geburt drei Jahre später an, auf 1847.

William Miller jedenfalls war von der Richtigkeit der ersten Deutung überzeugt, und überdies zog er noch eine andere Rechnung heran (ein Schöpfungstag = ein »Jahresjahr« = 360 Jahre; siebenmal 360 = 2520, abzüglich 677 Jahre Babylonischer Gefangenschaft = 1843, zu zählen von der Geburt Christi an); aus Nächstenliebe warnte er auch seine Freunde und Nachbarn. In Kürze gewann diese Lehre im sektenfreudigen Nordamerika weiteste Verbreitung und zahlreiche Anhänger. Dann schaltete sich noch ein tüchtiger Manager ein und bot sich als Makler an für die Grundstücke, die die Farmer im Stich ließen, wobei sie sogar die Bäume absägten, weil ja ohnehin alles zu Ende war.
Und tatsächlich: Es kam der Komet 1843 I – aber das war auch schon alles. Der entscheidende Tag des Frühlingsbeginns ging ohne besonderes Ereignis vorbei, aber die Mehrzahl der Milleriten harrte bis zum Jahresende aus – dann sah William Miller ein: Er hatte einen Rechenfehler begangen, das richtige Datum war der 21. März 1844. Als aber auch das ganze Jahr 1844 verging und immer mehr seiner Getreuen von ihm abfielen, zog sich der unglückliche Untergangsprophet, der wirklich nur die Rettung seiner Mitbrüder gewollt hatte, mit gebrochenem Herzen zurück und starb wenige Jahre danach. Aber sein Glaube und die Getreuesten seiner Getreuen überlebten ihn, und es entstand die Sekte der »Adventisten«, die bis auf den heutigen Tag besteht.
Was aber die Mother-Shipton-Prophezeiung anlangt, so hat sie sich bereits über ein weiteres Jahrhundert hinweggerettet. Vor etwa fünfzehn Jahren erzählte mir eine Engländerin ganz beiläufig: »Sie wissen doch – Mother Shipton hat den Weltuntergang für 1981 vorhergesagt: *The world to an end will come in nineteen-hundred-and-eighty-one.*« Und ist es nicht 1981, dann vielleicht doch 1982 *(»The world at an end we'll view ...«).*
Einen anderen drohenden Weltuntergang haben wir unterdes schon überstanden: Die »Prager Sibylle«, um die Mitte des 17. Jahrhunderts lebend und vermutlich identisch mit der »Sibylle Michalda« sagte angeblich eine Weltkatastrophe, wenn nicht sogar das Jüngste Gericht für den Veronika-Tag (4. Februar) 1962 voraus: Da hätte die Menschheit einen »Schrei der Angst und des

Schauderns ausstoßen« sollen, denn »ein Nichts waren alle Leiden der vergangenen Zeit zu diesen Schlägen des Schicksals; Gott wird furchtbares Gericht halten«.

Dieser Sibylle von Prag werden übrigens, ähnlich wie Mother Shipton, eine ganze Reihe von Prophezeiungen über moderne technische Entwicklungen unterschoben: Sie soll unter anderem die Eisenbahn (»ein einziger dampfender Kessel wird hundert Postkutschen ziehen«), das Telephon (»Worte laufen auf dünnen Drähten von Mund zu Mund«), den Benzinmotor (»ein Wagen, getrieben von einem seltsamen Wasser«) und das Radio (»ein kleines Kistchen mit runden Knöpfen wird der Menschheit Freude und Lust bringen«) vorhergesagt haben. Der Schönheitsfehler dieser Prophezeiung ist aber, wieder einmal, daß all diese bemerkenswerten Ankündigungen nicht in einwandfrei alten Schriften zu finden sind, sondern lediglich in Publikationen der letzten Jahrzehnte.

Ist aber auch 1962 glimpflich vorbeigegangen, obzwar unter anderem auch die Astrologen sich sehr große Sorgen machten, so gibt es dagegen für die Zukunft einiges zu fürchten. Da ist zum Beispiel das Jahr 1998 gebührend zu erwähnen, steckt in ihm doch dreimal die apokalyptische Zahl 666, und überdies wurde Christus in der 1998. Woche seines Erdendaseins gekreuzigt. Das Vertauschen von Wochen und Jahren, Tagen und Jahrhunderten spielt ja bei den okkulten und kabbalistischen Auslegungen prophetischer Texte, vor allem der Apokalypse und des Traumes Daniels, eine wichtige Rolle. Die letzten Worte des Propheten Daniel schreien sogar geradezu nach einer anderen Interpretation als nach der buchstabengetreu wörtlichen: »Und von der Zeit an, wenn ein Greuel der Wüstung dargesetzt wird, sind tausendzweihundertneunzig Tage. Wohl dem, der da wartet und erreicht tausenddreihundertfünfunddreißig Tage.«

Weltuntergangstage oder zumindest einschneidende Daten weltweiter Veränderungen finden sich aber nicht nur in prophetischen Schriften, sondern angeblich auch im gewaltigsten Monument der Erde – in der Großen Pyramide von Gise, der Cheopspyramide. Und wie es sich für ein Bauwerk geziemt, sind dort die Zeiteinheiten als Längenmaße aufgetragen. Denn wenn man den Pyramidologen Glauben schenkt, dann sind in der Cheopspyramide nicht nur unzählige astronomische Daten in Stein aufbewahrt, sondern in ihren Gängen ist auch ein Weltschicksals-Kalender verborgen.

Die großen Pyramiden Ägyptens wurden vor nahezu fünftausend Jahren errichtet, in den Tagen der 3. und 4. Dynastie um das Jahr 2700 v. Chr. Die beiden größten unter ihnen sind die Cheopspyramide und die sogenannte zweite Pyramide des Chefren. Etwas kleinere Pyramiden wurden als Grabstätten für die Pharaonen noch etwa tausend Jahre lang gebaut, dann jedoch kehrten die ägyptischen Könige wieder zur Erdbestattung bzw. zu Felsgräbern zurück.

Seit der Antike haben die Pyramiden alle Beobachter zur Bewunderung hingerissen. Die Pyramiden zählten zu den Sieben Weltwundern, und sie erregten auch die Aufmerksamkeit der Archäologen, die sich – beginnend im 17. Jahrhundert (John Greaves) und dann mit gesteigerter Intensität seit dem frühen 19. Jahrhundert – mit diesen gewaltigen Bauten beschäftigten, ohne freilich bis auf den heutigen Tag alle Rätsel überzeugend lösen zu können. Einige der Forscher erfanden sogar weit mehr neue Rätsel, als sie alte lösten. Zu ihnen zählt vor allem der schottische Astronom Charles Piazzi-Smyth, dessen berufliche Neigung zu astronomischen Berechnungen ihn dazu verführte, in die Große Pyramide (die anderen interessierten ihn nicht) eine Vielzahl von mathematischen und astronomischen Daten hineinzulesen. Damit schuf er die Basis für noch verwegenere Deutungen durch spätere, okkultistisch orientierte Forscher.

Piazzi-Smyth, als berühmter Astronom Mitglied der *Royal Society,* unterbreitete dieser wissenschaftlichen Akademie in den siebziger Jahren des vorigen Jahrhunderts einen großen Bericht über seine Forschungen. Als dieser Bericht von den dort vertretenen Ägyptologen zurückgewiesen wurde, legte er seine Mitgliedschaft nieder.

Was Piazzi-Smyth behauptet, war, soweit man in zwei Sätzen das Lebenswerk eines begeisterten Forschers zusammenfassen kann, dieses: Erstens wurde die Große Pyramide – zum Unterschied von den späteren, kleineren – nicht von den einheimischen Völkern als Königsgrab gebaut; sie ist vielmehr das Werk »sethischer« Urahnen des Auserwählten Volkes, die in dieser Pyramide ihr Geheimwissen für die Nachwelt aufbewahrten. Zweitens sind daher alle Abmessungen der Großen Pyramide Schlüsselzahlen für wissenschaftliche – vorwiegend astronomische – Kenntnisse, und ihre Grundlage ist der von Piazzi-Smyth errechnete »Pyramidenzoll«, der vom britischen *inch* nur um ein Tausendstel abweicht. Auch der vermeintliche Sarg in der vermeintlichen Königskammer ist ein Normalmaß, denn er hat das vierfache Volumen des britischen Raummaßes *quarter*.

Wenn man in diesen »Pyramidenzoll« rechnet, dann beträgt der Umfang der Pyramide 3652,4 Pyramidenzoll, und das entspricht, wenn man ein Komma richtig setzt, genau der Anzahl der Tage in einem Jahr (365,2). Das wäre bereits bemerkenswert genug, doch das Spiel wurde ins Groteske weitergetrieben. Spätere »Pyramidologen« fanden heraus: Teilt man den Umfang von 36524 Pyramidenzoll durch 4, so erhält man die Kantenlänge 9131, und das ist – mit Kommaverschiebung – der Zeitraum zwischen dem Beginn der vier Jahreszeiten. Mehr noch: Teilt man diese 9131 Pyramidenzoll durch 25, um Pyramidenellen zu erhalten, dann ersteht vor uns, o Wunder, erneut die Zahl der Tage im Jahr, diesmal sogar ohne Kommaverschiebung.

Spätere Archäologen haben nachgewiesen, daß selbst die Messungen von Piazzi-Smyth nicht ganz exakt waren, von seinen phantasievollen Schlußfolgerungen ganz zu schweigen. Der deutsche Ägyptologe Ludwig Borchardt schrieb 1922 die vernichtende Studie »Gegen die Zahlenmystik an der großen Pyramide von Gise«, in der er nicht nur Piazzi-Smyth lächerlich machte, sondern seinen Spott auch gegen spätere – wie er sie nannte – G(oldener)-S(chnitt)-Theoretiker wandte und vor dem »Pyramidenquatsch« warnte. Dabei schoß er wohl im Sachlichen zuweilen etwas übers Ziel hinaus (und ganz gewiß vergriff er sich im Ton). Um gewisse unleugbare Eigenheiten gerade der Cheopspyramide kommt man nämlich kaum herum, und die lapidare Schlußbemerkung Borchardts »Die Pyramiden sind einfache, klare Bauwerke, entworfen

mit den einfachen Hilfsmitteln der Ägypter der damaligen Zeit« ist kaum als das letzte Wort in der Pyramidenforschung anzusehen.
Bei seiner vernichtenden Kritik erwähnte Borchardt aber mit keinem Wort jene Okkultisten, die – mit den Zahlen und Berechnungen Piazzi-Smyths als Grundlage – in ihren Deutungen noch viel weiter gingen und im Gang- und Kammersystem der Großen Pyramide ein Weltkalendarium zu finden glaubten. Von wann bis wann es reicht, darüber weichen die Aussagen voneinander ab: Eine Autorin beispielsweise erklärt zunächst »von 2670 v. Chr. bis 2100« und gibt fünf Seiten weiter »von Adam bis ans Ende der Zeiten, nämlich von 4000 v. Chr. bis zum Jahre 2001« an. Piazzi-Smyth hatte angeblich aus der Einteilung des zur Königskammer schräg aufwärts führenden Hauptganges herausgelesen, daß der Weltuntergang im Jahre 1880 stattfinden würde, doch ist dies gewiß eine Verleumdung, denn die kalendarische Deutung jeder Boden- und Deckenerhebung des großen Ganges hat richtig erst mit Pastor John Davidson (nicht zu verwechseln mit dem frühen Pyramidenforscher und Weltreisenden Davison) um die Wende zum 20. Jahrhundert begonnen, nachdem bereits 1865 Robert Menzies erstmals die Vermutung geäußert hatte, in der Pyramide sei eine Prophezeiung verborgen.
Die Mehrzahl der Pyramidenpropheten geht davon aus, daß zunächst jeder Pyramidenzoll der Ganglänge ein Jahr bedeutet, später aber nur noch dreißig Tage. Das hat den Vorteil, daß man die vorchristliche Zeit rasch übergehen kann und mehr markante Bodenmerkmale für das 19. oder auch das 20. Jahrhundert bleiben. Dabei fällt in den Deutungen auf, daß die bereits eingetretenen Ereignisse im Pyramidenkalendarium angeblich sehr genau registriert sind, während an markanten Daten der Zukunft ein um so größerer Mangel herrscht.
Kurz vor Ausbruch des Zweiten Weltkriegs konnte man aus der Pyramide zum Beispiel unter anderem ablesen: den Geburts- und Todestag Christi (der daraus errechnete »wahre« Geburtstag ist der 4. Oktober des Jahres 4 unserer Zeitrechnung, der wahre Todestag der 7. April 30), Beginn und Ende des Ersten Weltkriegs

(datumgemäß genau auf den Kriegseintritt Großbritanniens abgestimmt), aber auch Daten wie den 27./28. Oktober 1912, gedeutet als Beginn der Schlacht von Lule-Burgas, die »praktisch das Ende der Türkenherrschaft in Europa brachte«, und den 2. August 1909 (»Zar Nikolaus nimmt an der großen Flottenparade bei Cowes als Gast König Eduards VII. teil«). Für Juli 1927 sagte die Pyramide angeblich ein Erdbeben in Jerusalem voraus; der Beginn der Weltwirtschaftskrise wird auf den 29. Mai 1928 datiert.
Das Verblüffendste sind wohl die Angaben über Beginn und Ende des Ersten Weltkriegs – aber das Staunen darüber läßt rasch nach, wenn man erfährt, daß Davidsons Buch erst im Jahre 1924 erschienen ist (Borchardts Paukenschlag war offenbar wirkungslos verhallt) und der Autor daher Gelegenheit hatte, zumindest bezüglich dieser auffälligen Daten seine Theorie den Realitäten nachträglich anzupassen.
Mit der Zukunft tat er sich wesentlich schwerer: Das Ende der Wirtschaftskrise wurde für Mitte September 1936 prophezeit, und danach sollte – nach einem letzten kritischen Datum am 8. September 1937 – das Goldene Zeitalter des Gottesfriedens beginnen: Nun war der Gang in die Königskammer gemündet, und am 20. August 1953 endete der Weg. Auf einen zweiten Weltkrieg schien nichts hinzuweisen, oder er war bloß eine Episode im Gottesreich, bedeutungsloser als die Flottenparade von Cowes.
Als sich diese Vorhersagen für die späten dreißiger Jahre als falsch herausgestellt hatten, versuchte der Okkultist B. Landone nachzuweisen, daß der Pyramidenkalender nicht in Längen-, sondern in Raummaßen geschrieben sei. Daraus ergebe sich, daß die Welt nicht um Mitternacht des 16. September 1936 umgewandelt würde, sondern vielmehr »erst im näheren Umkreis des 6. März 1947«: Dann beginnt die Verklärung, die – auf einer Seite des Buches – »vor dem 6. März 1997«, auf der nächsten Seite »am 23. November 2000« in den Tempel der Göttlichkeit übergeht.
An markanten Zwischendaten bis zum »näheren Umkreis des 6. März 1947« werden reichlich ein Dutzend geliefert, darunter aber weder der Beginn des Rußland-Feldzugs noch das Attentat auf Hitler, noch das Ende des Zweiten Weltkriegs (der bei

Landone übrigens der Dritte ist, weil von 1921 bis 1933 der Zweite Weltkrieg als erbitterter Wirtschaftskrieg düsterer Spekulanten, als »Goldkrieg«, geführt wurde).
Nach Ende des Zweiten Weltkriegs waren die Kalenderdaten der Cheopspyramide plötzlich wieder ganz anders zu lesen, wobei man sich jedoch nicht etwa der Mühe unterzog, alle Daten zeitlich nach hinten zu verschieben. Denn dann wären die Daten des Ersten Weltkriegs gänzlich verschwunden, und das war unmöglich; sie durften nicht angetastet werden. Man hielt statt dessen an den alten Prophezeiungen fest, fügte aber neue hinzu, obzwar die Ganglänge in der Pyramide dafür gar nicht mehr ausreichte. 1936 bedeutete nun nicht mehr das Ende der Weltwirtschaftskrise, sondern den Ausbruch des spanischen Bürgerkriegs, der September 1937 fiel unter den Tisch – oder unter die Pyramidenblöcke –, an seine Stelle trat der August 1938, der April 1945 tauchte aus dem Nichts auf. Aber noch blieb das alte Datum »August 1953«, freilich nicht mehr als Endzeitpunkt, sondern mit dem Zusatz »darauf steil ansteigend bis 2000« (oder 1992 oder 2001 oder 2100).
Wenn man jedoch die »traditionelle« Berechnungsweise beibehält, dann sind wir seit August 1953 (in dem sich nichts sonderlich Bemerkenswertes ereignet hat) am hintersten Ende der königlichen Grabkammer angelangt, und das einzige, was von dort noch steil in die Höhe führt, ist ein Lüftungsschacht, durch den man nicht einmal kriechen könnte. Doch schon früher hatte selbst einer der gläubigsten Okkultisten, Georges Barbarin, sich darüber gewundert, daß die so deutlich ausgeprägte »Große Stufe« am Ende der Großen Galerie ausgerechnet die Daten des 25. Januar 1844 und des 2. August 1909 markiere; die Flottenparade schien selbst ihm für diesen gewichtigen Punkt nicht bedeutsam genug zu sein.
Ja, und was die Zukunft anlangt, so kriechen wir nun – im Geiste – durch den Lüftungsschacht dem Weltende im Jahre 1992 oder 2001 entgegen. Freilich könnte zu den genannten Zeitpunkten auch das Goldene Zeitalter endgültig anbrechen.
Es ließe sich noch sehr viel über die Geheimnisse der Großen Pyramide, über die Zusammenhänge mit Bibeltexten (Jesaja 19,

19f.) und über die Deutungen der Zahlenverhältnisse an diesem imposantesten Bau des Altertums sagen, und es wurden ja auch schon viele Bände darüber geschrieben, leider zumeist von den Extrempositionen her – entweder okkultistisch-gläubig oder archäologisch-ungläubig.

Es soll nun aber nicht der Eindruck entstehen, als seien die Weltuntergangsprognosen ausschließlich oder auch nur vorwiegend auf magische, mythische, okkultistische oder skurrile Prophezeiungen und Auslegungen zurückzuführen. Deshalb werden nachfolgend vor allem jene wissenschaftlichen Theorien vorgestellt, die zwar nicht den Untergang der Welt im Stile der Apokalypse prognostizieren, wohl aber aufgrund historischer Ereignisse eine charakteristische Abfolge gewisser Entwicklungen festgestellt haben und daraus Schlüsse auf unsere Kultur zu ziehen versuchen.

Diese Theorien sind freilich »wissenschaftlich« nicht im Sinne einer naturwissenschaftlichen Gesetzmäßigkeit, sondern nur hinsichtlich der Nachprüfbarkeit ihrer Behauptungen und der Gewissenhaftigkeit ihrer Autoren. Es handelt sich also letztlich um Geschichtsphilosophie, die – wie jedes philosophische System – *per definitionem* individuelle Überzeugungen ausdrückt.

Aus eben diesem Grunde aber ist es auch nicht leicht, eine Grenze zu ziehen zwischen jenen Geschichtsphilosophien, die man als bedeutsam und diskussionswürdig anerkennen will, und jenen anderen, die man achselzuckend als Spintisiererei von Halbirren abzutun geneigt ist. Auch das Kriterium der wissenschaftlichen Legitimation ist nicht maßgebend, wie eben vorhin das Beispiel des als Astronom unleugbar bedeutenden und subjektiv zweifellos völlig lauteren Piazzi-Smyth gezeigt hat.

Jede rationale Zukunftsschau, sei sie nun mehr philosophisch-weltanschaulich oder aber mathematisch-statistisch orientiert, geht notwendigerweise von der Annahme aus, daß Künftiges aus dem bereits Geschehenen, also aus der Geschichte, mehr oder minder deutlich abzulesen ist: Aus der genauen Analyse der Vergangenheit lassen sich Schlußfolgerungen auf die Zukunft ziehen.

Die simpelste Form einer solchen Prognose ist die des *status quo*, des unveränderten Fortbestehens des Bisherigen: »Nichts Neues unter der Sonne.« Ehe man jedoch mit einem Achselzucken über diese vermeintlich allzu primitive Art der Zukunftsschau hinweggeht, ist freilich zu bedenken, daß der größte Teil unseres Lebens und unserer individuellen Entscheidungen auf der Annahme beruht, es werde – zumindest – kurzfristig alles beim alten bleiben: Wir werden morgen früh erwachen wie alltäglich, die Sonne wird zur jahreszeitlich bestimmten Stunde aufgehen wie seit undenklichen Zeiten, der Wagen wird voraussichtlich innerhalb von zehn Sekunden anspringen, der Weg zum Arbeitsplatz wird in neun bis zwölf Minuten zurückzulegen sein (Erfahrungswerte der letzten Monate), wir werden unsere Arbeit verrichten, nicht gekündigt werden, um etwa 17 Uhr 04 das Büro verlassen und so weiter.

Eine Zukunftsanalyse auf längere Sicht ergibt dagegen schon in der Planung und Abschätzung des einzelnen auch ein Element des Wandels: Aufstieg im Beruf, Übersiedlung, Erwachsenwerden der Kinder, Krankheit, Pensionierung, Todesfälle. In einer Vorschau auf die künftige Entwicklung ganzer Systeme – und vor allem gesellschaftlicher Systeme und Ordnungen, Kulturen und Zivilisationen – sind vollends die Entwicklungsrichtungen der Vergangenheit, die »Trends«, ins Kalkül zu ziehen.

Auf einen ganz einfachen Nenner gebracht, gibt es dabei zwei Grundkonzepte: den zyklischen und den linearen Verlauf der Entwicklung. Der zyklische Verlauf sieht eine Rückkehr zum Ausgangspunkt vor – nach einer Periode des Aufstiegs folgt eine Epoche des Verfalls, bis schließlich ein Punkt erreicht ist, an dem unter etwas veränderten Gegebenheiten ein neuer Zyklus beginnt. Es ist dies ein dem Jahresrhythmus der Natur nachgeahmtes Bild: Frühling – Sommer – Herbst – Winter – ein neuer Frühling. Auch die Lebensalter des Menschen werden oft mit den Jahreszeiten verglichen, doch ist hier der Zyklus im Einzelfall in eine lineare Entwicklung übergegangen: Das Individuum wird, wenn wir vom Seelenwanderungsglauben absehen, nicht kurz nach dem Tode wiedergeboren, sondern mit dem Tode endet seine individuelle Existenz. Ein Kreislauf läßt sich nur insofern konstruieren, als auf eine Periode der kindlichen Hilflosigkeit eine Zeit des Erstarkens und der vollen Aktivität folgt, die durch Kräfteverlust und anschließende Hilflosigkeit abgelöst wird. Aber am Ende des Kreislaufs steht für den Einzelmenschen kein Wiederbeginn. Ausgangs- und Endpunkt berühren sich lediglich, wie denn überhaupt der Zyklus, der Kreislauf, etwas Resignatives in sich hat.

Der lineare Verlauf der Entwicklung ist durch eine aufsteigende oder auch abfallende Trendlinie gekennzeichnet. Sie verläuft in den seltensten Fällen völlig geradlinig, sondern weist meistens Schwankungen, Rückschläge und Wiederanstiege auf. Eine enge Verknüpfung mit den zyklischen Vorstellungen besteht freilich dann, wenn man Aufstieg oder Abfall als Ausschnitte aus einem zyklischen Prozeß betrachtet.

Je kleiner der gewählte Zeitabschnitt, desto größer die Wahrscheinlichkeit, daß für diese relativ kurze Periode ein annähernd geradliniger Trend erwartet werden kann und daß selbst bei einer Verflachung oder Trendumkehr der Richtungswechsel nicht allzu deutlich sichtbar wird. Es gibt freilich auch Phänomene, bei denen die Erfahrung gelehrt hat, daß kurzfristige zyklische Abläufe zu erwarten sind – angefangen beim legendären »Schweinezyklus« bis zu den sehr umstrittenen Kondratjewschen Konjunkturwellen (siehe Seite 254).

Trotz dieser inneren Zusammenhänge von Zyklus und geradlinigem Verlauf bestehen – zumindest bei der Langfristprognose – fast immer sehr wesentliche Auffassungs- und Weltanschauungsunterschiede zwischen den Verfechtern dieser zwei Arten von Zukunftsschau. Wenn vorhin die Zyklentheorie als eher »resignativ« bezeichnet wurde, so fallen die Vertreter der geradlinigen und aufsteigenden Prognosen in die Kategorie der Optimisten, im Extremfall sogar in die der Illusionisten – vor allem dann, wenn sie wider alle Logik prinzipiell die Grenzen des Wachstums leugnen. Sie schrecken nämlich nicht davor zurück, einen gewissermaßen ewigen Frühling vorherzusagen und die Bäume buchstäblich in den Himmel wachsen zu lassen.

Geschichtsphilosophische Theorien neigen eher zu zyklischen Prognosen, weil ja die extrem langfristige Zukunftsschau Wachstumsgrenzen und Trendumkehr klarer erkennt als kurzfristiger politischer oder ökonomischer Zweckoptimismus. So ist auch die älte-

ste abendländische Weltschau, die Kosmogonie des Hesiod, von der Vorstellung einer zyklischen Wiederkehr und einer progressiven Verschlechterung der Weltqualität bis zum Weltuntergang und zur Welterneuerung beherrscht.
Bei Hesiod beginnt der Lauf der Welt mit dem Bestmöglichen, mit der schönsten aller Welten, aber sie ist nicht etwa vergleichbar dem christlichen Paradies, das durch den Sündenfall sehr schnell verlorengeht, sondern es handelt sich um ein ganzes Zeitalter: um das Goldene Zeitalter, in dem die Menschen weise waren, unbeschwert und sorglos ein fröhliches Leben ohne Arbeit und Krankheit führten, nicht alterten und im Schlaf den Tod fanden. Darauf folgte das Silberne Zeitalter, in dem die Menschen schon etwas weniger intelligent waren und wo sich bereits die ersten Anzeichen von Unrecht und Übermut zeigten. Schlimmer wurde es dann im Bronzenen Zeitalter, dem Zeitalter der Heroen: Hier herrschten schon Gewalt und Krieg, die Toten gingen als Schatten in den Hades ein. Die gegenwärtige Welt schließlich (»gegenwärtig« vom Gesichtspunkt Hesiods aus, der vor mehr als zweieinhalb Jahrtausenden lebte; doch da er in sehr langen Perioden dachte, würde es unsere Zeit wohl noch einbeziehen) ist nur noch ein Eisernes Zeitalter, gefoltert von fünf Plagen: der Arbeit, dem Hunger, der Krankheit, Alter und Tod, und – dem Ärger mit den Frauen.
Es ist unverkennbar, daß Hesiods persönliche Lebenserfahrungen in seine Weltalterlehre Eingang gefunden haben; aber das war bei späteren Geschichtsphilosophen nicht viel anders. Hesiod war übrigens von seinem Bruder um das ihm zustehende Erbteil geprellt worden, weil es diesem gelang, einen Richter zu bestechen – noch ein Grund mehr für die eher pessimistische Weltschau des Dichterphilosophen, die sich auch in seiner Prognose niederschlägt.
Wie geht es weiter in Hesiods Welt? Es wird noch schlimmer: Die Anständigen werden nicht mehr geehrt, dagegen die Übeltäter und Hochmütigen gepriesen, das Recht weicht der nackten Gewalt, die Scham verschwindet, die Freude an der Untat triumphiert.
Der Gedanke, daß die Zeit des Untergangs gekommen sei, wenn einmal die Bösen, die Schamlosen, die Ungerechten siegreich sind und die traditionelle Sitte und Ordnung mit Füßen getreten wird,

kehrt in prophetischen Endzeitvisionen konsequent wieder. Solche Prophezeiungen schließen selbstverständlich die Mahnung ein, nur ja *nicht* in Zügellosigkeit zu verfallen, da dann die Katastrophe unweigerlich näherkomme.

In ähnlicher Weise wie Hesiod haben später Vergil, Ovid und andere Autoren der Antike eine Weltalterlehre verkündet, die auf dem Gedanken eines kontinuierlichen Verfalls seit dem Goldenen Zeitalter beruht und sich dann zu dem Konzept des »Weltjahres« weitete: Sobald die Gestirne wieder alle ihren ursprünglichen Platz am Himmel eingenommen haben, ist ein Weltjahr zu Ende und ein zweites beginnt. Je nach den astronomischen und philosophischen Ansichten der Autoren währte ein solches Weltjahr 3000 bis 18000 Jahre – Cicero errechnete es mit 12954 Jahren.

Die Sibyllinischen Bücher, prophetische Dichtungen des ausgehenden Altertums, teilten dieses Weltjahr in vier Jahreszeiten ein, die wiederum annähernd dem Hesiodischen Konzept entsprechen. Mythologie, Philosophie, Theologie und Naturwissenschaft sind also noch aufs engste verzahnt; aber jedenfalls ist die antike Geisteswelt von der Vorstellung der zyklischen Wiederkehr geprägt.

Auch der christlich-jüdischen Vorstellungswelt lag zunächst die Idee zugrunde, daß die schönste Zeit der Menschheit in der fernen Vergangenheit gelegen habe, nämlich im Paradies, und daß danach durch den Sündenfall und durch weitere Missetaten eine ständige Verschlechterung des Menschengeschlechts eingetreten sei, bis Gott mit der Sintflut reinen Tisch machte, wobei mit der Arche Noah gleichsam ein zweiter Weltentag begann. Und die Apokalypse, der Traum des Propheten Daniel und andere Prophezeiungen sprechen ebenfalls davon, daß die überwiegende Mehrzahl der Erdenbewohner ihrer Gottlosigkeit wegen vernichtet werden wird und nur die verhältnismäßig wenigen Gerechten überleben und das Tausendjährige Reich errichten werden.

Dennoch kommt mit dem Christentum ein völlig neues Element in die antike Vorstellungswelt: Durch die starke Betonung des Jenseitigen und des Lebens nach dem Tode wird der Kreislauf in eine himmelwärts führende zielgerichtete Gerade verwandelt. Der

Volkswirtschaftler und Soziologe Edgar Salin hat das in seiner Studie über den Gottesstaat von 1926, *»Civitas Dei«*, sehr überzeugend formuliert: »Durch das Christentum wird der Auflösung ihr Schrecken genommen. Wenn der Tod nun nicht mehr Tod ist, sondern der Beginn des eigentlichen Lebens, so erhält die Lebenskurve einen eigentümlichen anderen Verlauf: ... sie wird steil nach oben ins Himmlische Reich oder steil nach unten in die Verdammnis gerissen. Die Wiedertäufer und alle modernen chiliastischen Bewegungen, der Marxismus und die ganze Fortschrittswelt sind niemals ganz zu verstehen, wenn man nicht weiß, daß sie dieser steigenden Lebenskurve des Christentums Ursprung und Richtung verdanken; nur haben sie den Grund und das Ziel der Steigung, Gott und das Himmelreich, gestrichen.«

In der Renaissance war das Gedankengut der Antike neu entdeckt, wiederbelegt und mit christlichen Elementen vermengt worden. Der etwa zwei Jahrhunderte später lebende italienische Philosoph und Jurist Giambattista Vico (1668–1744) griff in seinem Werk »Die neue Wissenschaft über die gemeinschaftliche Natur der Völker« den Gedanken des Entwicklungszyklus wieder auf, baute ihn zu einer Ideengeschichte aus und berücksichtigte auch die Tatsache, daß seit den Tagen der Antike der Kreis der bekannten Völker sich wesentlich erweitert hatte. Ihnen allen seien, so sagte Vico, nicht nur gewisse Grundvorstellungen und Ideale gemeinsam, sondern auch der Ablauf ihrer Geschichte vollziehe sich in ähnlicher Weise.

Dazu gehören zunächst einmal die Vorstellungen vom, wie wir heute sagen würden, Lebensniveau: »Zuerst fühlen die Menschen das Notwendige, dann achten sie auf das Nützliche, darauf bemerken sie das Bequeme, weiterhin erfreuen sie sich am Gefälligen, später verdirbt sie der Luxus, und zuletzt werden sie toll und vernichten ihr Erbe.« Parallel dazu verläuft die Entwicklung des Volkscharakters von rauh und streng über mild, fein und zart bis sittenlos – und auch die Führergestalten und Leitfiguren der jeweiligen Epoche sind durch die zeitgemäßen Charakterzüge gekennzeichnet, wobei am Ende der jeweiligen Entwicklung »verworfene und schamlose Tolle wie Caligula, Nero und Domitian« stehen.

Die Form der Staatsverfassung, wie sie durch den Zeitgeist und die beherrschenden Persönlichkeiten geprägt wird, entspricht diesem Entwicklungsverlauf: Zuletzt wird die Alleinherrschaft eingeführt, zur Diktatur gefestigt und mißbraucht, »und dieser Grundsatz, zusammen mit den vorhergehenden, gibt einen Teil der Grundlagen der ewigen idealen Geschichte, nach der alle Nationen in der Zeit ablaufen mit ihrem Aufstieg, Fortschritt, Zustand, Verfall und Ende«.

Was hier nur kurz als Entwicklungsphase anklingt, nämlich der »Fortschritt«, das wurde zur Zeit der Aufklärung zum beherrschenden, optimistischen und himmelstürmenden Schlagwort. Damit erfuhr die geschichtsphilosophische Deutung eine radikale Wendung in die Verheißung: Fortschritt – Fortschritt in Richtung auf vermehrte Humanität, auf Vervollkommnung des Menschen. Das Goldene Zeitalter liegt nicht hinter uns, sondern vor uns.

In Deutschland war es Johann Gottfried Herder, der in seinen »Ideen zur Philosophie der Geschichte der Menschheit« die christliche Himmelssehnsucht auf die Erde zurückholte und den unaufhaltsamen, gottgewollten Fortschritt der Menschheit in Richtung auf immer größere Humanität als Entwicklungsziel der Welt proklamierte – Humanität verstanden als »Vernunft und Billigkeit in allen Klassen, in allen Geschäften der Menschen«. Sowohl die Vernunft als auch die »Billigkeit« (Gerechtigkeit) beruhen, so Herder, auf demselben Naturgesetz, das für das gesamte Weltall gilt. Und aufgrund dieses Naturgesetzes sei für die Zukunft ein Idealstaat zu erwarten, ein harmonisches Zusammenleben glücklicher und zufriedener Menschen.

Diese enthusiastische Zukunftshoffnung steigert sich zur Apotheose in Antoine Condorcets »Entwurf einer historischen Darstellung der Fortschritte des menschlichen Geistes«. Der Autor, Mathematiker und philosophischer Schriftsteller und während der Französischen Revolution Präsident der Nationalversammlung, erwartet für die kommende, die zehnte Epoche der Kulturgeschichte drei gewaltige Fortschritte, die das künftige Goldene Zeitalter charakterisieren sollen: Beseitigung der Ungleichheit zwischen den Völkern, Fortschritte in der Gleichheit innerhalb der einzelnen Nationen und »schließlich die wirkliche Vervollkommnung des Menschen«. Condorcet und die anderen Aufklärer haben das von ihnen so häufig und so leidenschaftlich verwendete Wort »Fortschritt« fast ausnahmslos im Sinne von Condorcets Buchtitel gebraucht, nämlich als »Fortschritte des menschlichen Geistes«, als Fortschritt zur wirklichen Vervollkommnung, zur vermehrten Humanität. Die vulgär-materialistische Uminterpretation in technischen Fortschritt, in Steigerung von Produktion und Produktivität, blieb ihren Epigonen vorbehalten.

In eben diesem Abschnitt über die künftige zehnte Epoche der Menschheitsgeschichte versucht Condorcet auch eine generelle Rechtfertigung für die sozial- und kulturgeschichtlich orientierte Zukunftsschau zu geben. Er argumentiert folgendermaßen: Wo naturgesetzliche Phänomene vorliegen, kann man mit fast völliger Sicherheit eine Prognose stellen. Aber selbst wenn diese Gesetze nicht gelten oder nicht bekannt sind, ist es doch möglich, »anhand der Erfahrung der Vergangenheit die Ereignisse der Zukunft mit großer Wahrscheinlichkeit vorherzusehen«. Die Naturwissenschaften beruhen, laut Condorcet, auf den – bekannten oder unbekannten – Gesetzmäßigkeiten in der Natur, und daher dürfe man wohl mit Fug und Recht annehmen, daß auch die Entwicklung der intellektuellen und moralischen Fähigkeiten des Menschen gewissen Gesetzmäßigkeiten unterliege.

Was Condorcet trotz allem Optimismus noch mit einem kleinen Fragezeichen versehen hatte, nämlich die Vorhersagbarkeit der Geschichte und Kulturgeschichte, hinter das setzte Oswald Spengler ein gewaltiges Rufzeichen. Mit einem Fanfarenstoß beginnt sein – heute meist nur noch als Titel wohlbekanntes – Hauptwerk »Der Untergang des Abendlandes« (erschienen 1918–22): »In diesem Buche wird zum erstenmal der Versuch gewagt, Geschichte vorauszubestimmen. Es handelt sich darum, das Schicksal ... der westeuropäisch-amerikanischen Kultur in den noch nicht abgelaufenen Stadien zu verfolgen.«

Wenn Spengler behauptet, in seinem Werk werde zum erstenmal der Versuch gewagt, Geschichte vorauszubestimmen, so ist das freilich nur teilweise richtig: Außer Herder und Condorcet hatten

das auch schon andere Geschichtsphilosophen versucht. Aber Spengler geht mit anderen Methoden an die Arbeit: nicht philosophische, ethische, politische oder gar theologische Überlegungen leiten ihn, sondern – so meint er zumindest – ein wertfreies wissenschaftliches Denken. Der Vergleich der Ähnlichkeiten im Werden und Vergehen von Kulturen drängt sich ihm auf, er protokolliert Ähnlichkeiten und Analogien und zieht daraus logische Schlüsse. Der für uns wichtigste Schluß lautet: Die abendländische Kultur steht in ihrem Spätstadium, sie ist vergleichbar vor allem der römischen Kaiserzeit in der Epoche von Sulla bis Domitian (100 v. bis 100 n. Chr.), Zivilisation ist an die Stelle von Kultur getreten, die Kulturgeschichte des Abendlandes neigt sich ihrem Ende zu, auch wenn die dazugehörige Zivilisation noch einige Zeit fortbestehen mag, so wie ja auch China, Indien und die arabische Welt die Blütezeit ihrer Kultur überlebt haben.
Und Spengler, der bereits erlebt hatte, wie der »Fortschritts«-Enthusiasmus der Aufklärung verfälscht worden war in ein quantitatives Berechnen des Fortschritts, wies – lange vor den »Grenzen des Wachstums« – darauf hin, daß ein linearer Wachstumsoptimismus absurd sei: »Niemand erwartet von einer Raupe, die er täglich wachsen sieht, daß sie möglicherweise ein paar Jahre damit fortfährt ... Der Geschichte des höheren Menschentums gegenüber aber herrscht ein zügelloser, alle historische und also organische Erfahrung verachtender Optimismus in bezug auf den Gang der Zukunft, so daß jedermann im zufällig Gegenwärtigen die ›Ansätze‹ zu einer ganz besonders hervorragenden linienhaften ›Weiterentwicklung‹ feststellt, nicht weil sie wissenschaftlich bewiesen ist, sondern weil er sie wünscht ... Aber die Zukunft des Abendlandes ist nicht ein uferloses Hinauf und Vorwärts in der Richtung unserer augenblicklichen Ideale und mit phantastischen Zeiträumen, sondern ein in Hinsicht auf Form und Dauer streng begrenztes und unausweichlich bestimmtes Einzelereignis der Historie vom Umfang weniger Jahrhunderte, das aus den vorliegenden Beispielen übersehen und in wesentlichen Zügen berechnet werden kann.«
Wie exakt berechenbar ist nun diese Zukunft nach Spengler? Und

wie »unausweichlich bestimmt« ist sie? Zwei Seelen streiten da in Spenglers Brust: Einerseits ist er fest überzeugt von seiner eigenen Beweisführung, nach der die abendländische Kultur am Ende ihres Zyklus angekommen ist, andererseits aber widerstrebt ihm doch der Gedanke, völlig willenlos einem unabwendbaren Fatum ausgeliefert zu sein. So rettet er sich am Ende von über tausend Seiten in die klangvolle Leerformel: »Wir haben nicht die Freiheit, dies oder jenes zu erreichen, aber die, das Notwendige zu tun oder nichts ... *Ducunt fata volentem, nolentem trahunt.*«

Diese Verknüpfung von Fatalismus und Heroismus zieht sich durch das gesamte Werk Spenglers. Bereits in der Einleitung sucht er dem Wissen vom Unvermeidlichen positive, ja großartige Aspekte abzugewinnen: »Es bedeutet eine gewaltige Vertiefung des ... Weltbildes, daß wir die welthistorische Entwicklung ... nun auch vorwärts in groben Umrissen verfolgen können. Dergleichen hat sich bisher nur der Physiker bei seinen Berechnungen träumen lassen ... Es stand bis jetzt frei, von der Zukunft zu hoffen, was man wollte. Künftig wird es jedem Pflicht sein, vom Kommenden zu erfahren, was geschehen *kann* und also geschehen *wird*, mit der unabänderlichen Notwendigkeit eines Schicksals, und was also von persönlichen Idealen, Hoffnungen und Wünschen ganz unabhängig ist.«

Mit einer geradezu selbstquälerischen Hartnäckigkeit verficht Spengler diese Vorstellung von der unabhängigen und unabänderlichen Notwendigkeit des Schicksals. Er bestreitet das Recht auf Hoffnung und unterstreicht die Pflicht, schicksalskonform zu handeln. Es ist ein ins Extreme pervertiertes Heldenethos, das Spengler predigt: das Ethos des Frontsoldaten, der in eine Schlacht geschickt wird, von der er genau weiß, daß er sie nicht überleben wird, und der dennoch mit Hurrageschrei dem sicheren Tod entgegenstürmt.

Aber hinter diesem Pathos steckt doch auch wieder eine gewisse vorsichtige Zurückhaltung – und überdies ein trickreicher Jongleurakt mit Worten: Der Physiker läßt sich nämlich bei seinen Berechnungen nichts »träumen«, er berechnet aufgrund von ihm bekannten Gesetzmäßigkeiten, und wenn er irrt, dann war es ein

Denk- oder Rechenfehler. Der Zukunftshistoriker (der Futurologe, wie wir heute sagen würden) kennt diese Gesetzmäßigkeiten hingegen nicht, und auch Spengler liefert sie ihm nicht frei Haus, sondern offeriert, wenn man genau liest, nur die »groben Umrisse« der Zukunft – und das ist nicht allzuviel.

Es ist um so weniger, als Spengler in dem dickleibigen Werk zwar alle nur erdenklichen Fragen anschneidet, darunter die der Verständigung des Hundes mit seinem Herrn, aber bezüglich der Parallelität der geschichtlichen Entwicklung von »Kulturen« wirklich nur jene »Umrisse einer Morphologie der Weltgeschichte« bietet, die der Untertitel des Werkes verspricht. Und es wird noch weniger, wenn man berücksichtigt, daß Spengler, um seine Idee zu untermauern, Vergleiche konstruiert, die einer kritischen Beurteilung nicht standhalten. In den drei entscheidenden Tafeln über die »vergleichbaren Geistes-, Kunst- und politischen Epochen« werden neben der Antike und dem Abendland jeweils unterschiedliche Vergleichskulturen ausgewählt: einmal die indische und die arabische, dann die ägyptische und die arabische, schließlich die ägyptische und die chinesische. Die Dauer der gewählten Kulturen wurde mit rund 1300 Jahren angesetzt. Die antike Geisteskultur beginnt danach um 1100 v. Chr. und endet mit dem Stoizismus »seit 200 v. Chr.«, während die Kunst mit dem korinthischen Stil endet, aber noch von der »Zivilisation« des Römischen Reiches gefolgt wird. In der politischen Geschichte erfolgt der Sprung von Hellas nach Rom früher, das Ende liegt bei Aurelian.

Der Beginn der arabischen Kultur wird in die Zeit um die Geburt Christi verlegt; in diesem Kulturkreis finden sich Urchristentum und Talmud, später die Kirchenväter und die persische Literatur des 6./7. Jahrhunderts, die Algebra und Mohammed und schließlich »der praktische Fatalismus des Islam seit 1000«, vergleichbar im Abendland dem »ethischen Sozialismus seit 1900«, weil ja die abendländische Geschichte 900 Jahre n. Chr. beginnt und die Parallelen dem entsprechen müssen.

Wie sehen nun die Prognosen Spenglers für das Abendland aus? In der Geistesgeschichte ist das Endstadium, wie eben erwähnt, schon erreicht: ein »ethischer Sozialismus« als »Ausbreitung einer letzten Weltstimmung«, wobei anzumerken ist, daß Spengler sich selbst als Sozialist verstanden hat, wenn auch als Sozialist etwas eigenwilliger Prägung.

Was die Kunst betrifft, so haben wir um die Mitte des 19. Jahrhunderts die Wende von der Kultur zur Zivilisation vollzogen: Empire und Biedermeier, Beethoven und Delacroix gehören noch zur Endphase der Kultur, mit Liszt und Wagner, Manet und der amerikanischen Architektur beginnt schon die Epoche der Zivilisation. Sie erreicht um 2000 jenen Zeitabschnitt, der gekennzeichnet ist durch das »Ende der Formentwicklung überhaupt; sinnlose, leere, erkünstelte, gehäufte Architektur und Ornamentik; Nachahmung archaischer und exotischer Motive«. Darauf schließlich folgt eine allerletzte Phase, die nicht mehr datiert ist, aber aufgrund der Parallelen etwa von 2100 bis 2200 reichen müßte: »Ausbildung eines starren Formenschatzes; Prunken der Cäsaren mit Material und Massenwirkung; provinziales Kunstgewerbe.«

Bleibt die dritte Vergleichsreihe, die der politischen Epochen. Das 19. Jahrhundert ist demzufolge charakterisiert gewesen durch das »System der Großmächte«, durch stehende Heere und durch Verfassungen. Für das 20. Jahrhundert, das mit dem Ersten Weltkrieg beginnt, lautet die Prognose: »Übergang der verfassungsmäßigen in formlose Einzelgewalten, Vernichtungskriege, Imperialismus.«

Von 2000 bis 2200 folgt ein Zeitraum, der beschrieben ist mit den Worten: »Ausbildung des Cäsarismus; Sieg der Gewaltpolitik über das Geld; zunehmend primitiver Charakter der politischen Formen; innerer Zerfall der Nationen in eine formlose Bevölkerung; deren Zusammenfassung in ein Imperium von allmählich wieder primitiv-despotischem Charakter.« Dieser Zeitabschnitt wird verglichen mit der Herrschaft der 18. Dynastie in Ägypten, mit dem Römischen Reich von Sulla bis Domitian und mit der Epoche der westlichen Han-Dynastie in China.

Abgeschlossen wird die politische Geschichte einer Kultur bzw. einer Zivilisation mit dem »Heranreifen der endgültigen Form: Privat- und Familienpolitik von Einzelherrschern; die Welt als

Beute; Ägyptizismus, Mandarinentum, Byzantinismus; geschichtsloses Erstarren und Ohnmacht auch des imperialen Mechanismus gegenüber der Beutelust junger Völker oder fremder Eroberer; langsames Heraufdringen urmenschlicher Zustände in eine hochzivilisierte Lebenshaltung«. Das gilt für das Römerreich von Trajan bis Aurelian, für die östliche Han-Dynastie, für das Abendland »nach 2200«.

Das ist also letzten Endes die ganze Ausbeute jener Morphologie der Weltgeschichte, die so präzis sein wollte, daß selbst der Physiker bei seinen Berechnungen nur davon träumen konnte. Sogar das wenige, das gesagt wird, ist zum Teil noch dunkel, kryptisch: Zur End- und letzten Verfallsphase einer politischen Epoche gehört, so erfahren wir, die Idee der »Welt als Beute«. Aber gleichzeitig erstarren die Machthaber bereits in Ohnmacht, und ihr Erbe fällt der »Beutelust« junger Völker oder fremder Eroberer zum Opfer.

Wenn trotz aller offenkundigen und aller verborgenen Mängel der »Untergang des Abendlandes« dennoch nicht nur in den Jahren nach seinem ersten Erscheinen Furore gemacht hat, sondern auch heute noch Beachtung beanspruchen darf, dann gibt es dafür wohl zwei Hauptgründe. Erstens hat Spengler erstmals konsequent Daten zu einem interkulturellen Vergleich systematisch zusammengetragen, analysiert und ausgewertet. Und zweitens war Spengler ein guter Autor, wenn auch für unsere heutige Begriffe zu pathetisch. Der Romanist und Literaturhistoriker Hellmuth Petriconi hat in seiner Studie »Das Reich des Untergangs« darauf hingewiesen, daß – allerdings unvollendet gebliebene – Dichtungen, Dramen und Novellen ebenso von Spenglers literarischen Ambitionen Zeugnis ablegen wie die Tatsache, daß er sich als Gymnasialoberlehrer nach drei Jahren Schuldienst beurlauben ließ, um Zeit für seine schriftstellerischen Arbeiten zu gewinnen. Und »in den zahllosen Besprechungen und Streitschriften, die das Erscheinen des ›Untergangs‹ seinerzeit hervorgerufen hat, hat man Spengler vom Pessimismus bis zur Unmoral gewiß all und jedes vorgeworfen – seine literarischen Fähigkeiten sind niemals bestritten und meist rühmend hervorgehoben worden. Nur hat man nicht die Folgerung daraus gezogen, ... sein Buch als literarisches Werk zu betrachten.«

Petriconi verfällt hier freilich etwas zu stark ins andere Extrem. Als »literarisches Werk« hat Spengler sein Buch gewiß nicht konzipiert, auch wenn ihm das Bonmot zugeschrieben wird: »Natur soll man wissenschaftlich traktieren, über Geschichte soll man dichten.« Der »Untergang« ist sicherlich keine »Dichtung«, er ist aber auch nicht als streng wissenschaftlich orientierte Studie anzusehen – am ehesten könnte man ihn wohl noch als hervorragend geschriebenes Sachbuch betrachten.

Zur feuilletonistischen Technik Spenglers gehört auch, daß er seine Grundthese von der Parallelität der Abläufe durch ständige historische Vergleiche besonders sinnfällig zu machen verstand: So wird der weitgehend unbekannte Hyksos-König Chian zu einer »napoleonischen Erscheinung«, Hoang-ti beginnt, »ganz römisch, den Bau des chinesischen Limes«, Li-wang erlitt ein »Hohenstaufenschicksal«, und so fort.

Was unsere eigene historische Periode betrifft, so entsprechen ihr in China die sogenannte »Zeit der kämpfenden Staaten« im 5. bis 3. vorchristlichen Jahrhundert, in Ägypten vor allem die Zeit der fremdländischen Hirtenkönige (Hyksos), in der Antike etwa die hundertdreißig Jahre vor der Geburt Christi: »Es ist das Schicksal der westeuropäisch-amerikanischen Welt im 19. und 20. Jahrhundert.« Die Gemeinsamkeit liegt aber bei näherer Betrachtung lediglich in langen, verlustreichen Kriegen und sozialen Erschütterungen. Im Detail sind die Ereignisse jedoch so unterschiedlich, daß schon der historische Vergleich nahezu unmöglich ist, eine Prognose für die Zukunft aber vollends absurd wird. Nicht einmal für die in diesen Zeitraum fallende Französische Revolution findet sich eine halbwegs plausible Entsprechung.

Immerhin hat Spengler zweierlei zuwege gebracht: Er hat erstens die uralte Vorstellung des biologisch-zyklischen Weltablaufs in eine neue moderne Form gebracht, indem er den einzelnen Kulturen eine bestimmte Lebenserwartung und einen annähernd bestimmten Entwicklungsablauf zuwies; und er hat zweitens in einer Zeit, da von der Dritten Welt noch keine Rede war, mit allem

Nachdruck darauf hingewiesen, daß sich die Untersuchung historischer Abläufe nicht auf die Antike und das Abendland beschränken dürfe, sondern daß auch Ägypten, Indien, China, die altarabische Kultur und Mittelamerika vergleichbare Entwicklungen zu verzeichnen hatten, wenn auch diese Kulturen einander kaum beeinflußten. Diese Behauptung allerdings erscheint zumindest hinsichtlich des Christentums sehr gewagt. Es wird bei Spengler in seiner Frühzeit der arabischen Kultur zugeordnet, doch hat es später zweifellos das Abendland geprägt.

Der englische Historiker Arnold J. Toynbee hat eine weit profundere zyklische Lehre vom »Gang der Weltgeschichte« entwickelt: Für ihn gibt es nicht weniger als einundzwanzig Einzelkulturen, die einen weitgehend ähnlichen Wachstums- und Verfallsprozeß zeigen, einander jedoch – und hier befindet er sich im Gegensatz zu Spengler – sehr wohl beeinflussen, wobei vor allem die großen Religionen zeitlich wie räumlich weit über ihren Ursprungsraum hinaus zu wirken vermögen. Im übrigen ist die Berechenbarkeit der Zukunft begrenzt, weil menschliches Verhalten nicht voraussagbar ist – allerdings gibt es eine Reihe von »stabilen Komponenten der menschlichen Natur«, so daß trotzdem eine gewisse Voraussage möglich ist.

Dazu gehört etwa die Erfahrungstatsache, daß die Menschheit in entscheidender »elfter Stunde« letztlich doch lieber Niederlage und Selbsterhaltung in Kauf nimmt als die totale Vernichtung. Und wenn Toynbee auch keineswegs völlig überzeugt davon ist, daß es gelingen wird, den Massenselbstmord durch einen atomaren Dritten Weltkrieg zu verhindern, so neigt er doch zu der Annahme, die Menschheit werde sich, wenn auch zunächst recht widerwillig, zu einem Weltstaat zusammenfügen lassen, zu einer Weltföderation regionaler Kleinstaaten. »Statt sich der Massenvernichtung durch das Wagnis eines Atomkrieges oder durch Verseuchung von Erde, Luft und Wasser durch die giftigen Rückstände von Atomen für friedliche Zwecke auszusetzen, werden die Nationen eher noch die souveräne Kontrolle über die Atomenergie von ihren eigenen lokalen Regierungen auf eine neue und neuartige Weltbehörde übertragen.«

Wie Toynbees Zukunftswelt insgesamt aussehen wird, darüber soll an anderer Stelle gesprochen werden. Hier sei nur noch gesagt, daß er den Weltuntergang für durchaus denkbar, aber nicht für wahrscheinlich hält, obwohl er nur die Alternative »weltweite politische Einigung oder Massenselbstmord« kennt. Kommt es nicht zum Weltstaat, dann kommt es zum Weltuntergang.

Ein dritter prominenter Zyklustheoretiker ist der in Rußland geborene amerikanische Kulturphilosoph Pitirim Sorokin. Auch für ihn gibt es einen charakteristischen Wandel innerhalb der einzelnen Kulturen und Gesellschaften, aber er distanziert sich mit allem Nachdruck von den »naturgemäßen« und »jahreszeitlichen« Theorien nach der Art Spenglers, der ja ausdrücklich die vier Jahreszeiten zur Kennzeichnung der einzelnen Kulturperioden verwendet. Sorokin prognostiziert auch nicht den Untergang des Abendlandes, doch läuft seine Vorhersage in der Praxis auf etwas sehr Ähnliches hinaus: »Nach meiner These geht eine der wichtigsten Phasen in der Geschichte des Abendlandes *(Western society)*, nämlich die säkulare*), jetzt zu Ende, und wir wenden uns ihrem Gegenstück, einer theokratischen Epoche, zu. Eine solche Übergangsperiode ist stets unruhig, grausam, blutig und schmerzhaft. Viele große Werte werden in einer derartigen Krisenperiode weggeworfen und niedergetrampelt. Aber ›Krise‹ bedeutet nicht Verfall und Tod, sondern nur eine scharfe und schmerzliche Wendung im Lebensfortschritt einer Gesellschaft.«

Sorokins Hauptwerk *»Social and Cultural Dynamics«* ist 1937 erschienen. Seine Vorhersage unruhiger, grausamer, blutiger und schmerzhafter Krisenzeiten hat sich zweifellos bestätigt, wenn auch – am Vorabend des Ereignisses – jeglicher Hinweis auf einen bevorstehenden Weltkrieg fehlt.

---

*) Sorokin unterscheidet zwischen zwei staatstheoretischen und gesellschaftlichen Hauptströmungen, die er *theocratic (ideational)* und *secular (sensate)* nennt und die man, annähernd sinngemäß, umschreiben könnte mit einerseits »idealistisch-geistig-jenseitsgewandt-theokratisch«, andererseits »diesseitsorientiert-materialistisch-sinnenfreudig«. Im Laufe der Geschichte wechseln diese Perioden in langen Intervallen ab, doch sind sie nur selten rein ausgeprägt. In unseren Tagen gehen sechshundert Jahre diesseitsorientierter Geistesgeschichte zu Ende.

Lediglich in einer Fußnote weist Sorokin darauf hin, es bestehe – 1937 – kein Anlaß zu der Annahme, daß es künftig keine oder doch weniger Kriege geben werde. Allein die Rüstungsbudgets aller Länder zeigten bereits, wie unfundiert solche Hoffnungen seien, auch lasse seine Analyse der Kulturkrise erkennen, wie ungemein tief, ernst und tragisch diese sei. »Auch die Möglichkeit einer gigantischen Katastrophe, einschließlich eines Krieges, ist weit größer als manche glauben. Die sprichwörtliche Vogel-Strauß-Politik der vermeintlichen Gefahrenverringerung hilft hier nicht. Man muß den Mut haben, der grausigen Realität ins Antlitz zu sehen.«

Fast noch bemerkenswerter ist jedoch Sorokins frühe Entlarvung des Wachstumsfetischismus und der Fortschrittseuphorie. Was er dazu zu sagen hat, klingt heute – vierzig Jahre nach der Erstveröffentlichung – noch viel aktueller und auch viel plausibler. Wieder geht Sorokin von seinem Grundgedanken aus: Wir stehen am Ende der *sensate* (realistisch-diesseitsorientierten) Kultur eines glanzvollen Gestern und erwarten die heraufdämmernde *ideational* (geistige und transzendente) Kultur eines schöpferischen Morgen, leben also in den nächtlichen Schatten einer schreckensvollen Übergangsperiode. Es wird also keinen »vernünftigen«, »maßvollen«, »ordentlichen« Fortschritt geben, wie so viele Intellektuelle und Progressive aller Schattierungen noch immer glauben, die »im Fortschritt einen kleinen Schuljungen sehen, der immer größer und besser wird«.

Keine Rede auch von einer volltechnisierten Zukunftswelt, in der Milch und Honig zwischen Eiscremeküsten fließen und in der das Waffenarsenal zu Sandwichtoastern und Golfschlägern umgearbeitet wird. Kein Utopia der Völkerverständigung, des ewigen Friedens und der weisen Zurückhaltung steht vor der Tür, keine wunschlos glückliche Freizeitgesellschaft mit Konsummaximierung ist zu erwarten. »Ich sehe statt dessen eine düstere Zeit voll Blut, Grausamkeit und Elend, voll entwurzelter Menschen, in der die humanitären Illusionen vom Sturm zerfetzt und die großen, ewigen Werte niedergetrampelt sind.«

Denn die Zeit des naiven materialistischen Fortschrittsglaubens ist zu Ende. Das gilt für die westlichen Gesellschaftsformen ebenso wie für jene, die an den revolutionären Fortschritt »à la Marx-Lenin-Stalin« glauben. Die maximierende Produktionsgesellschaft liegt in den letzten Zügen, ihre neuesten Machtmittel passen so wenig zu den ethischen Fähigkeiten der Menschheit wie eine Bombe in die Hand eines Kindes oder eines Geistesgestörten. Die Rettung kann nur durch Selbstbeschränkung, Askese, Einsicht, Humanisierung – kurz, durch die Neuschaffung einer *Ideational*-Kultur kommen, die sich löst vom Vorstellungsbild des *homme machine.*

In diesen Gedanken Sorokins ist das moralische Anliegen unüberhörbar, und die Tausende und aber Tausende von Daten, die er in mühsamer Kleinarbeit zusammengetragen hat, um gesellschaftliche Unruhen zahlenmäßig zu erfassen und zu bewerten, dienen letztlich nur der Unterstützung seiner These von der unvermeidlichen Vernichtung des gesamten Gedankengebäudes der spätabendländischen Kultur. Jedoch haben in den letzten zehn bis fünfzehn Jahren ideologisch keineswegs festgelegte Wissenschaftler der verschiedensten Sachgebiete Katastrophentheorien entwickelt, die – rein vom Materiellen und von statistischen Daten ausgehend – Sorokins Thesen vom Ende einer Epoche zu bestätigen scheinen.

Diese von ihren zahlreichen Gegnern *prophets of doom* – »Propheten des Untergangs« – genannten Wissenschaftler sind aber eher Zeitkritiker wider Willen. Sie haben, zumeist auf dem ihnen am besten bekannten Gebiet, Entwicklungen festgestellt und Gefahrenmomente aufgedeckt, aus denen sie die Schlußfolgerung ziehen, daß es »so nicht weitergehen« kann, soll eine gewaltige Katastrophe, vielleicht sogar die Vernichtung der gesamten Menschheit, verhindert werden. Diejenigen von ihnen, die die Hauptgefahr in der Bevölkerungsexplosion sehen, werden sehr häufig auch Neo-Malthusianer genannt, und zweifellos ist Malthus ein früher Vorfahr dieser *prophets of doom* gewesen. Aber Malthus war ein falscher Prophet. Das läßt sich beweisen.

War Malthus jedoch tatsächlich ein falscher Prophet? Und was hat er eigentlich gesagt? Was daran ist widerlegt? Thomas Malthus hat erstmals im Jahre 1798 einen Essay zur Frage der Bevölkerungsvermehrung geschrieben und ihn dann mehrmals revidiert und ausgebaut. Nach Analyse der bevölkerungsstatistischen Daten in zahlreichen Ländern kommt er zunächst zu dem Schluß, die Menschheit vermehre sich, falls keine besonderen Hemmnisse vorliegen, in geometrischer Progression, indem sie sich in jeweils fünfundzwanzig Jahren verdoppelt. Das ist eine Behauptung, die von den neuesten Daten der Bevölkerungsstatistik im großen und ganzen bestätigt wird; in manchen Entwicklungsländern verdoppelt sich derzeit die Bevölkerung sogar innerhalb von weniger als zwanzig Jahren.

Die nächste Überlegung von Malthus lautete: »Wenn wir nun annehmen, daß es gelingen könnte, durch sorgsamste Verbesserung der landwirtschaftlichen Methoden in jeweils fünfundzwanzig Jahren um so viel mehr zu erzeugen, als derzeit die Ernte beträgt, dann ergäbe das eine Zuwachsrate, die jenseits jeglicher Realisierungsmöglichkeit liegt. Selbst ein noch so optimistischer Landwirt kann kaum erwarten, daß innerhalb der nächsten zweihundert Jahre achtmal mehr Nahrungsmittel produziert werden können als jetzt, geschweige denn zwanzigmal mehr in fünfhundert Jahren. Und doch wäre das alles lediglich eine arithmetische Progression, die weit hinter der geometrischen natürlichen Vermehrung der Bevölkerung zurückbliebe, durch die innerhalb von fünfhundert Jahren die Bevölkerungszahl nicht bloß auf das Zwanzigfache, sondern auf das Millionenfache anstiege.«

Hier irrte Malthus insofern, als er nach dem damaligen Wissensstand nicht vermuten konnte, daß zunächst durch die Erfindung des Kunstdüngers, später durch die Volltechnisierung der Landwirtschaft tatsächlich eine außerordentliche Ertragssteigerung möglich wurde. Es ist jedoch überaus wahrscheinlich, daß die Prognose von Malthus, wenn auch mit fast zweihundert Jahren Verspätung, im Prinzip doch richtig ist. Die Verdoppelung der Bevölkerung in vielen der dicht besiedelten Staaten der Dritten Welt innerhalb von jeweils fünfundzwanzig Jahren ist eine demographische Tatsache, und daß diese Bevölkerung überhaupt noch ernährt werden kann, ist nicht zuletzt der stagnierenden Bevölkerungszahl und der hochtechnisierten Landwirtschaft in den Industrieländern zuzuschreiben.

Dennoch: Malthus hat bis auf den heutigen Tag nicht recht behalten. So erfreulich das einerseits für die gesamte Weltbevölkerung ist, so schlimm ist es andererseits für alle Mahner und Zeitkritiker, denen die technokratischen Optimisten immer wieder als Trumpf entgegenhalten: Auch der Urahn der Unheilpropheten, euer Malthus, hat geirrt, und die Leistungen der modernen Chemie und Technik haben das unmöglich Scheinende möglich gemacht – und so wird es auch weiter sein. *Per aspera ad astra!*

Nun ist es nicht grundsätzlich undenkbar, daß auch die heutigen *prophets of doom* irren – die ersten ihrer düsteren Prognosen aus den frühen sechziger Jahren sind immerhin *nicht* eingetroffen. Aber schließen zu wollen, daß es keine Katastrophen geben wird, weil einige Unheilsprognosen sich nicht bewahrheitet haben, ist denn doch zu tollkühn.

Wie könnte es zu der gefürchteten apokalyptischen Weltkatastrophe kommen? Die Auswahl an Möglichkeiten ist groß. Da gibt es zunächst einmal die Gefahr eines atomaren Weltkriegs mit weitgehender Vernichtung der offiziell Kriegführenden und schwersten gesundheitlichen und genetischen Schäden für die Überlebenden auch der nichtkriegführenden Länder. Toynbee hat, wie vorhin erwähnt, die Möglichkeit eines Atomkriegs ausgeschlossen, weil die Menschheit in elfter Stunde immer für das Überleben optiert habe – aber ein eventueller Dritter Weltkrieg wird ja nicht von »der Menschheit« ausgelöst, sondern von einigen wenigen Einzelpersonen, die vielleicht krankhafter Ehrgeiz treibt oder politischer Fanatismus – ganz zu schweigen von der keineswegs völlig ausgeschlossenen Möglichkeit des totalen Zufallskriegs durch technische Versehen.

Auf ähnlichem Weg, aber langsamer sehen *jene* die Vernichtung der Erdbevölkerung voraus, die vor den Gefahren der Kernkraftwerke und vor allem des Atommülls warnen. Man mag die Tatsachen nämlich drehen und wenden wie man will, eines ist unleugbar: Beim Betrieb von Kernkraftwerken entstehen Abfallprodukte, die noch jahrhundertelang äußerst gefährliche Strahlen aussenden. Außerdem entsteht Plutonium, das bereits in winzigsten Mengen von tödlicher Giftigkeit ist. Über die Frage der Sicherheitsmaßnahmen läßt sich diskutieren, über diese physikalischen Tatsachen nicht.

Im Hinblick auf diese unleugbaren Fakten warnt zum Beispiel der wohl sachkundigste aller Kernenergie-Gegner, John Gofman, vor den Gefahren der Atomkraftwerke. Gofman ist nicht nur Professor für medizinische Physik in Berkeley, er war auch sechs Jahre lang Leiter des Lawrence-Laboratoriums der amerikanischen Atomenergiebehörde und hat lange Zeit die Energiegewinnung durch Kernkraftwerke selbst voll Optimismus vertreten, bis er aufgrund der ihm zugänglichen Forschungs- und Beobachtungsergebnisse zu einem *prophet of doom* wurde. Diese Forschungen hatten u. a. gezeigt, daß radioaktive Strahlung viel stärker krebserregend und krebsfördernd wirkt, als ursprünglich angenommen wurde, und daß es auch keine Strahlungsschwelle gibt, unterhalb derer keine Gefahr droht. Schon die jetzt zulässigen Strahlungsdosen bedeuten eine wesentliche Erhöhung der Krebsgefahr.

Vor allem besteht jedoch das Problem des radioaktiven Abfalls, des Atommülls. Der Routinebetrieb eines Kernkraftwerks bringt in der Regel tatsächlich für die Umgebung keine bedrohliche Strahlung mit sich, aber von den Urangruben bis zu den Endlagerstätten müssen gewaltige Mengen strahlenden Materials kreuz und quer durch die Welt befördert werden, und »ein Kernkraftwerk, das pro Jahr 1000 Megawatt elektrische Leistung erzeugt, produziert langlebigen radioaktiven Abfall in einer Menge, die der langlebigen Radioaktivität von tausend Atombomben vom Typ Hiroshima entspricht«.

Wenn aber jedes Kernkraftwerk so viel Radioaktivität produziert, dann können auf lange Sicht auch die besten Sicherungsmaßnahmen nichts nützen: »Selbst wenn alle Maßnahmen getroffen werden, um den radioaktiven Abfall tagein, tagaus, jahrein, jahraus zu über 99,999 Prozent unter sicherem Verschluß zu halten, so wird doch unser Planet auf irreversible Weise verseucht, so daß Leben auf ihm unmöglich wird.«

Diese Prognose ist erst wenige Jahre alt. Es wird vermutlich noch einige Zeit dauern, ehe man sie auf ihre Richtigkeit wird kontrollieren können. Und selbst eine Zunahme etwa der Krebserkrankungen und Krebstodesfälle wird noch nicht als eindeutiger Beweis angesehen werden können, da ja unterdes auch viele andere Produkte des modernen Lebens in den Verdacht geraten sind, in unterschiedlichem Ausmaß karzinogen oder zumindest kokarzinogen zu wirken. Man wird eine Zunahme solcher Erkrankungen überdies gewiß von der Kernenergie abzuwälzen versuchen, weil sich unterdes in den sogenannten hochentwickelten Ländern die Überzeugung festgesetzt hat, die Welt sei »ohne Kernenergie nicht mehr denkbar« – und eben nicht sein kann, was nicht sein darf.

In dem Augenblick, da dies geschrieben wird – und der Augenblick ist gerade in diesem Zusammenhang besonders flüchtig –, muß jedoch sachlich festgestellt werden, daß es in rund zwanzig Jahren kommerziellen Atomkraftwerkbetriebs keine Pannen von besorgniserregendem Ausmaß gegeben hat und daß auch auf den Transportwegen Katastrophen bislang ausgeblieben sind. Tankwagenunfälle haben ein Vielfaches jener Opfer gefordert, die man der »friedlichen Nutzung« der Atomenergie anlasten kann – von den »gewöhnlichen« Straßenverkehrsunfällen, die man als Faktum des modernen Lebens achselzuckend hinzunehmen sich angewöhnt hat, ganz zu schweigen.

Halten wir dennoch fest: Die »irreversible Verseuchung unseres Planeten, die Leben auf ihm unmöglich macht« steht als düstere Prognose eines »Weltuntergangspropheten« von überdurchschnittlichem Sachverstand weiterhin zur Diskussion.

Sachverstand allein genügt jedoch nur selten, um die Zukunft richtig einschätzen zu können. In anderem Zusammenhang wird auf das leidige Problem der »Experten« und ihrer Prognosen noch näher einzugehen sein. Hier haben wir es zunächst nur mit den *prophets of doom* zu tun, und es soll ein weiteres Katastrophen-Szenario vorgestellt werden, gleichfalls von Experten entworfen, das apodiktisch einen exakten Zeitpunkt für eine Katastrophe festlegte – und inzwischen bereits widerlegt wurde.

Im Jahre 1967 veröffentlichten die Brüder William und Paul Paddock ein Buch mit dem schockierenden Titel *»Famine 1975«*

(Hungersnot 1975; der deutsche Titel wurde abgemildert und mit einem Fragezeichen versehen: »Vor uns die mageren Jahre?«), in dem sie klipp und klar prognostizierten: »Im Jahre 1975 werden Hungerkatastrophen und mit ihnen innere Unruhen in einigen Entwicklungsländern an der Tagesordnung sein ... Die Hungerkatastrophen werden vielleicht Jahrzehnte dauern, und sie sind ganz sicher unausweichlich. 1980 werden diese Hungersnöte ein verheerendes Ausmaß annehmen, und Revolutionen, soziale Unruhen und wirtschaftliche Umwälzungen werden weite Teile Asiens, Afrikas und Lateinamerikas heimsuchen ... Die Hungerkatastrophen sind unausweichlich ... Das hat nichts mit Pessimismus zu tun; das ist die traurige Wirklichkeit.«

Wie sieht die Wirklichkeit des Jahres 1979 aus? Die Hungersnöte von 1975 sind ausgeblieben – es gibt zwar weiterhin Hunger, sogar sehr viel Hunger auf der Welt (man denke nur an die periodischen Hungerkatastrophen in der Sahel-Zone), aber jene dramatische Zuspitzung, die die Paddocks – von denen einer ein prominenter Agrarfachmann ist – als »unausweichlich« voraussagten, ist ausgeblieben, und so besteht Grund zur Hoffnung, daß sie auch 1980 kein »verheerendes Ausmaß« annehmen werden.

In das gleiche Horn – oder besser wohl: in die gleiche apokalyptische Posaune – stieß auch der Biologe Paul Ehrlich. Das Vorwort zu seinem Buch »Die Bevölkerungsbombe« (1968) beginnt mit den Worten: »Der Kampf um die Welternährung ist entschieden. In den siebziger Jahren werden gewaltige Hungersnöte die Menschheit heimsuchen. Hunderte Millionen von Menschen werden trotz aller sofort eingeleiteten Hilfsprogramme verhungern.«

Ist Ehrlich hier knapp und unumwunden – und im übrigen durch die Zeitereignisse widerlegt –, so malt er an anderer Stelle künftige Katastrophen in vorsichtigerer Form, etwa als Szenario, als futurologisches »Drehbuch« möglicher Ereignisse. So scheint ihm »nicht undenkbar«, daß eines Tages eine »Supergrippe« unter der »hungernden, zusammengepferchten« Weltbevölkerung fünfzig Millionen Todesopfer fordern könnte – sogar »eine Bilanz mit 500 Millionen Todesopfern ist nicht undenkbar«. An anderer

Stelle skizziert Ehrlich ein Szenario, in dem die Lebenserwartung der amerikanischen Bevölkerung plötzlich drastisch zurückgeht, weil eines Tages die kumulativen Wirkungen von Schädlingsbekämpfungsmitteln wie DDT und anderen chemischen Schadstoffen im menschlichen Organismus zur Auswirkung kommen.

Die zunehmende Umweltvergiftung und -zerstörung hat übrigens die ersten modernen *prophets of doom* hervorgebracht. Das wichtigste, weil einflußreichste Werk dieser Art war zweifellos Rachel Carsons »Der stumme Frühling«, erschienen 1962. Bereits im ersten, kurzen Kapitel wird eine realistisch-apokalyptische Vision geschildert: In einem idyllischen Städtchen im Herzen Amerikas beginnt sich unter einem geheimnisvollen Pesthauch alles zu verwandeln; Tiere verenden, Menschen erkranken immer häufiger, sterben mitunter ganz plötzlich, eine seltsame Stille breitet sich aus, alle Vögel sind tot, Fische und Bienen gehen ein, die Bäume werden nicht mehr befruchtet. Und es ist nicht etwa der Gifthauch eines Atomkrieges, der dies bewirkt, sondern die Vernichtung der Natur durch Biozide aller Art. »Diese Tragödie, vorerst nur ein Phantasiegebilde, könnte leicht rauhe Wirklichkeit werden.«

Ein Aspekt gilt grundsätzlich für fast alle Weltuntergangsprophezeiungen; bei Rachel Carson wird er nur besonders deutlich: Die grell ausgemalten Schreckbilder – seien sie nun wissenschaftlich fundiert oder aber von leidenschaftlichem Missionsbewußtsein inspiriert – verfolgen ein ganz bestimmtes Ziel, sind Aufruf, Appell, verzweifelte Mahnung und Warnung. Es sind gleichsam Apokalypsen im Konditional: Wenn ihr nicht rasch Wandel schafft, dann wird es unweigerlich zu dieser Katastrophe kommen!

In der Terminologie der Zukunftsforschung spricht man dann von den *self-destroying prophecies*, den sich selbst vernichtenden Prognosen (von ihnen war bereits die Rede, ebenso von ihrem Gegenstück, den *self-fulfilling prophecies*).

Im deutschen Sprachgebiet könnte man Günther Schwabs »Der Tanz mit dem Teufel« (1958) als frühe Umweltvernichtungsprognose bezeichnen, doch hat die nicht sehr geglückte Romanform dem Buch von vornherein jene wissenschaftliche Aussagekraft genommen, die man Rachel Carsons »Stummem Frühling« zuerkennen muß. Noch früher erschien William Vogts *»Road to Survival«* (1948; deutsch: »Die Erde rächt sich«) mit Daten über die rasch zunehmende Verbauung fruchtbaren Landes im Umkreis der Städte.

Wie ernst ist die Bedrohung durch Umweltverseuchung und -vernichtung durch den Menschen nun wirklich, und wie lange wird es dauern, bis eine Katastrophe eintritt? Barry Commoner, Biologe und Ökologe, selbst als *prophet of doom* von den altmodischen Fortschrittsoptimisten verteufelt, aber in seinen Aussagen viel zurückhaltender und vorsichtiger als etwa die Brüder Paddock, Paul Ehrlich, Rachel Carson oder Garret Hardin, hat versucht, auf diese Frage eine vernünftige Antwort zu finden, mußte aber sich und seinen Lesern eingestehen, daß es eine klare Antwort nicht geben kann. Die Aussagen der Umweltforscher schwanken, so Commoner, zwischen hundert und nur noch wenigen Jahren. Aus diesen unterschiedlichen Zahlen wird einerseits deutlich, wie subjektiv die Beurteilungen sind, andererseits freilich muß es bedenklich stimmen, wenn die Mehrheit der Ökologen in durchaus absehbarer Zeit auf jeden Fall mit einer globalen Katastrophe rechnet.

Was Commoner selbst betrifft, so formuliert er: »Der gegenwärtige Verlauf der Umweltzerrüttung gefährdet den Fortbestand einer zivilisierten Menschheit, wenn ihm nicht Einhalt geboten wird ... Für den Zeitpunkt der Katastrophe lassen sich nur vage Vermutungen vorbringen. Meines Erachtens wäre es eine vernünftige Schätzung, den Zeitpunkt, von dem aus keine Rückkehr mehr möglich ist, innerhalb der nächsten zwanzig bis fünfzig Jahre anzusiedeln, was die Industriegebiete der Erde angeht. Aber das ist eben nur eine Vermutung.«

Diese Zeitspanne reicht also bereits in das nächste Jahrhundert hinein, und überdies ist Barry Commoner zumindest insofern Optimist, als er meint, die Menschheit sei schon auf dem besten Wege, der Umweltvernichtung Einhalt zu gebieten. Der Weltuntergang kann also aufgeschoben, ja sogar aufgehoben werden.

Er kann sich aber auch einschleichen. Dann wird die Erde nicht innerhalb von Stunden oder Tagen vernichtet wie beim totalen atomaren Krieg oder beim Zusammenstoß mit dem »Kometen«, der in frühen Unheilsprognosen eine so bedeutsame Rolle spielte, sondern die Katastrophe kommt Schritt um Schritt und löst dabei psychische und soziale Reaktionen aus, die ihrerseits den Zusammenbruch fördern und beschleunigen.

Hierher gehören unter anderem die zunehmend häufiger werdenden kritischen Überlegungen zur Zukunft der Städte, die von Krisen bei der Trinkwasserversorgung bis zum Zusammenbruch aller Strukturen reichen und, wie etwa in Roberto Vaccas *The Coming Dark Age* in der Vernichtung einer Metropole, bei Vacca New York, gipfeln: Die Monsterstrukturen werden trotz (oder auch: gerade wegen) der Computersteuerung immer anfälliger für Pannen, immer unübersichtlicher und führen letztlich zur »Unregierbarkeit« der modernen Staaten im allgemeinen und der Großstädte im besonderen.

Die psychische Gesundheit erscheint gefährdet durch die Kombination von erzwungenem Zusammenleben auf engem Raum einerseits und halbanonymer Isolation in monotonen Wohnblocks andererseits. Zunehmende Kriminalität, Gesetzlosigkeit und Bandenherrschaft bei wachsender Hilflosigkeit der Institutionen und Behörden bilden ein weiteres Untergangs-Szenario. Die Gefahren der Informationsüberflutung für ein ohnehin schon überlastetes Nervensystem sowie der Teufelskreis von Konsumwerbung und Frustration müssen an dieser Stelle noch erwähnt werden – und nicht zuletzt das Überhandnehmen eines Sinnlosigkeitsgefühls (des Psychotherapeuten Viktor Frankl »noogene Neurosen«) mit Abstumpfung des Interesses und Entpersönlichung. Am prägnantesten formuliert hat wohl der amerikanische Psychologe Erich Fromm diese Gefahr, wenn er schreibt: »Zum erstenmal in der Geschichte hängt das physische Überleben der Menschheit von der radikalen Veränderung des Herzens ab.«

All diese Gefahren sind aber noch sehr wenig ins Bewußtsein der Öffentlichkeit gedrungen beziehungsweise als lokale oder regionale Planungs- und Ordnungsprobleme mißdeutet worden. Wollte man ins einzelne gehen, so ließe sich die Liste gerade jener Probleme, die psychische und soziale Konflikte auslösen und auf diesem Weg zu katastrophalen Systemstörungen führen können, noch beträchtlich erweitern: Die amerikanische Zeitschrift *»The Futurist«* zählte im Herbst 1977 nicht weniger als einundvierzig solcher »Probleme von morgen« auf, darunter so ungewöhnliche wie den »Verlust der Überlebensfähigkeit in der modernen Gesellschaft« (über zwanzig Prozent der erwachsenen Amerikaner können kaum kopfrechnen und nur sehr schlecht lesen) und den »Widerspruch zwischen Weltfrieden und Gerechtigkeit« (Aufrechterhaltung des Friedens bedeutet meist Aufrechterhaltung des *status quo,* weltpolitisch wie gesellschaftspolitisch).

Und dann droht noch jener zwiegesichtige »Zukunftsschock«, den Alvin Toffler 1965 erfand und aus dem er 1970 einen Bestseller bastelte. Dieser Zukunftsschock besteht darin, daß die Menschen in zu kurzer Zeit einem zu großen Wandel unterworfen werden. Viele sind ihm nicht gewachsen, für andere hingegen bedeutet er einen Anreiz zu vermehrter Kreativität.

Der entscheidende Anstoß für eine Bewußtseinsveränderung hinsichtlich der Zukunft unserer Erde ist jedoch nicht von irgendwelchen psychosozialen oder sozialethischen Prognosen oder Mahnungen ausgegangen, und auch E. F. Schumachers »Es geht auch anders« (deutsch 1974) Appelle zur inneren Wandlung und äußeren Beschränkung hatten keine nachhaltige Wirkung. Wohl aber ist in den letzten zehn bis fünfzehn Jahren eine völlig neue Variante des Malthusianismus entstanden, und sie hat bereits ihren großen Propheten und ihre Heilige Schrift gefunden: Dennis Meadows und »Die Grenzen des Wachstums«.

Bei Malthus ging es, den Daseinsbedingungen seiner Zeit entsprechend, um das bloße Überleben: Kann die Erde eine ständig wachsende Bevölkerung ernähren? Wie lange kann die Produktivitätssteigerung der Landwirtschaft mit dem »natürlichen« Bevölkerungswachstum Schritt halten? Wie kann ein Ausgleich zwischen Nahrungsangebot und Hungernachfrage gefunden werden? Antwort: weniger Kinder oder mehr Krieg, mehr Hunger, mehr Seuchen; Geburtenbeschränkung*) oder Todesvermehrung.

---

*) Malthus lehnte Geburtenkontrolle durch Empfängnisverhütung strikt als »Laster« ab. Er forderte konsequente Enthaltsamkeit.

Im späten 20. Jahrhundert lebt der Mensch, vor allem der vermeintlich hochentwickelte, nicht nur vom Brot allein (und schon gar nicht vom Wort Gottes), sondern er braucht elektrischen Strom und Superbenzin, Flugplätze und Hochhäuser, Spannteppiche und Geschirrspülmaschinen, Wochenendhäuser und Swimming-pools, erst hergestellt mit Hilfe von 1001 Chemikalien und dann verteilt mittels einer komplizierten aufwendigen Infrastruktur. Was von alldem »notwendig«, was Luxus und was Unfug ist, steht nicht zur Diskussion. Sicher ist, daß erstens der Bedarf an Rohmaterialien aller Art gegenüber dem vorigen und vollends gegenüber noch früheren Jahrhunderten gewaltig gestiegen ist, und daß zweitens immer noch die wachstumsorientierte Fortschrittsideologie den Ton angibt und etwa ein Stagnieren auch nur des Energiekonsums als nationales Unglück empfunden würde.

Es konnte also nicht ausbleiben, daß sich einmal jemand ernsthaft Gedanken darüber machte, wie lange denn all jene Rohstoffe ausreichen würden, die in immer größeren Mengen von der Industrie benötigt werden.

Mit dieser Frage hatten sich zwar ab und an Wirtschaftstheoretiker, Industrielle und Importeure beschäftigt, aber da letztlich die jeweils benötigten Rohstoffe – allenfalls zu höheren Preisen – immer noch beschafft werden konnten, war das kein Problem für die gesamte Menschheit, sondern lediglich eine Kalkulationsfrage der Betriebe. Im übrigen hatten sich fallweise Vorhersagen von der Erschöpfung dieser oder jener Rohstoffe stets als unrichtig erwiesen, wenn auch einzelne Produktionsstätten geschlossen werden mußten, weil die Lagerstätten erschöpft waren oder aber – noch häufiger – der Abbau nicht mehr lohnend erschien, da anderswo kostengünstigere Produktionsmöglichkeiten bestanden.

Und dann kamen knapp hintereinander zwei Ereignisse, die radikal bewußtseinsverändernd hätten wirken müssen und zum Teil auch so gewirkt haben. Das war das Erscheinen der »Grenzen des Wachstums«, und das war, kurz danach, die erste Ölkrise. Sie machte deutlich, wie weit die Abhängigkeit des westlichen Lebensstils von den Erdölimporten bereits gediehen war.

Das weltweite Aufsehen, das die »Grenzen des Wachstums« hervorriefen, ist nicht etwa dadurch zu erklären, daß bis dahin unbekannte Tatsachen aufgezeigt worden wären, sondern geht auf zwei Einzelfaktoren zurück: Erstens wurde, umrahmt von Computergraphiken, den Fortschrittsfanatikern eine uralte Binsenweisheit eingehämmert, daß es nämlich kein unbegrenztes Wachstum geben kann; zweitens und vor allem aber war dieser neue Prophet des Untergangs der erste, der aus dem Computer kam, und der zur Untermauerung seiner Prophezeiungen lange Streifen von bedruckten Endlosformularen vorweisen konnte.

Wollte man ganz korrekt sein, so dürfte man eigentlich nicht vom »ersten« Propheten sprechen. Aber Jay Forresters Studien über Systemdynamik waren noch auf Fachkreise beschränkt geblieben, während »Die Grenzen des Wachstums« dank der Initiative des *Club of Rome* weltweite Publizität erreichten, und dieser Bekanntheitsgrad wurde durch den offiziellen Mansholt-Brief an die Verantwortlichen der EG noch gesteigert. Es haben in den darauffolgenden Jahren zahllose Autoren versucht, die »Grenzen des Wachstums« kritisch zu analysieren, zu widerlegen und zu attakkieren. Aber zu verhindern oder zu stoppen war der in Gang gekommene Denkprozeß nicht mehr: Es hatte sich herumgesprochen, daß das Wachstum nicht endlos weitergehen konnte.

Die Aufregung wegen der »Grenzen des Wachstums« wird verständlich, wenn man bedenkt, daß sich alle politischen Lager getroffen fühlten; denn die Wachstums-und-Fortschritts-Doktrin ist ja in Ost wie in West fest verankert. Dazu kam noch, daß sich die Technokraten diesmal keineswegs mit ahnungslosen, nicht ernstzunehmenden Außenseitern wie Ökologen, Biologen oder gar Kulturphilosophen konfrontiert sahen, sondern mit einem ihresgleichen: einem Systemanalytiker, Computerexperten, Mathematiker – und gegen Hochverräter aus den eigenen Reihen zieht man stets noch erbitterter zu Felde als gegen die traditionellen Feinde.

Über all den Gegenschriften ist nachgerade in Vergessenheit geraten, was Meadows denn eigentlich prognostiziert hat. Zunächst einmal hat er ein französisches Kinderlied zitiert und daran gezeigt, was dem Volksmund schon vor langem bekannt war und worüber die Volkswirtschaftsexperten, Politiker und Manager so emsig hinzuschweigen bemüht sind: Das Wachstum nimmt einmal ein Ende, und das Ende kommt um so rascher, je schneller das Wachstum ist. Das exponentielle Wachstum führt unweigerlich ins Debakel.

Meadows führt noch eine weitere Banalität an, die die amerikanischen Jungreporter schon vor hundertfünfzig Jahren lernten: Die Leute interessieren sich für das, was sich in ihrer Nähe und in der Gegenwart abspielt, das räumlich und zeitlich Ferne fesselt sie kaum. Resultat: Wir machen uns über die Welt im Jahre 2050 kein Kopfzerbrechen. Wir sollten aber, denn diese unsere Welt ist schwerstens gefährdet durch die ständige Zunahme der Weltbevölkerung, der Umweltverschmutzung, des Nahrungsmittelbedarfs und der Rohstoffausbeutung.

Schlußfolgerung: »Wenn diese Zunahme unverändert anhält, werden die absoluten Wachstumsgrenzen im Laufe der nächsten hundert Jahre erreicht. Mit großer Wahrscheinlichkeit führt dies zu einem ziemlich raschen und unaufhaltsamen Absinken der Bevölkerungszahl und der industriellen Kapazität.« (Der schwedische Wissenschaftler Gösta Ehrensvärd hat diese Entwicklung, noch ohne Kenntnis von Meadows' Computermodell im Jahre 1971, drastisch mit »Nach uns die Steinzeit« bezeichnet.)

Des weiteren hat Meadows mit seinen Mitarbeitern alle verfügbaren Daten über den bisherigen Verlauf der Wachstumsvorgänge zusammengetragen und diesen Trendverlauf extrapoliert – nicht als Prognose, sondern um die Tendenz zu charakterisieren. Dabei wurde auch die landwirtschaftlich nutzbare Fläche errechnet: Laut Meadows verringert sie sich wegen der fortschreitenden Überbauung so rasch, daß ein Ausgleich durch Urbarmachung neuen Landes nicht mehr möglich ist. Der Computerlauf zeigt um das Jahr 2000 die Grenzen der Produktionsmöglichkeit bei gleichbleibender Produktivität, um 2020 bei doppelt so hoher Produktivität.

Viel früher noch gehen aber wichtige Rohstoffe zu Ende: Gold, Quecksilber, Silber, Zinn und Zink sind in neun bis achtzehn Jahren (gerechnet ab 1970) erschöpft, Erdöl und Erdgas in etwa zwanzig Jahren, ebenso Kupfer und Blei. Alle diese Berechnungen gehen allerdings davon aus, daß die Zuwachsraten des Rohstoffverbrauchs weiterhin dieselben sind, wie zu Beginn der siebziger Jahre unseres Jahrhunderts. Mit anderen Worten: Sollte sich etwa der Verbrauch, besonders in den Entwicklungsländern, sprunghaft erhöhen, weil sich der Lebensstandard der Bevölkerung verbessert, dann würden diese Rohstoffe natürlich entsprechend früher restlos ausgebeutet sein.

»Die Grenzen des Wachstums« sind im Jahre 1972 erschienen. Man kann daher heute schon bei einigen der besonders knappen Rohstoffe überprüfen, inwieweit die Prognose richtig war. Für Gold lautete die Vorhersage »neun Jahre«. Wir wissen aber derzeit, knapp zwei Jahre vor dem »Untergangstermin« für das Gold, daß von einer Verknappung keine Rede sein kann. Allerdings ist Gold kein typischer Rohstoff, da seine Bedeutung vor allem im monetären Bereich liegt und die Nachfrage besonders stark von der allgemeinen Wirtschaftslage abhängig ist. Ähnliches dürfte für das Silber gelten, dessen Endtermin mit »dreizehn Jahre« angegeben worden war. Anders verhält es sich schon bei Quecksilber (ebenfalls dreizehn Jahre), bei Zinn (fünfzehn Jahre) und Zink (achtzehn Jahre): Bei allen drei Metallen ist jedoch die Situation heute (1979) so, daß eine Erschöpfung der Vorräte und Rohstofflager keineswegs unmittelbar bevorzustehen scheint.

Allerdings ist damit die Erschöpfung der Rohstoffe vermutlich nur aufgeschoben und nicht aufgehoben. Schon Meadows hat ja die Möglichkeit der Entdeckung neuer Lagerstätten einkalkuliert und Alternativdaten für den Fall genannt, daß fünfmal höhere Reserven verfügbar sein sollten als zunächst angenommen. Dann würden fast alle Rohstoffe noch etwa bis zum Jahre 2000 reichen. Erdöl und Erdgas würden u. a. jedoch selbst in diesem Fall kurz danach zu Ende gehen.

Denn – und das ist wieder eine jener elementaren Binsenwahrheiten, die Meadows neu entdeckt hat: »Die Erdrinde enthält riesige Mengen von Rohstoffen ... riesig ist aber nicht gleich unendlich.« Eine andere alte Erfahrungstatsache, über die auch gern hinweggesehen wird, erwähnt Meadows nur am Rande: Die globalen Vorräte eines Rohstoffs sagen noch nichts über seine Verfügbarkeit in den Verbraucherländern aus; politische Ziele können rein kommerzielle Erwägungen überlagern (Erdöl als Druckmittel gegen die Freunde Israels), und im Kriegsfall sind Rohmaterialien zumindest nicht aus dem Machtbereich des Gegners zu erhalten.

Auch nur eher am Rande taucht ferner der »Wärmetod der Erde« auf, der ein Weltuntergangsszenarium von immer größerer Bedeutung zu werden verspricht. Die Überlegung ist dabei folgende: Was immer man von Atomstrahlung, Kohlendioxidkonzentration und schwefelhaltigen Heizölen halten mag – der Energieverbrauch der Erde nimmt ständig zu, und nach den Gesetzen der Thermodynamik geht diese Energie (ganz abgesehen von der beim Transport und beim Verbrauch auftretenden Abwärme) letztlich in Wärme über. Je mehr Energieverbrauch, desto mehr Wärmeabstrahlung, desto mehr Erwärmung (und Verschmutzung) der Luft. Auf weitere Sicht – und das kann schon im nächsten Jahrhundert sein – bedeutet das Klimaänderung, teilweises Abschmelzen der Polkappen, um sich greifende Versteppung, rascheres Vordringen der Wüstengebiete, Ende der Menschheit im Feuerofen.

Die Erde kann aber auch am »Kältetod« zugrunde gehen – und zwar gibt es hier zwei ganz unterschiedliche Möglichkeiten. Der eine, extrem langfristige Kältetod ist wohl nicht aufzuhalten, liegt aber in unabsehbarer Ferne: Wenn einmal die Hitzestrahlung der Sonne nachläßt, wird die Erde allmählich auf Weltraumkälte abgekühlt, und alles Leben geht zugrunde. Prognosedatum: Jahrmillionen, vielleicht auch -milliarden. Sehr viel schneller droht uns eine andere Gefahr. Bereits in wenigen Jahrzehnten könnte die Sonneneinstrahlung merklich reduziert werden, weil winzige Partikel aus Verbrennungsvorgängen aller Art die Erdatmosphäre angereichert haben: Rauch- und Dunstglocken über Großstädten sind ja schon lange ein gewohnter Anblick.

Optimisten mögen fröhlich hoffen, daß sich die Prognosen vom Hitzetod und vom Kältetod kompensieren und die Verringerung der Sonnenwärme durch raschere Inbetriebnahme von Kernkraftwerken und durch mehr Autos auf den Straßen ausgeglichen werden kann.

Was im übrigen die »Grenzen des Wachstums« betrifft, so verhält sich Meadows bei den Schadstoffen sehr zurückhaltend: »Es ist unbekannt, wieviel Kohlendioxid oder Abwärme man freisetzen kann, ohne daß sich das Klima der Erde unwiderruflich verändert, oder wieviel Radioaktivität, Blei- und Quecksilberverbindungen und Schädlingsbekämpfungsmittel Pflanzen, Fische und Menschen aufnehmen dürfen, ohne daß die Lebensprozesse schwer gestört werden.«

So stimmen etwa vorerst die Daten über die mittlere Lebenserwartung nicht mit pessimistischen Prognosen überein. Weil die Bevölkerung in den Industriestaaten potentiellen Schadstoffen aller Art in erhöhtem Maße ausgesetzt ist, müßte eigentlich die Lebenserwartung merklich kürzer werden; daß Krebs weitgehend von schädlichen Umwelteinflüssen ausgelöst wird, ist ja eindeutig nachgewiesen. Dennoch steigt die Lebenserwartung in aller Welt weiter an. Diese Tatsache wird gerne als Beweis dafür zitiert, wie nützlich und heilsam letzten Endes die Segnungen von Wissenschaft und Technik sind. Bei näherer Betrachtung ist es freilich so, daß diese »Verdoppelung der Lebensspanne« innerhalb eines Jahrhunderts fast ausnahmslos auf die erfolgreiche Bekämpfung von Kinderkrankheiten und Säuglingssterblichkeit zurückzuführen ist. Die Lebenserwartung eines fünfzigjährigen Mannes im Deutschland der dreißiger Jahre war etwa genauso groß wie heute – und war im vorigen Jahrhundert nur geringfügig kürzer.

Trotzdem: Die schädlichen Einflüsse aus der modernen Umwelt haben noch zu keiner deutlichen Senkung der Lebenserwartung – auch nicht der altersspezifischen der mittleren oder älteren Jahrgänge – geführt. Die Deutung ist weitgehend Ansichtssache. Optimisten mögen daraus folgern, daß es gar keine »toxische Sintflut« des modernen Lebens gibt oder daß der menschliche Organismus sich äußerst rasch und erfolgreich diesen Veränderungen anpaßt. Pessimisten werden daraus schließen, daß wir bereits das Stadium des »Knicks in der Kurve« erreicht haben: Noch kann die zunehmende Krankheitsanfälligkeit und Erkrankungshäufigkeit durch den medizinischen Fortschritt einigermaßen in Schach gehalten werden, aber die Talfahrt hat schon begonnen, das Leben wird unwiderruflich wieder kürzer – durch Selbstvergiftung der Menschheit.

IV. Kapitel
Der Werkzeugkasten der Propheten

Alle Zukunftsschau läßt sich letztlich auf zwei Quellen zurückführen: erstens auf die Erfahrung und zweitens auf die Eingebung. Die Eingebung, Erleuchtung, Inspiration, Intuition spielt eine entscheidende Rolle bei allen jenen Prognosen, die sich auf übernatürliches Wissen, auf visionäre Kontakte mit Gott oder seinen Boten berufen. Charakteristisch für diese Form der Zukunftsschau ist daher die Prophetie im engeren Sinne des Wortes, sind die »Offenbarungen« der Seher, die Ausrufe der Pythia, die Gesichte der Kassandra.

Dennoch läßt sich eine scharfe Grenzziehung gegenüber der »sachlichen« und vermeintlich objektiven Zukunftsprojektion aufgrund vergangener Ereignisse und Abfolgen nicht durchführen. Seit den Urzeiten der Prognostik haben entweder die Seher selbst oder aber ihre offiziellen Ausdeuter sehr wohl auf die realen Gegebenheiten Bezug genommen, und es wurde versucht, okkulte und magische Praktiken durch Verwendung eines wissenschaftlichen Instrumentariums und wissenschaftlicher Ausdrucksweise als rationale Methoden und als »echte« Wissenschaften darzustellen. Das gilt vor allem für die Astrologie, es gilt aber auch für die Pyramidologen, für die Bibelforschungs-Kabbalisten und für die rein mathematisch ausgerichteten Zyklustheoretiker wie Rudolf Mewes.

Gezeigt hat sich aber auch, daß die rigorose Beschränkung auf die Erfahrung und damit auf die in der Vergangenheit beobachteten Vorgänge und Wechselwirkungen nicht ausreicht, um zu einer brauchbaren Zukunftsschau zu gelangen. Zum guten Prognostiker gehört immer auch ein Funken Phantasie – damit aber gerät man bereits in den Bereich der Spekulation und verläßt jenen der Wissenschaftlichkeit.

Dies eben ist das unvermeidliche Dilemma jeglicher Zukunftsforschung: Beruft man sich nur auf Fakten, also auf bereits Geschehenes, dann hat man zwar eine solide Basis von Realitäten; es wird sich aber über kurz oder lang erweisen, daß diese Basis als Berechnungsgrundlage der Zukunft zu schmal ist. Bezieht man jedoch Überlegungen ein, die sich nicht auf historische, das heißt auf tatsächlich bereits geschehene Vorgänge zurückführen lassen, dann gibt es kein Kriterium mehr, das den Spielraum der Phantasie einengen könnte, und man gerät in Gefahr, nicht Zukunftsforschung zu betreiben, sondern sich in bunten Träumen zu verlieren.

Nun verläuft jedoch die Abgrenzung zwischen erfahrungsorientierter Berechnung und inspirierter Phantasie keineswegs so klar, wie man auf den ersten Blick anzunehmen versucht ist. Es läßt sich aber als Tatsache feststellen, daß die Futurologie, definiert als wissenschaftlich arbeitende Zukunftsforschung mit dem Schwergewicht ihrer Methodik auf Mathematik und Statistik, bei der Suche nach Gesetzmäßigkeiten sozialer Entwicklungen große Vorsicht walten läßt und vor politischen Prognosen so sehr zurückschreckt, daß man beinahe glauben könnte, es handle sich hier um ein Tabu. Von diesen Teilbereichen wird im folgenden noch zu sprechen sein. Hier sei zunächst festgehalten: Jede Zukunftsforschung, die einigermaßen im Bereich der künftigen realen Entwicklung zu bleiben hofft, muß sowohl wissenschaftlich als auch mit Phantasie arbeiten, muß statistische Extrapolation (über Extrapolation siehe ausführlich Seite 143 ff.) mit vernunftgebremstem Wunschdenken, muß Trendkurvenberechnung mit Phantasie verknüpfen.

Aber auch die nur-mathematische, die nur-statistische Zukunftsschau kann erstaunliche Erfolge vorweisen – und das bereits seit vielen Jahrhunderten, in gewissem Sinne sogar seit zweieinhalb Jahrtausenden. Denn aus dem 4. vorchristlichen Jahrhundert stammen die ersten Bestimmungen über den Verlust von Gütern bei in Seenot geratenen Schiffen, und in diesen – später von den

Römern *lex Rhodia de iactu* genannten – Vereinbarungen kann man die Uranfänge des Versicherungswesens erblicken. Versicherungen aber sind *per definitionem* Versicherungen gegen künftige Ereignisse, vor allem gegen künftige Schadensfälle.

Für den Versicherer ist es unumgänglich notwendig, einen möglichst genauen Überblick über die zu erwartenden Schadensfälle zu haben, wenn er seine Prämien so kalkulieren will, daß einerseits möglichst viele Versicherungsverträge zustande kommen (je größer die Zahl, desto größer die Risikostreuung und desto zuverlässiger die Wahrscheinlichkeitsrechnung) und daß andererseits für ihn selbst kein Nachteil erwächst, sondern sogar noch ein Gewinn abfällt. Je genauer also die Voraussage, um so günstiger sowohl die Prämienhöhe für die Versicherten als auch die Gewinnerwartung des Versicherers. Ist die Zahl der Schadensfälle dagegen von Jahr zu Jahr sehr unterschiedlich, dann muß der Versicherer hohe Prämien verlangen und riskiert trotzdem, irgendwann einmal einen schweren Verlust hinnehmen zu müssen – typisches Beispiel: Hagelschadenversicherung.

Es ist also nicht verwunderlich, daß in der Regel die Versicherungsgesellschaften selbst sehr genaue Statistiken über »ihre« Schadensereignisse und Risiken führen. Dabei hat sich gezeigt, daß tatsächlich über weite Bereiche des kollektiven Lebens ungemein zuverlässige Voraussagen getroffen werden können. Es ist kein Problem, heute schon für das nächste oder auch übernächste Jahr unter anderem folgende Zahlen für die Bundesrepublik Deutschland – oder auch für jedes andere Land mit zuverlässigen statistischen Daten – vorherzusagen: Zahl der Todesfälle, Zahl der Geburten, Zahl der Eheschließungen, Zahl der Selbstmorde, Zahl der Krebserkrankungen, Zahl der Autounfälle und der dabei getöteten und verletzten Personen, durchschnittliche Dauer der Krankenhausaufenthalte und vieles andere mehr. Alle diese Zahlen lassen sich mit einer Genauigkeit von weniger als plus/minus zehn Prozent vorhersagen, obwohl es sich – besonders im Falle von Eheschließungen und Selbstmorden – offensichtlich um individuelle Einzelentscheidungen handelt und nicht um ein von außen herangetragenes Ereignis.

Es kann nicht überraschen, wenn in einem früheren, gläubigeren Jahrhundert einer der ersten Bevölkerungsstatistiker der Welt, der preußische Feldprediger Johann Peter Süßmilch, im Jahre 1741 in der verblüffenden Vorhersagbarkeit demographischer Daten die lenkende und ordnende Hand Gottes erblickte. Der Titel seines Hauptwerkes verrät dies deutlich: »Die göttliche Ordnung in den Veränderungen des menschlichen Geschlechts aus der Geburt, dem Tode und der Fortpflanzung desselben erwiesen.« Noch früher, bereits Ende des 17. Jahrhunderts, entstand der Begriff »politische Arithmetik«, geprägt von dem englischen Volkswirtschaftler Sir William Petty.

Dieser sachlich-nüchternen Berechnungsweise Pettys gehörte die Zukunft, wenn auch ein letzter Nachklang der Polarität zwischen göttlicher Fügung und bloßer Wahrscheinlichkeitsberechnung noch in Einsteins skeptischem Wort »Gott würfelt nicht« mitschwingt. Die Erklärung für die zunächst so geheimnisvolle »göttliche Ordnung« fand sich im Konzept der Wahrscheinlichkeit und der »großen Massen« und schlug sich nieder in der modernen Statistik.

Die Grundaussage läßt sich etwa mit folgenden Worten zusammenfassen: Wenn sich das Auftreten eines bestimmten Ereignisses oder die Häufigkeit eines bestimmten Merkmals in einer längeren Beobachtungsperiode nicht wesentlich verändert oder aber eine deutliche Entwicklungsrichtung zeigt, dann ist, unter der Annahme sonst gleicher Bedingungen, für die Zukunft eine Voraussage über diese Ereignisse und Häufigkeiten möglich, gleichgültig, wodurch sie verursacht sein mögen. Wir haben hier gleichsam das *Black-box*-Modell der Kybernetik: Komplizierte Verkettungen von Ursachen und Wirkungen können außer acht gelassen werden und müssen nicht bekannt sein – was zählt, ist die Ereignishäufigkeit.

Ebenso ist es möglich, aufgrund von häufig beobachteten, aber nicht in allen Einzelheiten geklärten Zusammenhängen auf die zukünftige Entwicklung zu schließen: Falls nach dem Ereignis A meist das Ereignis B eintritt, läßt sich nach Auftreten von A mit hoher Wahrscheinlichkeit das bevorstehende Auftreten von B pro-

gnostizieren, selbst wenn die kausalen Zusammenhänge nicht ganz ersichtlich sind. Diese Methode spielt bei nationalökonomischen Prognosen eine wichtige Rolle: Aus Angaben über die Investitionsabsichten der Unternehmer oder die Kaufabsichten der Konsumenten lassen sich Schlüsse auf die künftige Wirtschaftsentwicklung ziehen. Noch enger und deutlicher sind die Zusammenhänge im Bereich der Technik, wo Fortschritte auf dem Gebiet der Militärtechnik mit einer gewissen Zeitverzögerung meist auch im zivilen Bereich Anwendung finden; ein beliebtes Beispiel ist die indirekte Abhängigkeit der Geschwindigkeit der Zivilflugzeuge von den Höchstgeschwindigkeiten der Militärmaschinen.
Ein uraltes Beispiel für eine Prognose ohne jede Kenntnis der Systemzusammenhänge bieten die Bauernregeln: Man glaubte, aufgrund wiederholter Beobachtungen aus dem Wetter an bestimmten »Lostagen« auf die künftige Wetterentwicklung schließen zu können oder aber an bestimmten Tagen regelmäßig wiederkehrende Wettererscheinungen vorhersagen zu können (bekannteste Beispiele der »Siebenschläfertag« im Juni und die »Eisheiligen« Mitte Mai). Diese Vorhersagen basierten allerdings vorwiegend auf unvollständigen Beobachtungen und wurden überdies noch durch Zahlenmagie völlig entstellt, so wenn etwa die vierzig Märtyrer (10. März) das Wetter für die vierzig nachfolgenden Tage bestimmen sollen. Anders liegt der Fall bei Beobachtungen des Tierverhaltens, aus dem angeblich auf einen milden oder strengen Winter geschlossen werden kann. Wir kennen die Zusammenhänge nicht; die Erfahrung hat jedoch gezeigt, daß dieses Verhalten sehr oft »richtig« ist. Daher ist es grundsätzlich vertretbar, auf der Basis einer solchen »Vorwarnung« eine Prognose zu erstellen – sofern es sich nicht um offenkundige »Unsinns-Korrelationen« handelt wie etwa um die vermeintliche Parallelität der Rocksaumhöhe und der Börsenkurse oder der Zahl der Storchennester und der Geburtenhäufigkeit.
Zuweilen lassen sich also Vorhersagen aufgrund von rein mathematischen Überlegungen oder gar von mehrfach beobachteten, aber durchaus ungeklärten Ereigniszusammenhängen erstellen. Generell ist jedoch zu sagen, daß eine Vorhersage um so besser zu

werden verspricht, je mehr über das System bekannt ist, dessen Verhalten prognostiziert wird. Je profunder das Wissen von den inneren Zusammenhängen und den Abhängigkeiten von anderen Einflußfaktoren, desto besser in der Regel die Prognose. Nicht selten liegt überhaupt der eigentliche Nutzen der Zukunftsforschung in der intensiven Beschäftigung mit dem Problem: Um das künftige Verhalten eines Systems vorhersagen zu können, befaßt man sich mehr als zuvor mit seiner Struktur und gelangt so erstens zu nützlichen Einsichten über seine Funktionsweise und zweitens aufgrund dieser vermehrten Einsicht zu besseren Prognosen.

Was aber ist unter einer guten oder einer besseren Prognose zu verstehen? Hier erhebt sich die Frage, welche Anforderungen an eine Prognose gestellt werden: ob sie lediglich intellektuelles Denkspiel oder aber Entscheidungshilfe sein soll. Es gibt Wissenschaftstheoretiker, für die es völlig belanglos ist, ob eine Prognose auch wirklich eintrifft. Ihnen genügt die rückblickende Überlegung: Wäre die Prognose wohl richtig gewesen, wenn die seinerzeit angenommenen Nebenbedingungen gegolten hätten? Das Gegenstück dazu sind die unbekümmerten Praktiker, die in der Wissenschaftlichkeit der Prognosemethodik nur eine gewisse Qualitätsgarantie sehen, im übrigen aber eine richtige Prognose aus dem Kaffeesatz einer halbrichtigen oder falschen aus dem Computer bei weitem vorziehen.

Die Prognostiker selbst sind verständlicherweise bestrebt, ihre Vorhersagen auch dann noch als richtig hinzustellen, wenn sie durch die Realität entwertet wurden – sei es, daß sie auf unerwartet eingetretene Ereignisse hinweisen, die vorauszusehen nicht in ihrer Macht gestanden habe (Wilhelm Fucks: »Politik kann man nicht voraussagen … Regierungswechsel, Ausfall maßgebender Persönlichkeiten etc. können über Nacht Verhältnisse grundlegend ändern«), oder aber indem sie behaupten, im großen und ganzen sei ihre Vorhersage ja richtig gewesen, auch wenn die tatsächlichen Zahlen ganz anders aussähen. So rechtfertigt etwa Fucks, der selbst im Jahre 1965 die Stahlproduktion Chinas im Jahre 1975 auf achtzig Millionen Tonnen veranschlagte, während sie in Wirklichkeit nicht einmal dreißig Millionen erreichte, eine

ähnliche Prognose folgendermaßen: »Nehmen wir zum Beispiel an, es liege eine Prognose aus dem Jahre 1950 dahingehend vor, daß Japan im Jahr 1970 die Stahlproduktion der Bundesrepublik überrunden und 1975 einen etwa zwanzig Prozent höheren Ausstoß verzeichnen werde. Diese Prognose wäre in der Substanz richtig, ... in den zahlenmäßigen Einzelheiten dagegen falsch gewesen: Der Schnitt lag zwölf Jahre früher, und die Produktion war 1975 doppelt so hoch.« Der unbefangene Betrachter würde freilich sagen, die Prognose von 1950 sei schlicht und einfach falsch gewesen, denn 1970 ist eben *nicht* 1958, und doppelt soviel ist etwas völlig anderes als »zwanzig Prozent mehr«.
Aber das gehört ja zu den uralten Methoden der Weissager: Sie machen viel Aufhebens von dem, was sie richtig gesehen haben, sei es auch noch so banal, und bagatellisieren das, was falsch war. Denn lediglich einen kräftigen Anstieg der japanischen Stahlproduktion zu prognostizieren, ohne auch nur annähernd richtige Daten und Zahlen anzugeben, das hätte anno 1950 jeder Student der Volkswirtschaft im ersten Semester gekonnt.
Noch peinlicher ist freilich der Hinweis, politische Veränderungen seien prinzipiell nicht vorherzusehen, und daher könnten auch die besten und exaktesten Vorhersagen durch politische Ereignisse auf den Kopf gestellt werden. Bei dieser Argumentation endet alle nützliche Zukunftsforschung, und was übrig bleibt, ist nicht einmal ein Glasperlenspiel, weil ihm dessen künstlerische Ästhetik fehlt. Trendkurven in eine erdachte, politisch unveränderbare Zukunft zu verlängern, bedeutet nichts anderes als Fingerübungen an der Eingabekonsole einer EDV-Anlage.
Die Zukunftsschau soll ja kein bloßes Zahlenspiel bedeuten, sondern sinnvoll und nützlich sein. Auguste Comte, der, wie bereits erwähnt, zu Ende des vorigen Jahrhunderts die Wissenschaft der Soziologie schuf und ihr eine ähnliche Aufgabe zudachte, wie sie heute die Futurologie für sich in Anspruch nimmt, prägte als Zielvorstellung das Wort (es wurde schon zitiert): *Voir pour prévoir, prévoir pour prévenir*. Man kann dieses gallische Wortspiel im Deutschen kaum wiedergeben, doch der Sinn ist übersetzbar: »Erkennen, um vorherzusehen, Vorhersehen, um sich vorzusehen

oder um zu verhindern.« Damit ist der Wissenschaft der Zukunftsschau – wie immer ihr Name sein mag – ein klares Ziel gesetzt: Sie soll ein Frühwarnsystem sein.

Freilich kann es nur in bestimmten Fällen möglich sein, drohende Ereignisse zu verhindern; häufig muß man sich darauf beschränken, dafür zu sorgen, daß vorhersehbare, aber unvermeidliche Schäden auf irgendeine Weise kompensiert werden. Die »Versicherungen« können keine Sicherheit gegen den Schadensfall selbst bieten, aber sie offerieren Sicherheit gegen den damit verbundenen finanziellen Verlust, sie vergüten gleichsam Schäden durch eine Art von »Schmerzensgeld«.

Für diese Aufgabe der Bereitstellung von Entschädigungsgeldern sind die Versicherungsgesellschaften um so besser gerüstet, je genauer sie über die Schadenshäufigkeit Bescheid wissen. Und obwohl sie ihre Daten naturgemäß nur aus der Vergangenheit gewinnen und sich für ihre Prognosen vornehmlich rein mathematisch-statistischer Methoden bedienen, funktioniert ihr »Vorhersagesystem« verblüffend gut. »Versicherungsmathematik« ist denn auch ein eigenes Lehrfach an den Universitäten.

In diesem Buch werden nun zwar keine mathematischen Methoden vorgeführt, doch sollen die einfachsten Verfahren der Extrapolation, der Weiterberechnung von Zahlenreihen, ganz kurz dargestellt werden.

Die einfachste Form der Zukunftsprognose ist zweifellos die des *status quo,* des »Nichts Neues unter der Sonne«: Was vorgestern und gestern war und heute ist, wird morgen und übermorgen ebenso sein. Diese Art der Vorschau ist für sehr kurzfristige Prognosen zuweilen durchaus sinnvoll und war auch für längerfristige Prognosen zu einer Zeit geeignet, in der es noch weit weniger technischen – und damit verbunden wirtschaftlichen und sozialen – Wandel gab.

Mit der Beschleunigung der Innovationen aller Art mußte jedoch diese betont statische Prognostik ersetzt werden durch dynamischere Betrachtungsweisen, die der Veränderung im Laufe der Zeit Rechnung trugen. Und aus der Beobachtung der Veränderungen im Laufe der Zeit entstanden jene »Zeitreihen«, die die wertvolle

und unabdingbare Basis aller statistisch fundierten Voraussagen bilden: Nenne mir die Zahlen der Vergangenheit, und ich sage dir die Zahlen der Zukunft!
Diese Methode der Fortführung einer Zahlenreihe, diese Trendextrapolation, kann in ihrer primitivsten Form noch sehr einfach sein. Stellt man sich etwa eine Zahlenreihe vor, die für die vergangenen fünf Jahre die Meßwerte 10 – 12 – 14 – 16 – 18 erbracht hat, dann kann man mit freiem Auge für die folgenden Jahre die Fortsetzung dieser arithmetischen Reihe »prognostizieren«: 18 – 20 – 22. Wie lange dieser lineare Zuwachs sich fortsetzen wird, ist allerdings keineswegs gewiß.
Noch ungewisser ist die Entwicklung einer anderen Reihe, die mathematisch ebenso unkompliziert ist wie die vorhergehende: 2 – 4 – 8 – 16. Zweifellos lautet die Fortsetzung 16 – 32 – 64, aber man merkt hier instinktiv, daß über kurz oder lang die »Grenzen des Wachstums« erreicht sein werden. Über dieses exponentielle Wachstum und über die »Sättigungs«-Kurven wird noch mehr zu sagen sein, zunächst aber seien noch andere Möglichkeiten einer Trendvorhersage skizziert.
Nehmen wir dazu einmal an, wir hätten für die vergangenen drei Jahre folgende Meßwerte erhalten: 2000, 3000, 5000. Wie lautet die Prognose für die nächsten drei Jahre? (Notabene: Kein einigermaßen gewissenhafter Statistiker wird diese Extrapolation wagen, aber zum Aufzeigen des Berechnungssystems benötigen wir wenige und einfache Zahlen.) Geht man nur von den Zuwachsraten aus, so ließe sich argumentieren: Der Anstieg hat zunächst 1000, danach 2000 betragen, er wird daher als nächstes 3000 und 4000 ausmachen oder aber 4000 und 8000 (geometrische Progression). Welche Möglichkeit man wählt, ist Frage der Intuition oder des Geschmacks.
Geht man von den absoluten Zahlen aus, so wird »mit freiem Auge« nach 2000, 3000 und 5000 die nächste Zahl vermutlich im Bereich 7000 bis 8000 liegen. Statt mit dem freien Auge kann man aber auch mit der Mathematik arbeiten und erhält dann Zahlen, die weit präziser aussehen, aber deswegen nicht unbedingt richtiger sein müssen: Mittel- und längerfristige Prognosen, die auf Ei-

ner- oder gar Dezimalstellen genau zu sein vorgeben, sind von vornherein absurd. Wenn etwa eine – mathematisch sicher sehr exakt durchgeführte – Bevölkerungsprognose für die Schweiz besagt, es würden dort im Jahre 2000 genau 3395331 Männer und 3464324 Frauen leben, dann ist das purer Unsinn. Hier wird mit einer Präzision geblufft, die grundsätzlich unerreichbar ist: 3,39 Mio. Männer und 3,46 Mio. Frauen – das ist schon kühn genug. Jede weitere Stelle aber wäre Computerdelirium.

Doch zurück zu unserer winzigen Zeitreihe 2000 – 3000 – 5000 und zu den beiden einfachsten Methoden der mathematischen Extrapolation, also der Weiterverlängerung des bisher ersichtlichen Trends. Die erste Methode ist die der »kleinsten Quadrate«, und sie ergibt als prognostischen Trend die sogenannte Regressionslinie. Im Prinzip handelt es sich dabei um die Konstruktion einer geraden Linie, die so nahe wie möglich an allen bisher festgestellten Meßzahlen vorbeiläuft. Das Quadrat der Entfernung der Linie zu jedem einzelnen Punkt soll klein sein, die Summe dieser Quadrate soll die kleinstmögliche sein. Das ist ein mathematisch durchaus lösbares Problem.

Geht es um eine größere Zahl von Meßdaten, dann bedient man sich eines Verfahrens, das auf der Differentialrechnung beruht. Mit unseren einfachen Zahlen läßt sich aber eine simplere Methode exemplifizieren. Zunächst einmal bauen wir in Gedanken ein Koordinatensystem, bei dem auf der x-Achse gleichmäßig die Jahresabstände aufgetragen werden: Das erste Jahr hat demnach den Wert $x_1 = 1$, das zweite $x_2 = 2$ und schließlich $x_3 = 3$. Auf der y-Achse werden dazu die Meßdaten aufgetragen, wobei wir uns der Einfachheit halber die Nullen der Tausender schenken und dann erhalten: $y_1 = 2$, $y_2 = 3$, $y_3 = 5$. Im Koordinatensystem lauten also die Punkte (1,2), (2,3), (3,5) für x_1y_1, x_2y_2 und x_3y_3.

Nächster Schritt: Der arithmetische Durchschnitt von x und der von y werden errechnet. Das heißt für x: $1 + 2 + 3 = 6$, geteilt durch die Zahl der Messungen, nämlich drei, ergibt 2; mathematische Schreibung: x quer ($\bar{x}$) = 2. Dasselbe für y: $2 + 3 + 5 = 10$, durch 3, $\bar{y} = {}^{10}/_{3}$. Dann wird für die einzelnen Punkte untersucht, wie weit ihre Meßdaten von diesen Durchschnittswerten

entfernt sind: $x_1 = 1$ und daher von $\bar{x} = 2$ genau 1 entfernt, $x_2 = \bar{x} = 2$, Entfernung null, $x_3 = 3$, Entfernung von $\bar{x}$ abermals 1. Das gleiche Spiel für y: y_1 von $\bar{y}$ $^4/_3$, y_2 von $\bar{y}$ $^1/_3$, y_3 von $\bar{y}$ $^5/_3$. Als weiterer Schritt werden diese Distanzen quadriert, also mit sich selbst multipliziert: für x also $1^2 = 1$ und $1^2 = 1$, Summe 2. Für y entsprechend $(^4/_3)^2 = {}^{16}/_9$, $(^1/_3)^2 = {}^1/_9$, $(^5/_3)^2 = {}^{25}/_9$, Summe $^{42}/_9$. Und schließlich werden noch die x- und y-Differenzen der einzelnen Meßwerte miteinander multipliziert: 1 mit $^4/_3 = {}^4/_3$, $0 \cdot {}^1/_3 = 0$, $1 \cdot {}^5/_3 = {}^5/_3$, Summe $^9/_3 = 3$.
Jetzt haben wir alle notwendigen Zahlen, um die Regressionsgerade berechnen zu können: Die Summe der quadrierten x-Abweichungen = 2, die Summe der quadrierten y-Abweichungen = $^{42}/_9$, die Summe der multiplizierten Abweichungen = 3.
Die Regressionsgerade ist durch zwei Merkmale charakterisiert: erstens durch den Neigungswinkel, das »Steigungsmaß«, und zweitens durch ihren Schnittpunkt mit der senkrechten Achse (y-Achse, Ordinaten-Achse) des Koordinatensystems.
Das »Steigungsmaß« macht deutlich, ob die Linie steil ansteigt oder eher flach verläuft. Es wird errechnet, indem die Summe der multiplizierten Abweichungen (in unserem Beispiel also 3) durch die Summe der quadrierten x-Abweichungen (bei uns 2) geteilt wird: $^3/_2$.
Zur endgültigen Festlegung der Regressionsgeraden fehlt aber nun noch eine Konstante, aus der sich ablesen läßt, ob die Gerade den Nullpunkt des Koordinatenkreuzes durchläuft oder aber höher oder tiefer liegt. Diese Konstante wird errechnet, indem von $\bar{y}$ das Produkt aus Neigungswinkel mal $\bar{x}$ abgezogen wird. Das klingt komplizierter als es ist: $\bar{y} = {}^{10}/_3$, Steigungsmaß $= {}^3/_2$, $\bar{x} = 2$. Die Konstante lautete demnach: $^{10}/_3 - (^3/_2 \cdot 2) = {}^{10}/_3 - {}^6/_2 = {}^1/_3$.
Und damit ist die Regressionsgerade eindeutig definiert: $y = {}^{3x}/_2 + {}^1/_3$. Zeichnet man diese Gerade bei den drei bisherigen Meßdaten ein, so zeigt sich, daß sie ganz knapp unterhalb des ersten und dritten, sowie ganz knapp oberhalb des zweiten Punktes verläuft, also tatsächlich so gut wie möglich den Gegebenheiten entspricht. Und nun kann man auch die Zukunft abfragen: Wenn der Trendverlauf gleich bleibt, wie wird die Zahl

des vierten Jahres ungefähr lauten? $y = \frac{3x}{2} + \frac{1}{3}$, x ist dann gleich 4, also $y = \frac{12}{2} + \frac{1}{3} = 6{,}33$. Und für das übernächste Jahr $x = 5$, $y = \frac{15}{2} + \frac{1}{3} = \frac{47}{6} = 7{,}83$.
Die ursprüngliche Reihe, mit all ihren Tausender-Nullen hatte gelautet: 2000 – 3000 – 5000 – die Regressionslinie projiziert die nächsten Werte: 6330 – 7830.
Wenn man sich nicht mit einer Geraden zufriedengibt, die knapp an den tatsächlich gemessenen Werten vorbeiführt, sondern eine Linie wünscht, die den bisherigen Erfahrungen genau Rechnung trägt, also durch alle Meßpunkte genau durchgeht, dann kann man auch *dafür* ein mathematisches Rezept finden.
Allerdings hat der schwedische Mathematiker und Nationalökonom Gustav Cassel schon vor Jahrzehnten darauf hingewiesen, daß derartige Berechnungen mehr Schaden als Nutzen stiften können. Er schrieb damals: »Jede tatsächliche Entwicklung kann durch eine mathematische Formel dargestellt werden, und das mit jeder gewünschten Genauigkeit. Die mathematische Formel braucht daher nicht der Ausdruck irgendeiner Notwendigkeit der Entwicklung zu sein, und noch weniger kann sie dafür herhalten, zu beweisen, daß die künftige Entwicklung derselben mathematischen Formel folgen wird.« Und er knüpfte daran die Feststellung, die uns an anderer Stelle noch beschäftigen wird: »Die Konjunkturvoraussage ist ein hoffnungsloses Unternehmen.«
Werfen wir dennoch einen kurzen Blick auf die Methodik einer solchen Trendberechnung. Je mehr Meßdaten es zu verarbeiten gilt, desto komplizierter wird das Verfahren, ist aber mit Datenverarbeitungsanlagen dennoch rasch zu bewältigen. Wir allerdings müssen uns wieder auf das Einfachste beschränken und bleiben daher bei dem vorhin gewählten Beispiel einer Zahlenreihe aus nur drei Werten: 2000 – 3000 – 5000. Wie sieht eine Kurve aus, die genau durch diese drei Punkte geht?
Es läßt sich beweisen – aber dieser Beweis würde zu weit führen –, daß eine Kurve, die durch n Punkte verläuft, stets durch mindestens *eine* Funktion (n-1)ten Grades und durch zahlreiche Funktionen n-ten Grades dargestellt werden kann. Das heißt in unserem Fall, da wir drei Meßdaten haben: Es muß eine Gleichung

zweiten Grades, also eine quadratische Gleichung geben, die einen Kurvenverlauf durch diese drei Punkte darstellt.
Man findet sie mit Hilfe der Intrapolationsformel von J. L. Lagrange (1736–1812). Sie setzt zwar keine besonderen mathematischen Kenntnisse voraus, ist aber doch etwas langatmig aufzuschreiben. Grundsätzlich ist die Berechnungsweise ähnlich der für die Regressionsgerade, aber da hier so viele Glieder miteinander multipliziert werden als Meßwerte vorhanden sind – abzüglich eins –, ergibt sich zwangsläufig eine Gleichung zweiten Grades. Das erste Glied in unserem Beispiel würde etwa lauten:

$$y_1 \cdot \frac{(x-x_2)(x-x_3)}{(x_1-x_2)(x_1-x_3)} = 2 \cdot \frac{x^2-5x+6}{(1-2)(1-3)} = x^2 - 5x + 6.$$

Auch die beiden noch folgenden Glieder enthalten den quadratischen Wert x^2, und – um das Resultat vorwegzunehmen – das Ergebnis lautet schließlich: $y = \frac{x^2}{2} - \frac{x}{2} + 2$. Da diese Funktion genau durch alle drei Punkte laufen soll, kann man für diese drei Punkte die Probe machen, ob zum jeweiligen x das richtige y herauskommt – die Probe stimmt. Und nun kann wieder extrapoliert werden: Gesucht ist das y, das dem Wert $x_4 = 4$ entspricht. Das Resultat lautet: $y_4 = \frac{16}{2} - \frac{4}{2} + 2 = 8$, oder wenn wir wieder die Tausender-Nullen anhängen, so folgt auf 2000 – 3000 – 5000 nun 8000 und danach (y_5) 12000.
Das ist nun ein völlig anderes Ergebnis als jenes, das wir mit der Regressionsgeraden erzielt haben! Dort hieß es 2000 – 3000 – 5000 – 6330 – 7830, hier steigt die Kurve unverhältnismäßig steiler an: 2000 – 3000 – 5000 – 8000 – 12000.
Auch wenn es sich hier um ein extrem vereinfachtes Beispiel gehandelt hat, so ist doch klar ersichtlich, daß die Wahl des Rechenverfahrens ganz entscheidenden Einfluß auf das Resultat haben kann. Mit einer Funktion dritten Grades oder mit einer trigonometrischen Funktion könnte sogar eine Umkehr der Kurve erzielt werden!
Ein solcher Kurvenlauf wäre im übrigen – vor allem auf längere Sicht – keineswegs unrealistisch, denn über kurz oder lang zeigen

ja fast alle Wachstumskurven einen Trend zur Abflachung oder gar zur Umkehr. Ein Beispiel dafür bietet etwa das Schienennetz der Eisenbahnen: Im Jahre 1850 gab es in Europa rund 23 500 km Eisenbahnschienen, 1860 schon mehr als das Doppelte (fast 52000), 1870 mehr als das Vierfache (105 000). Hätte man, von diesen Zahlen ausgehend, auf ein exponentielles Wachstum mit einer Verdoppelungsrate innerhalb von je zehn Jahren geschlossen, wäre es jedoch falsch gewesen: 1880 wurde nicht das Achtfache, sondern nur knapp das Siebenfache erreicht (169000), 1890 nicht annähernd das Sechzehnfache, sondern nur knapp das Zehnfache (224000). Damit war allerdings fast schon ein Sättigungspunkt erreicht; denn um die Jahrhundertwende stand man erst bei 284000 km. Seit der Mitte des 20. Jahrhunderts ist sogar vielerorts ein Trend zur Verringerung des Bahnnetzes festzustellen: Auf dem Gebiet der Bundesrepublik Deutschland beispielsweise schrumpfte das Eisenbahnnetz von ehemals 36900 km im Jahr 1950 auf 36000 km im Jahr 1960 und weiter auf 32700 km im Jahr 1970 – ob man aber daraus folgern darf, daß hier ein exponentieller Schrumpfungsprozeß vorliegt und es anno 2010 überhaupt kein Schienennetz mehr geben wird, erscheint mehr als fraglich.

Die Vorhersage, wann eine »Sättigung« erreicht sein, wann es zu einer »Trendumkehr« kommen wird, ist eine der wichtigsten und zugleich schwierigsten Aufgaben der Prognostik. Es stehen zwar auch dafür verhältnismäßig einfache mathematische Modelle und Berechnungsmöglichkeiten zu Verfügung, aber weit wichtiger ist die Einsicht in die innere Gesetzmäßigkeit des beobachteten Systems.

Noch vor den Sättigungskurven soll aber eine Trendlinie eingehender besprochen werden, die seit der Veröffentlichung des Buches »Die Grenzen des Wachstums« mancherorts in das Bewußtsein gedrungen ist, obwohl es sich dabei um keine Neu-, sondern nur um die Wiederentdeckung einer Binsenwahrheit handelt. Es ist die Rede vom »exponentiellen Wachstum«, seit vielen Generationen allen Schulkindern unter dem Namen »Zinseszinsrechnung« bekannt. Dennis Meadows selbst, der Hauptautor der

»Grenzen des Wachstums«, spricht ausführlich von einem alten französischen Kinderlied, in dem am Beispiel einer Seerose auf einem Teich das exponentielle Wachstum gezeigt wird: Erst werden aus der einen Rose zwei Rosen, dann aus zweien vier, aus den vier werden acht, aber ist erst einmal ein Viertel des Teiches bedeckt, dann ist binnen einer einzigen Zeiteinheit schon der halbe Teich und nach einer weiteren Zeiteinheit der ganze Teich zugewachsen.

Charakteristisch für dieses exponentielle Wachstum ist die prozentual gleichbleibende Wachstumsrate, die aber durch die jeweilige Verdoppelung des bereits Vorhandenen über kurz oder lang unvorstellbare Größenordnungen annimmt. Da ist etwa die uralte Geschichte vom »Sparpfennig des Kolumbus«: Hätte man vor fünfhundert Jahren einen Gulden in eine fiktive Sparkasse gelegt und mit jährlich vier Prozent verzinsen lassen, dann wäre dieses Spargeld seither auf die gewaltige Summe von mehreren hundert Millionen Gulden angewachsen. In diesen fünfhundert Jahren hat es freilich Inflation, Krieg und Katastrophen, Abwertungen und Währungsänderungen gegeben, und so scheint dieses hübsche Rechenbeispiel letztlich doch nicht mehr als eine mathematische Spielerei zu sein.

Es scheint – ist aber weit mehr. Gerade die vielen in der Zwischenzeit eingetretenen Veränderungen aller Art lassen nämlich erkennen, daß ein vermeintlich noch so stabiles System (wie etwa die vierprozentige Bankverzinsung) nicht ins Unendliche wachsen kann, weil entweder systemimmanente oder aber systemfremde Einflüsse ein derartiges Wachstum unmöglich machen. Beim Beispiel der Eisenbahnen war es teils die Bedarfssättigung, teils das Aufkommen neuer Verkehrsmittel (Kraftfahrzeug, Flugzeug), was zur Stagnation und zum Teilabbau des Schienennetzes führte. Bei den Seerosen des Kinderlieds endet das Wachstum damit, daß der gesamte Teich eben schließlich überwuchert ist – ob nun der zuletzt erreichte Zustand erhalten bleibt oder ob viele oder alle Rosen zugrunde gehen (und eventuell ein neuer Wachstumsprozeß einsetzt), ist eine andere Frage. Sicher ist, daß mit der »totalen Eroberung« des Teiches durch die Seerosen das Wachstum endet.

Ganz ähnlich verhält es sich auch mit Laborexperimenten, bei denen Bakterien – oder auch kleine Säugetiere, wie Ratten – sich genau so lange »ungehemmt« vermehren, als Nahrungszufuhr und Ausbreitungsmöglichkeit gesichert ist. An der Glaswand des Reagenzkolbens endet die Expansion ebenso wie im zum Bersten gefüllten Rattenkäfig, wo es überdies meist schon viel früher zu deutlich beobachtbaren Verfallserscheinungen kommt.
Wie verhält es sich nun mit der vielzitierten Bevölkerungsexplosion? Thomas Robert Malthus hat im Jahre 1798, ausgehend von Überlegungen früherer Autoren, die Behauptung aufgestellt, das natürliche Bevölkerungswachstum verlaufe exponentiell, mit einer Verdoppelung innerhalb von jeweils fünfundzwanzig Jahren. Die Nahrungsressourcen wüchsen jedoch allerhöchstens arithmetisch. Einer Bevölkerungsentwicklung von 1 – 2 – 4 – 8 – 16 – und so weiter stehe daher ein Nahrungsreservoir gegenüber, das sich nur in gleichmäßigen Schritten entwickle: 1 – 2 – 3 – 4 – 5 – und so weiter. Es ist offensichtlich, daß selbst dann, wenn man zunächst von einer Nahrungsreserve ausgeht, die zehnmal größer ist als notwendig, doch binnen kurzem der Punkt erreicht wird, an dem das »geometrische« Wachstum der Bevölkerung das »arithmetische« der Nahrungsmittel (oder auch der Erschließung der Naturschätze) übertrifft. Was dann? Nun, erklärt Malthus lapidar, wenn es eben keine »vorbeugenden Hemmnisse« (wie etwa durch freiwillige Enthaltsamkeit, Ehelosigkeit etc.) gegeben hat, dann greifen notwendigerweise die »nachwirkenden Hemmnisse« ein und sorgen für eine Reduzierung der Überzähligen durch Hungersnot, Krieg und Seuchen.
Malthus' Überlegung hat sich – es wurde bereits ausführlich davon gesprochen – als mittelfristig falsch erwiesen, und bis auf den heutigen Tag gilt Malthus vielfach sogar als der Inbegriff des falschen Propheten, als der Urahn all jener *prophets of doom,* die das ewige Wirtschaftswachstum und das Heraufdämmern des Goldenen Zeitalters leugnen. Aber hat Malthus wirklich geirrt? Ja – indem er nicht voraussah, daß durch die modernen Methoden der Landwirtschaft (von der künstlichen Düngung bis zum hochrationellen vollautomatischen Landwirtschaftsbetrieb) Ertragssteige-

rungen erzielt werden konnten, die wesentlich über den von ihm als unerreichbar angesehenen liegen. Nein – als das Bevölkerungswachstum in den hochentwickelten Ländern durch »vorbeugende Hemmnisse« wesentlich reduziert wurde (bereits lange vor der »Pille« gab es in manchen europäischen Staaten minimale Wachstumsraten oder sogar vereinzelt ein Schrumpfen der Bevölkerung), während in den Entwicklungsländern bis in die vierziger Jahre unseres Jahrhunderts die »nachwirkenden Hemmnisse« der Säuglingssterblichkeit und der Seuchen eine Bevölkerungsexplosion verhinderten. Mit dem Wegfall dieser Hemmnisse durch verbesserte Hygiene, vermehrte ärztliche Versorgung und Einsatz moderner Medikamente (vor allem im Kampf gegen Seuchen wie Cholera und Malaria) konnte sich jedoch im vergangenen Vierteljahrhundert die »natürliche« Bevölkerungsentwicklung in den Entwicklungsländern nahezu frei entfalten. Die Bevölkerungsexplosion geht also nicht etwa darauf zurück, daß mehr Kinder gezeugt oder geboren werden, sondern lediglich darauf, daß mehr Kinder überleben. Starben in den Entwicklungsländern – und auch noch im Europa des frühen 19. Jahrhunderts – zwei Drittel und noch mehr Kinder vor der Erreichung der Fortpflanzungsfähigkeit, so sind es jetzt nur noch verhältnismäßig wenige, die im frühen Kindesalter sterben. Deshalb wird der »Schneeball-Effekt« der exponentiellen Vergrößerung immer augenfälliger.

Es ist ja jedes gleichmäßige Wachstum ein »exponentielles« Wachstum; doch der Verdoppelungszeitraum hängt selbstverständlich ganz entscheidend vom »Zinssatz« ab: Ein zu 3% Zinseszins angelegtes Kapital verdoppelt sich in vierundzwanzig Jahren, ein zu 8% angelegtes bereits in neun Jahren. Ebenso verhält es sich bei der Bevölkerungsvermehrung: Ein jährlicher Geburtenüberschuß* von 0,3% führt zu einer Verdoppelung der Bevölke-

*) Der Geburtenüberschuß ergibt sich aus dem Vergleich der Geburten und Todesfälle, bezogen auf 1000 Einwohner: 25 Geburten minus 10 Todesfälle ergibt fünfzehn pro Tausend Überschuß, also ein Bevölkerungswachstum von 1,5%; 50 Geburten minus 20 Todesfälle ergeben eine Zuwachsrate von drei Prozent. Die Zuwachsraten Europas und der Vereinigten Staaten liegen unter 1%, die Japans knapp darüber, die chinesische wird auf 1,4% geschätzt, die indische auf über 2%.

rung in zweihundertfünfzig Jahren, ein Überschuß von 3% hingegen schon zu einer Verdoppelung innerhalb von vierundzwanzig Jahren – und diese zweite Zahl entspricht erstens ziemlich genau jener, die Malthus als Kennzeichen einer »natürlichen« und ungehemmten Bevölkerungsvermehrung annahm, und zweitens der Realität in zahlreichen Entwicklungsländern. In manchen Staaten Lateinamerikas wurden sogar schon Zuwachsraten von *mehr* als 3% und dementsprechend noch kürzere Verdopplungszeiträume beobachtet. Die 3,9% von Honduras ergeben – nach der Daumenregel: Kehrwert der Zuwachsrate mal siebzig – eine Verdoppelung der Bevölkerung innerhalb von achtzehn Jahren; in Mexiko sind es etwa zwanzig Jahre.
Nun ist eines offenkundig: Die Projektion einer exponentiellen Wachstumskurve in die Zukunft wird um so zweifelhafter und realitätsferner, je länger der Prognosezeitraum ist. Ob es sich nun um die Weltbevölkerungszahl, um die Zahl der Telefonanschlüsse, der veröffentlichten wissenschaftlichen Arbeiten, der Autobahnkilometer oder der Studentenzahlen handelt – selbst wenn über viele Jahre hinweg ein exponentielles Wachstum mit hohen Zuwachsraten beobachtet wurde, so ist es denknotwendig, über kurz oder lang mit einer Trendumkehr zu rechnen. Freilich ist unser gesamtes Denken im Augenblick noch so sehr vom Wachstumsideal beherrscht, daß wir zwar einerseits einer Stabilisierung des Wachstums in fernerer Zukunft erwartungsvoll entgegensehen (stationäre Weltbevölkerung von 12, 14, 18 oder 25 Milliarden Menschen im Jahre 2010 oder 2025 oder 2050 etc.), für die nähere Zukunft aber vor den Grenzen des Wachstums zurückschaudern: Kaum treten in einem hochentwickelten Land negative Zahlen in der Bevölkerungsbilanz auf (und seien es auch bloß 1001 Todesfälle auf 1000 Geburten), dann hebt sofort das Heulen und Zähneklappern an, der drohende Untergang der Nation wird an die Wand gemalt und – schlimmster Alptraum aller Bevölkerungsideologen – die Rentenzahlungen scheinen in Frage gestellt, kurzum: Die Vorstellungen des Merkantilismus feiern fröhliche Urständ.
Aber ob man es nun fürchtet oder herbeisehnt: Die Grenzen des

Wachstums, *jeglichen* Wachstums, sind gegeben, und wenn es *eine* zuverlässige Prognose gibt (neben der uralten, daß »nichts gewiß ist als der Tod und die Steuern«), dann die, daß die Weltbevölkerung eines Tages ein Maximum erreichen und überschreiten wird – ungewiß sind freilich noch der Zeitpunkt, die Höhe dieses Maximums und die Ursachen der Wende.

Daß im übrigen die Bevölkerungsprognosen bisher erschreckend oft fehlerhaft bis grob falsch waren, ist ein ernster Anlaß zur Besorgnis und zur Skepsis gegenüber den Prognosemethoden überhaupt. Denn wenn es sich auch bei den Vorhersagen vergangener Jahrhunderte oft mehr um Schätzungen als um sorgsam erarbeitete demographische Berechnungen handelte, so sind doch auch die – zumindest scheinbar – ernstzunehmenden Prognosen seit der Mitte der dreißiger Jahre weit hinter der Wirklichkeit zurückgeblieben, und noch um 1950 rechnete man für die Jahrtausendwende mit einer Bevölkerungszahl, die wir unterdes schon erreicht und überschritten haben. Worüber man bei Malthus spottet, das ist nämlich auch den Demographen widerfahren: Sie übersahen eine Entwicklung, die auf einem Nachbargebiet erfolgte und gewaltige Auswirkungen auf die Bevölkerungsentwicklung hatte. Malthus sah die modernen Landwirtschaftsmethoden und die daraus resultierenden Produktionssteigerungen nicht voraus, die Demographen der vierziger und fünfziger Jahre nicht die Auswirkungen der medizinischen Revolution, die bereits in vollem Gange war und die Sterblichkeitsziffern in den Entwicklungsländern drastisch reduzierte.

Wenn aber auch die Beschränkung auf Erfahrungswerte der Gegenwart und der Vergangenheit in die Irre führen kann und sehr oft kühne Phantasie zur Erstellung einer richtigen Prognose notwendig ist, so gibt es dennoch durchaus Methoden, aus einer Trendlinie beizeiten den Umschwung vorauszusagen: Nicht selten zeigt nämlich der zunächst rasch ansteigende Kurvenverlauf eines Tages eine deutliche Abflachung, aber schon kurz vorher kann man das erste Nachlassen des ursprünglichen Elans feststellen. Am Eisenbahnnetz des 19. Jahrhunderts läßt sich eine derartige Entwicklung klar erkennen: Wie zuvor gezeigt wurde, konnte man schon im Jahre 1880 merken, daß trotz absolut immer größeren Streckenzuwachses das Stadium der jähen Expansion dem Ende zuging, und 1890 zeichnete sich vollends die bevorstehende Sättigung ab.

Diese »Sättigung« hat den sogenannten »Sättigungskurven« oder »S-Kurven« die in der Prognostik eine sehr wichtige Rolle spielen, den Namen gegeben. Die beliebteste Illustration für eine derartige S-Kurve ist das Gerücht: Im Augenblick seines Entstehens kennt es nur derjenige, der es in die Welt setzt, danach teilt er es einigen anderen mit, die erzählen es jeweils wieder ihren Bekannten, und so nimmt die Verbreitung rasch zu – bis ein Punkt erreicht ist, an dem die Zahl der »Wissenden« ebenso groß ist wie die der »Unwissenden«. Danach sind immer weniger Leute zu finden, denen das Gerücht noch nicht bekannt ist. Die am wenigsten Kontaktfreudigen oder am entferntesten Wohnenden erfahren es ganz zuletzt; nun ist die totale Sättigung erreicht. In grundsätzlich gleicher Weise spielt sich die Verbreitung eines Kettenbriefes ab: Selbst wenn alle Angeschriebenen bereitwillig mitmachen, werden die möglichen Neuteilnehmer an dem dummen Spiel immer weniger, und schließlich gibt es keine neuen Adressaten mehr, die Sättigung ist erreicht.

Es gibt eindrucksvolle – und für Mathematiker sogar sehr einfache – Formeln für derartige logistische oder exponentielle Sättigungskurven; man darf aber nicht übersehen, daß erstens ihre Richtigkeit entscheidend von der richtigen Definition der »Sättigung« abhängt, und daß es sich zweitens bei der »Sättigung« nicht um eine naturwissenschaftliche Gesetzmäßigkeit handelt, sondern weit eher um eine Analogie, einen bildhaften Vergleich – so wie ja schließlich auch das »Wachstum« eine Anleihe bei Vorgängen aus der belebten Natur ist und keineswegs eine Eigenart soziologischer, ökonomischer oder industrieller Vorgänge darstellt. (In diesem Zusammenhang ist es immer wieder auffallend, wie sehr zwar vom »Wachstum« geschwärmt wird, das mit Lebenskraft, Frühling und Höherentwicklung gleichgesetzt wird, gleichzeitig jedoch Herbst, Winter, Verfall und unvermeidlicher Tod alles Wachsenden ängstlich verdrängt und tabuisiert werden, wie ja auch das

hypertrophe, krebsig wuchernde Wachstum nicht in die Wachstumseuphorie paßt.)
Mit den Analogien verlassen wir allerdings bereits den Bereich der Kurvenextrapolation und nähern uns anderen Methoden der Zukunftsschau. Zuvor ist aber noch auf den Begriff der »Sättigung« hinzuweisen, der so klar und einprägsam erscheint, bei näherer Betrachtung aber viel von dieser Prägnanz und Präzision verliert. Sehr selten nämlich ist eine so deutliche »Sättigung« zu erzielen, wie bei dem Gerücht oder dem Kettenbrief. Werbung und Mode haben ja die Bedarfsmaßstäbe, die nie sehr zuverlässig waren, vollends in Unordnung gebracht, und wer eine Antwort auf die Frage sucht, bei wie vielen Paar Schuhen etwa die Sättigung erreicht ist, dem wird auch die sorgsamst gezogene S-Kurve keine schlüssige Antwort geben können. Denn selbst wenn – erfahrungsgemäß – die Sättigung derzeit bei Paaren anzunehmen ist, dann kann es immer noch in der Macht der Werbung stehen, dieses augenblickliche Limit auf n + 1 oder n + 2 hinaufzutreiben oder – es lebe die Wegwerfgesellschaft – den Bestand dadurch zu reduzieren, daß man die Schuhe älteren Datums als hoffnungslos veraltet deklariert, worauf sie von den Besitzern beschämt weggeworfen werden. Wo ist die Sättigungsgrenze für Pkws, für Farbfernsehgeräte, für Geschirrspülmaschinen? Kann man annehmen, daß ein Pkw pro Familie, ein Farbfernsehgerät pro Haushalt »genügt«? Die Erfahrung hat schon seit langem gezeigt, daß es Familien mit Zweit-, ja Drittwagen gibt, und beim »Haushalt« erhebt sich zunächst die Frage, ob damit eine Personengruppe oder aber eine Wohneinheit gemeint ist. Denn wer außer der Stadtwohnung noch ein Landhaus hat, der besitzt zumeist auch zwei Farbfernseher. Die »Sättigungsgrenze« ist also selbst in einem solchen, scheinbar relativ einfachen Fall nicht leicht anzugeben. Aber wenn ich nicht weiß, wo der Sättigungspunkt liegt, dann liegt die Gefahr nahe, daß ich den bisherigen Kurvenverlauf der »Sättigungskurve« falsch interpretiere.
Im übrigen ist auch an die Möglichkeit der »Übersättigung« zu denken oder, um im Bild zu bleiben, der Überfütterung bis zum Brechreiz: Wie viele Neuausgaben von Silbermünzen und -medail-

len, wie viele Neu-Emissionen von Briefmarken können noch »verdaut« werden, wann wenden sich Spekulanten wie Sammler angewidert ab? Daß es einen »Grenznutzen« gibt, der bei zunehmender Bedarfsbefriedigung immer geringer wird, hat schon Hermann Heinrich Gossen vor über hundert Jahren festgestellt.

Aber wenn es auch bei der Anzahl der Brotlaibe und vielleicht sogar bei der der Modeschuhe oder der Schallplatten einen Punkt gibt, wo der Grenznutzen eines weiteren Laibes oder einer weiteren Schallplatte für den Durchschnittsverbraucher gegen Null geht und damit zumindest für dieses eine Individuum eine Sättigung erreicht ist, so bleibt doch die Frage offen, ob es auch beim »Lebensstandard« oder gar bei der »Lebensqualität« eine Sättigung geben kann. Ist es nicht absurd, zu sagen: »Ich will nicht, daß es mir *noch* besser geht«?

Man könnte, ausgehend von den Definitionsversuchen des Lebensstandards und der Lebensqualität, das überaus interessante Problem der logischen, psychologischen und pseudologischen Zusammenhänge zwischen Glück und Zufriedenheit, Sättigung und Konsum, Bedarf und Bedürfnis, Angebot und Nachfrage, Notwendigkeit und Luxus, Wirtschaftswachstum und Stagnation näher untersuchen, aber eine solche Untersuchung würde ihrerseits ein ganzes Buch füllen.

So sei also nur, um bei Lebensstandard und Wachstum zu bleiben, aus einem Artikel in einer sehr angesehenen Zeitung zitiert, wo – vor nunmehr rund zwei Jahrzehnten – ein Autor allen Ernstes schrieb: »Die Spezialisten haben ausgerechnet, daß der Lebensstandard, falls er im gleichen Maße steigen würde wie in den letzten Jahren, im Jahre 2100 hundertachtundzwanzigmal so hoch sein werde wie im Jahre 1960, im Jahre 2500 jedoch hundertmillionenmal so hoch wie im Jahre 1960.« Da muß man wahrhaftig Hamlet auf den Kopf stellen und sagen: »Ist dies schon Methode, so ist's doch totaler Wahnsinn.« Fast niemand ist mit seinem augenblicklichen Lebensstandard zufrieden. Aber wenn ich vor der Wahl stünde, meinen jetzigen beizubehalten oder einen hundertachtundzwanzigmal höheren zu wählen, ich bliebe bei meinem jetzigen. Denn es ist mir mit aller Phantasie nicht möglich, einen »hundertachtundzwanzigmal höheren« mir auch nur vorzustellen. Aber das kommt davon, wenn man das Wohlergehen der Welt am Bruttosozialprodukt pro Kopf mißt und das Bruttosozialprodukt definiert als die Summe der im Inland auf dem Markt verkauften Güter und Dienstleistungen.

Zurück zur Zukunft. Bei der »Sättigung« wurde bemerkt, hier handle es sich nicht mehr um bloße rechnerische Extrapolationen, sondern um eine Methode der Zukunftsschau durch Analogie, durch bildhaften Vergleich mit bereits bekannten Entwicklungen, von denen man annimmt, daß sie in ihrem Verlauf ungefähr dem Phänomen entsprechen könnten, das untersucht werden soll.

Diese biologischen (Wachstum, Sättigung) und historischen (Pendel, Kreislauf) Analogien sind eine anerkannt »höhere« Form der Zukunftsschau als die simple rechnerische Weiterführung feststehender Daten, sie sind aber erstens nur selten reine Phantasieprodukte einfallsreicher Spinner oder Visionäre, sondern treten sehr wohl mathematisch organisiert auf, und sie sind zweitens keineswegs die einzige höhere Form der Zukunftsforschung. Neben ihnen und über sie hinaus gibt es noch die ökonometrischen Verfahren und andere systemanalytische Berechnungsmethoden, bei denen die Phantasie wieder verschlungen wird von einem Wust von Computerberechnungen: Die Utopie wird zum Weltmodell.

Scharf abgegrenzt ist allerdings nichts: Sandkastenspiele gehen nahtlos in Szenarios über, intuitive Methoden können durchaus systemanalytisch sein, die Verknüpfung mehrerer reiner Extrapolationen führt notwendigerweise zu Überlegungen über die Zusammenhänge zwischen den einzelnen Systemen – und die Zusammenhänge sind um so enger, um so zahlreicher und um so unübersichtlicher, je größer die Einzelsysteme sind. In einer Welt, die überwiegend aus weit voneinander entfernten lokalen Menschengruppen bestand, war es recht gleichgültig, was sich in zwanzig Meilen Entfernung abspielte, und noch zu Goethes (oder doch Faustens) Zeiten konnte man tatsächlich behaglich und unberührt darüber plaudern, daß »hinten, weit in der Türkei, die Völker aufeinanderschlagen«. Heute kann ein Sprengstoffanschlag in Westjordanien den atomaren Weltkrieg auslösen und ein Regimewechsel in Zentralafrika vermehrte Rüstungsausgaben von Hunderten Milliarden Dollar und Rubel bedeuten – ganz zu schweigen von den Zusammenhängen zwischen Autodiebstählen und Urlaubsreisen, dem Geschmackswandel amerikanischer Konsumenten und der Entlassung von zehntausend türkischen Gastarbeitern in Mitteleuropa, einem spektakulären Terroranschlag und dem Ausgang einer wichtigen Wahl.

Aurelio Peccei, der Gründer des *Club of Rome*, hat frühzeitig auf diese immer dichter werdenden Interdependenzen, diese wechselseitigen Abhängigkeiten der Einzelsysteme, hingewiesen und dafür, nicht sehr glücklich, das französische Wort *problematique* verwendet, was man allenfalls mit »Gesamtproblematik« übersetzen könnte. Je mehr Beschränkungen, Einflüsse und Randbedingungen zu berücksichtigen sind, um so schwieriger wird die Vorhersage, um so mehr Experten müssen herangezogen werden, die jeweils für ihr Teilgebiet Prognosen erstellen – über die Qualifikation der Experten für Zukunftsaussagen wird in einem späteren Kapitel noch zu sprechen sein. Immerhin – wer, wenn nicht die Fachleute, sollten berufener sein, über das jeweilige Fach- und Sachgebiet einigermaßen verbindliche Aussagen zu machen?

Fachleute spielen daher auch eine maßgebende Rolle bei einer der beliebtesten Prognosemethoden, der sogenannten »Delphi«-Methode. Sie wurde vor etwa fünfzehn Jahren von Olaf Helmer und seinen Mitarbeitern entwickelt und rasch in aller Welt bekannt – teils wegen des Namens, bei dem sich Helmer in Anbetracht der berüchtigten Vieldeutigkeit des Delphischen Orakels eine subtile Selbstironie erlaubte, und teils wegen der scheinbar sehr detaillierten und von den angesehensten Experten vorgebrachten Prognosen auf zahlreichen Gebieten der Wissenschaft, Politik und Technik.

Der Gedanke, nicht nur auf die Meinung eines einzelnen zu hören, sondern mehrere Fachleute zusammenzurufen, damit sie sich auf einen gemeinsamen Nenner einigen, ist nicht neu: Das ärztliche Konsilium etwa gibt es schon seit langem. Aber in solchen offenen Debatten und Diskussionen dominiert entweder der Ranghöchste (dem Chefarzt oder Professor widerspricht man nicht gern oder doch nur sehr vorsichtig) oder, bei annähernd Gleichrangigen, der gewandtere Redner, die stärkere Persönlichkeit. Ergebnis: kein Konsens, sondern Überredung.

Eine Möglichkeit, dieses unerwünschte Resultat zu vermeiden, besteht darin, die Diskussion zu unterbinden, also nicht das Für und Wider der einzelnen Meinungen zu diskutieren, sondern sie nur als Anregungen aufzunehmen und ungehemmt eigene Ideen vorzubringen. Das ist die Methodik des sogenannten *brainstorming.* Es beschäftigt sich allerdings nicht so sehr mit Zukunftsforschung im allgemeinen, sondern dient vielmehr dazu, Chancen und Risiken bestimmter Entwicklungen auf einem engen Sektor abzuschätzen – und damit nähert es sich den »Unternehmensspielen«, ist aber kürzer und formloser, kennt keine Züge und Gegenzüge, sondern soll nur in einem Minimum von Zeit möglichst viele einschlägige Ideen produzieren. Die »Zukunftswerkstätten« Robert Jungks sind vornehmlich *Brainstorming*-Experimente.

Eine andere Möglichkeit, die Machtposition oder Überredungskunst eines einzelnen in einem Expertengespräch zu neutralisieren, besteht darin, die Diskussion anonym und schriftlich zu führen. Das hat außerdem den Vorteil, daß nicht alle Teilnehmer zu einem bestimmten Zeitpunkt am gleichen Ort versammelt sein müssen; als Nachteil muß freilich die längere Dauer in Kauf genommen werden. Dieses System der anonymen schriftlichen Expertenumfrage bildet die Grundlage der »Delphi«-Methode.

In einem ersten Schritt werden den Teilnehmern die – möglichst präzise formulierten – Fragen vorgelegt, dann die Ergebnisse ausgewertet und den Teilnehmern mitgeteilt. Dadurch erfährt jeder »Mitspieler«, welche Argumente und Ansichten gegen seine ursprünglichen Überlegungen sprechen. Nun kann er, in einer zweiten Runde der Umfrage, seine Einstellung entweder modifizieren oder beibehalten und durch weitere Argumente untermauern. Nach der zweiten oder auch erst nach einer dritten Runde ist »Delphi« abgeschlossen, und die endgültige Auswertung beginnt.

An der großen *long-range forecasting study* der RAND *Corporation,* jener Studie, die auch heute noch als eine der besten, umfangreichsten und sorgfältigsten Analysen zukünftiger Entwicklungen gelten kann (deutsch unter dem Titel »Fünfzig Jahre Zukunft«), waren zweiundachtzig Wissenschaftler beteiligt, die sich in insgesamt sechs Gruppen mit den Themenbereichen »Wissenschaftliche Errungenschaften«, »Bevölkerungsentwicklung«, »Automation«, »Raumfahrt«, »Kriegsverhütung« und »Militärtechnik« beschäftigten. Unter den Teilnehmern war nahezu alles, was damals (1963/64) in der Zukunftsforschung Rang und Namen hatte – unter anderem Isaac Asimov und Arthur C. Clarke, Bertrand de Jouvenel und Dennis Gabor, ferner Experten aus Wirtschaft, Technik, Mathematik, Physik und aus anderen Bereichen. In der ersten Befragungsrunde erhielten die »Mitspieler« in den sechs Fachgruppen jeweils eine Liste von fünfundzwanzig bis fünfzig möglichen Entwicklungen, Forschungsresultaten oder Ereignissen und sollten dazu angeben, wann ihrer Meinung nach diese Ergebnisse erzielt werden würden. Die Auswahl der Fragen war schon vorher von den Teilnehmern der jeweiligen Gruppe vorgenommen worden – im Rahmen der allgemeinen Richtlinie, den Erwartungshorizont mit rund fünfzig Jahren zu begrenzen.

Nach der ersten Umfragerunde wurden die Resultate allen Mitspielern mitgeteilt, mißverständliche Formulierungen des ersten Fragebogens bereinigt, Unklarheiten beseitigt und dann neuerlich die Frage nach den wahrscheinlichen Zeitpunkten gestellt. In der endgültigen Auswertung wurden dann die Extreme beiseite gelassen und der Zeitraum ermittelt, für den die Mehrheit der Befragten das betreffende Ereignis erwartete, sowie der Zeitpunkt des rechnerischen Durchschnitts.

Am Beispiel der Kernenergie sah dies etwa folgendermaßen aus: Den Teilnehmern der Gruppe wurde die Frage vorgelegt: »Wann wird es zu einer kontrollierten thermonuklearen Reaktion kommen?« oder, anders formuliert: »Wann wird es praktisch möglich sein, Fusionsenergie herzustellen und zu verwerten?« Ein Viertel der Befragten nahm an, das würde noch vor dem Jahre 1980 der Fall sein, ein weiteres Viertel erwartete diesen technischen Durchbruch erst im nächsten Jahrhundert, die Hälfte der Befragten befand sich zwischen diesen Extrempositionen, so daß die Aussage schließlich lautete: »Wahrscheinlich zwischen 1980 und 2000.« Da aber für den Durchschnittszeitpunkt auch die Meinungen der »Extremisten« berücksichtigt wurden und überdies von den »Gemäßigten« der größere Teil für die achtziger Jahre dieses Jahrhunderts plädierte, lag schließlich der errechnete Mittelwert des Datums im Jahr 1985, und das vollständige Resumé war: »Nutzbare Fusionsenergie wahrscheinlich zwischen 1980 und 2000, am ehesten um das Jahr 1985.«

Aber selbst diese überaus sorgsam erarbeitete Studie mit prominenten Teilnehmern aus aller Welt wies nicht nur Fehlprognosen auf, die schon heute offenkundig sind (»Raumstation mit zehn Mann Besatzung 1970 bis 1975« u. a. m.), sondern war in den Formulierungen zuweilen tatsächlich fast so vieldeutig wie jenes Orakel von Delphi, von dem die »Delphi«-Methode ihren Namen bezogen hatte.

Mit der »Delphi«-Methode wurde aber auch die künftige Entwicklung der Weltbevölkerung untersucht. Auf dieses Thema muß hier neuerlich eingegangen werden, weil es erstens von brennender Aktualität und Bedeutung ist, weil zweitens gerade die Bevölkerungsprognostik auf eine verhältnismäßig lange Geschichte zurückblicken kann, und weil drittens hier besonders deutlich wird, zu welch unterschiedlichen Resultaten – und zu welch gewaltigen Fehlern – Vorhersagen sogar auf jenem Gebiet gelangen können, auf dem überdurchschnittlich viel und überdurchschnittlich gutes statistisches Material vorliegt und überdies die Zukunft zu einem Teil ja bereits vorgegeben ist.

Denn wenn wir heute (1979) etwa untersuchen wollen, wie groß die Bevölkerung (Deutschlands, der Welt, Europas, etc.) im Jahre 2000 sein wird, dann können wir bereits von einer fixen Gegebenheit ausgehen: der heutigen Bevölkerung, die im Jahre 2000 sämtliche über Einundzwanzigjährigen stellen wird. Es sind lediglich von der Zahl der heute Lebenden jene abzuziehen, die vermutlich innerhalb der beiden nächsten Jahrzehnte sterben werden – und dafür gibt es die »Absterbeordnungen« bzw. Tabellen über die mittlere Lebenserwartung. Allerdings – und hier kommt schon ein erstes Unsicherheitsmoment ins Spiel – -: Es könnte ja auch zu dramatischen Wendungen kommen. Wenn man einmal vom Atomkrieg absieht, dann wären immerhin noch kumulative Auswirkungen schädigender Umwelteinflüsse, Hungersnöte, neue Seuchen oder, auf der positiven Seite, die Entdeckung eines Heilverfahrens gegen Krebs oder eines lebensverlängernden Wirkstoffes möglich.

Dennoch: Die Fehler in der Projektion der heutigen Bevölkerung auf das Jahr 2000 müßten sich in annehmbaren Fehlergrenzen halten. Schwieriger ist die zweite Frage: Wie viele Menschen werden von heute bis zum Jahre 2000 geboren werden und überleben? Man kann an diese Frage primär mathematisch-statistisch herangehen und die bisher beobachtete Entwicklung in einer plausiblen (was ist plausibel?) Form weiterzuverfolgen versuchen, oder man kann primär intuitiv mit einem vermehrten oder verringerten Bevölkerungszuwachs rechnen – etwa mit dem Analogieschluß, daß sich in der Dritten Welt nun jene Entwicklung zu kleineren Familien vollziehen werde, wie sie im späten 19. und mehr noch im 20. Jahrhundert in den Industriestaaten beobachtet wurde.

Man möchte annehmen, daß auch in diesem Bereich die Fehler nicht allzu groß sein können – doch die Geschichte zeigt, daß selbst auf diesem scheinbar so wohlfundierten Gebiet der Bevölkerungsstatistik die Fehlprognosen weit überwiegen und die richtigen Prognosen zuweilen eher Zufallstreffer zu sein scheinen.

Einer der ersten Denker der Neuzeit, der sich über die Bevölkerungsentwicklung den Kopf zerbrach, war Montesquieu, der vor zweihundertfünfzig Jahren annahm, die Weltbevölkerung sei in stetiger Abnahme begriffen, und innerhalb von tausend Jahren würde sie völlig ausgestorben sein. Der Fehler lag in seiner mangelhaften Information: Er – und seine Zeitgenossen – schätzten die Bevölkerungszahl des Abendlandes zur Zeit von Christi Geburt weit höher, als dies heutigem Wissensstand entspricht. Europa war seit der Römerzeit nicht geschrumpft, wie Montesquieu annahm, sondern gewachsen. (Allerdings zählte die Stadt Rom im frühen Mittelalter weit weniger Bewohner als unter den Cäsaren.)

Der bereits erwähnte William Petty, einer der frühesten Bevölkerungsstatistiker, versuchte – vor fast dreihundert Jahren – die Bevölkerungsentwicklung von den Zeiten der Arche Noah bis in die Zukunft zu projizieren und nahm dabei einen allmählich niedriger werdenden Bevölkerungszuwachs, also etwa eine Sättigungskurve, an.

Thomas Robert Malthus schrieb keine Bevölkerungsprognose, sondern stellte bloß fest, daß bei guten Lebensbedingungen die Bevölkerung viel rascher wächst als die Nahrungsmittelproduktion, und so kam er zu dem Schluß, das Bevölkerungswachstum müsse entweder durch Enthaltsamkeit (präventiv) oder aber durch Hunger, Krieg und Seuchen notwendigerweise gebremst werden, wenn zwischen verfügbaren Nahrungsmitteln und Bevölkerungszahl eine halbwegs vernünftige Relation bestehen bleiben solle.

In der Zeit nach dem Ersten Weltkrieg war in Europa die Sorge weitverbreitet, ganze Völker könnten über kurz oder lang aussterben. Der englische Biologe J. B. S. Haldane prognostizierte Retortenbabys, damit die Bevölkerungsziffern einigermaßen gehalten werden konnten, das deutsche Statistische Reichsamt sah im »günstigsten« Fall eine Stagnation der Bevölkerungsziffern voraus, und Raymond Pearl verwendete noch um 1930 für die gesamte Weltbevölkerung eine »Sättigungskurve«, die bei rund zwei Milliarden das Maximum erreichen sollte. In einer etwas späteren Projektion schraubte er das Maximum auf 2,6 Milliarden hinauf. Am Ende des Zweiten Weltkriegs schließlich prognostizierte Frank W. Notestein, ein angesehener Demograph, für das Jahr 2000 eine Weltbevölkerung von 3,3 Milliarden – eine Ziffer, die den beiden Woytinskys, ihrerseits erfahrene Statistiker und Demographen, noch fünf Jahre danach als etwas zu hoch erschien.

Unterdes haben wir bereits die Vier-Milliarden-Grenze überschritten, und die Prognosen für das Jahr 2000 bewegen sich zwischen sechs und acht Milliarden. Wie falsch selbst vermeintlich extreme Bevölkerungsprognosen liegen können, zeigen unter anderem die aufgefächerten Schätzungen des Bevölkerungsstatistischen Bundesamtes der USA (*Bureau of the Census*) aus den vierziger Jahren: Da wurde, selbst unter der Annahme hoher Fruchtbarkeit und niedriger Sterblichkeit, für das Jahr 1970 den Vereinigten

Staaten eine Einwohnerzahl von 168 Millionen prognostiziert. Im anderen Extremfall (niedrige Geburtenzahlen, hohe Sterblichkeit) lag die Schätzung gar nur bei 149 Millionen. Tatsächlich wurden bei der Volkszählung des Jahres 1970 jedoch 205 Millionen US-Amerikaner registriert.

Da lag ein wunderlicher Amateur namens Francis Bonynge viel richtiger, der im Jahre 1852 eine Bevölkerungsprognose für die USA schrieb, die nahezu achtzig Jahre hindurch erstaunlich genau mit der Realität übereinstimmte, dann aber das Wachstum überschätzte: Nach Bonynge müßten die Vereinigten Staaten jetzt schon über 400 Millionen Einwohner zählen.

Um 1890 machte sich dann der Mathematikprofessor N. S. Pritchett daran, eine Wachstumsformel für die Bevölkerungszahl der USA zu entwickeln. Er ging streng mathematisch vor, paßte an die statistischen Daten der Jahre 1790 bis 1890 eine Kurve dritten Grades an und gelangte auf diese Weise zu Zahlen, die immerhin dreißig Jahre lang stimmten und derzeit etwas zu hoch liegen: Für 1980 sagte er eine Einwohnerzahl von fast 300 Millionen voraus. Aber Pritchett schreckte auch nicht davor zurück, seine Kurve bis in die ferne Zukunft zu verlängern. So errechnete er für das Jahr 2100 1112 Millionen US-Amerikaner, für das Jahr 2500 sogar fast 12 Milliarden. Und lange vor Dennis Meadows fand er die prophetischen Worte, die uns heute wie eine Mischung aus Naivität und Ironie anmuten: »Mit zunehmendem Bevölkerungswachstum werden die Anforderungen an die Naturschätze immer gewaltiger, und man darf annehmen, daß in der Zukunft die Menschen einer immer größeren Belastung (im Original: *stress*!) ausgesetzt sein und sich Wirtschaftsproblemen gegenübersehen werden, die für uns noch sehr ferne liegen.« Für uns liegen sie leider nicht mehr so ferne.

Raymond Pearl hat selbstverständlich seine logistische Sättigungskurve auch für die Vereinigten Staaten angewendet und er kam – 1939 – zu dem Resultat, daß sich die Bevölkerung um das Jahr 2000 bei weniger als 180 Millionen einpendeln werde.

Weit gravierender für die Gesamtsituation der Welt als diese Fehlschätzungen in Europa und den Vereinigten Staaten sind aber die

Fehlprognosen für die Länder der Dritten Welt, wo die Demographen von den Fortschritten der modernen Medizin buchstäblich überrumpelt wurden. Noch 1920 lag die relative Bevölkerungsvermehrung in Indien weit unter der der mittel- und nordeuropäischen Länder, noch 1930 entsprach sie etwa der Situation in Süd- und Osteuropa, denn trotz hoher Geburtenziffern sorgten Seuchen wie Pest und Cholera für eine ständige Dezimierung der Bevölkerung: Im Jahr 1924 starben in Indien allein an diesen beiden Seuchen über 650000 Menschen; heute kann die Pest als ausgerottet gelten, die Cholera als nahezu besiegt.
In jüngster Zeit wurden daher die Bevölkerungsprognosen drastisch nach oben revidiert, doch läßt die »Delphi«-Studie erkennen, wie stark die Meinungen der Zukunftsforscher auch jetzt noch voneinander abweichen. Bei der Delphi-Umfrage (1963) erwarteten ein Viertel der Befragten für das Jahr 2000 weniger als fünf Milliarden Menschen auf der Welt, ein Viertel mehr als 5,6 Milliarden, die Hälfte der Befragten vermuteten Werte zwischen diesen beiden – im Lichte der jüngsten Daten vermutlich zu niedrigen – Ziffern. Für das Jahr 2050 differierten die Prognosen noch weit mehr: ein Viertel für »weniger als sechs Milliarden«, ein Viertel für »mehr als zehn Milliarden«.
Es ist sehr wahrscheinlich, daß die eine oder andere der vielen Vorhersagen eintreffen wird. Daraus aber schließen zu wollen, daß deshalb gerade dieser eine Zukunftsforscher der beste, klügste und genialste war, wäre nur dann vertretbar, wenn er darüber hinaus noch eine Reihe weiterer richtiger Prognosen erstellt hätte. Einige wenige Treffer unter vielen Irrtümern sind eben nichts anderes als Zufallstreffer: Auch ein schlechter Schütze trifft zuweilen ins Schwarze, wenn er nur oft genug schießt.
Wo liegt nun eigentlich die Schwierigkeit bei den Bevölkerungsprognosen? Und wo bei den Wetterprognosen? In beiden Fällen handelt es sich ja um Systeme, deren Struktur weitgehend bekannt ist – und doch sind Wetterprognosen selbst für nur zwei bis drei Tage oft unzuverlässig, und Bevölkerungsprognosen mußten zuweilen im Abstand von wenigen Jahren drastisch verändert werden.

Im Falle der Wetterprognose kommt noch hinzu, daß hier kein Eingriff des Menschen möglich ist (abgesehen von vereinzelten lokalen Maßnahmen, deren Wirkungsmöglichkeit übrigens vor zwanzig Jahren stark überschätzt wurde), so daß es eigentlich nur um die Vorherberechnung anhand von Meßdaten einerseits und bekannten physikalischen Gesetzmäßigkeiten andererseits zu gehen scheint.

Die Praxis hat jedoch gezeigt, daß das »System Wetter« von weit mehr Faktoren beeinflußt wird, als in der verfügbaren Prognosezeit erfaßt und verarbeitet werden können – das System ist komplexer als man angenommen hat, die Interdependenzen der einzelnen wetterbestimmenden Faktoren sind nicht hinreichend geklärt oder können nicht rechtzeitig in ihrer Vielfalt errechnet werden. Die »Delphi«-Studie von Helmer und Mitarbeitern enthielt übrigens auch die – ebenfalls sehr unklare – Frage nach dem Zeitpunkt »verläßlicher Wettervorhersagen«, und die Antworten der Fachleute reichten von »vor 1972« bis »nach 1988« und kulminierten um das Jahr 1975. So anfechtbar die Fragestellung ist, so reizvoll ist die Idee, eine Prognose darüber zu erstellen, wann eine andere Prognose zuverlässig sein wird.

Bei der Bevölkerungsprognose ist die Situation insofern ganz anders, als wir es hier nicht nur mit Naturgesetzen, sondern in mannigfacher Hinsicht mit individuellen Entscheidungen und mit den Auswirkungen sozialer – und das heißt letztlich: von Menschen geschaffener – Strukturen zu tun haben. Der Rückgang der Geburtenziffern in den Industriestaaten läßt sich keineswegs rein mechanisch aus dem »Pillenknick« erklären, da jede Art der Empfängnisverhütung ja auch jeweils eine persönliche Entscheidung voraussetzt. Man schiebt heute gern den Geburtenrückgang auf »die Pille« und übersieht geflissentlich, daß es auch schon zwischen den beiden Weltkriegen in mehreren europäischen Staaten weit auffallendere Geburtenrückgänge gegeben hat. Erstaunlicherweise hat sich bisher nur selten ein Fachmann der Mühe unterzogen, die Einzelursachen für den Rückgang der Geburtenzahlen zu analysieren: Welche Rolle spielt die Ehelosigkeit, welche die Enthaltsamkeit, welche die Empfängnisverhütung (und mit welchen Methoden), welche die Abtreibung? Auch die psychologischen Hintergründe sind nur teilweise aufgehellt: Krisenzeiten (oder allgemeiner: Zeiten der Sorge) führen zu Geburtenrückgängen, aber offensichtlich bringt auch die Neigung zu einem »modernen« Lebensstil mit viel Freizeit einerseits, Berufstätigkeit beider Partner andererseits einen Trend zur Klein- und Kleinstfamilie.

Was schließlich den Rückgang der Sterbeziffern betrifft, so waren die durchschlagenden Erfolge der Medizin, zunächst in der Bekämpfung der Kindersterblichkeit in den Industrieländern und danach im Kampf gegen die großen Seuchen in den Entwicklungsländern, nicht vorherzusehen. Oder sagen wir: Sie waren zumindest nicht aus den früheren Erfahrungen abzuleiten, da es sich zum Teil um echte wissenschaftliche »Durchbrüche« handelte, um die Entdeckung und erfolgreiche Anwendung von bislang unbekannten Medikamenten und Impfstoffen.

Damit aber ist auch schon jener kritische Punkt der Zukunftsforschung erreicht, der sich mit *Popper's Dilemma* umschreiben läßt: Der Philosoph und Wissenschaftstheoretiker Sir Karl Popper hat nämlich schon vor Jahrzehnten darauf hingewiesen, daß in Anbetracht des heutigen Zivilisationsstandards jegliche Zukunftsentwicklung entscheidend beeinflußt ist vom künftigen Stand der Technologie, daß aber dieser künftige Stand denknotwendigerweise heute nicht bekannt sein kann, weil wir ja sonst heute schon wüßten, was wir erst in Zukunft wissen werden. Es ist für die künftige Lage der Menschheit sehr wichtig, ob es im Jahre 2000 saubere Fusionsenergie aus thermonuklearen Kraftwerken geben wird – aber es ist unmöglich, heute eine verläßliche Prognose abzugeben: Denn wüßten wir, wie solche Kraftwerke aussehen müßten, dann könnten wir sie ja schon jetzt bauen; da wir es aber noch nicht wissen, ist jegliche Überlegung, wann wir es wohl wissen werden, allenfalls eine mehr oder minder gut fundierte Vermutung, niemals aber eine verläßliche Aussage für die Zukunft.

Dieses Dilemma gilt selbstverständlich, da es ja ausdrücklich die technische Entwicklung im Auge hat, auch für das besonders gut erforschte Gebiet der technologischen Prognostik, die sich damit beschäftigt, künftige technische und wissenschaftliche Errungenschaften vorherzusehen. Es kann auch – und gerade – auf diesem Gebiet keine »exakte« wissenschaftliche Vorhersage geben. Wie in allen anderen Bereichen der Zukunftsforschung geht es auch hier darum, zwischen Erfahrungen und Vermutungen jenen Mittelweg zu finden, der mit höherer Wahrscheinlichkeit als irgendein anderer die Zukunft erschließt. Robert U. Ayres, der Autor eines der besten und lesbarsten Bücher über »Prognose und langfristige Planung in der Technik« hat sehr richtig festgestellt: »Alle Prognosen sind, ihrem Wesen entsprechend, ein Versuch, ausgehend vom Geschehen in der Vergangenheit (unsere einzige Datenquelle) auf zukünftige Ereignisse zu schließen. In diesem allgemeinen Sinne basieren deshalb alle Prognoseverfahren auf Trendanalysen.« Aber zu diesen Erfahrungen aus der Vergangenheit gehört auch die Erfahrung, daß immer wieder einmal etwas Unerwartetes eintritt, daß Entdeckungen die Situation total verändern, daß qualitative Sprünge eintreten – und daher muß zur Trendanalyse immer auch die Intuition und die Imagination kommen.

Der Phantasie bedarf es aber nicht nur, um – wie in der *Science fiction* – völlig Neuartiges als vorstellbar und real ins Kalkül zu ziehen, sondern Phantasie ist auch erforderlich, um die verwirrende Vielfalt der Trend-Interdependenzen zu einem Modell zu vereinfachen. Denn wenn auch die Erbauer der Weltmodelle immer mehr Computerstunden für das Durchrechnen immer zahlreicherer Bezugsgrößen aufwenden, so darf das nicht darüber hinwegtäuschen, daß selbst das komplizierteste Weltmodell letztlich nur ein ganz grob vereinfachtes Abbild ist, ähnlich wie ein Globus nur ein zwar überaus nützliches, aber doch äußerst simples Bild der Erde darstellt.

Das erste der großen Weltmodelle der letzten Jahre, Jay W. Forresters *»World Dynamics«*, kennt zum Beispiel nur fünf Eingangsgrößen und die von ihnen abhängige Lebensqualität, wobei über die Wechselwirkungen zwischen diesen fünf Variablen Annahmen getroffen werden, die zwar bis zu einem gewissen Grad einleuchtend, aber nichts weniger als Naturgesetze sind. Die fünf Größen, von denen selbstverständlich nur die Daten der Vergangenheit vorliegen und deren Weiterentwicklung abgeschätzt werden mußte, sind: Bevölkerung, Rohstoffreserven, landwirtschaftliche Produktion, Kapitalgüter und Umweltqualität. Spätere Modelle waren wohl komplizierter und aufwendiger, aber deshalb nicht unbedingt besser: Auch ein sehr verfeinertes Weltmodell ist notwendigerweise immer noch außerordentlich simplifiziert, muß immer noch Tausende, ja Millionen von Faktoren außer acht lassen.

Damit ist aber schon der Punkt berührt, an dem jede Prognose in einem stillschweigenden – oder offen deklarierten – Vorbehalt endet: Sie gilt nur unter der *Ceteris paribus*-Annahme, das heißt, es darf sich keiner jener Faktoren verändern, der zwar das prognostizierte Geschehen beeinflussen kann, aber nicht in die Überlegungen aufgenommen wurde.

So gelten etwa alle Zukunftsaussagen, sofern es sich nicht gerade um militärische Sandkasten- oder Computerspiele handelt, unter der stillschweigenden Voraussetzung, daß es nicht innerhalb des Prognosezeitraums zu einem weltweiten Krieg kommt. Aber auch ein globaler Trend zur Konsumverweigerung und zur freiwilligen Askese ist nicht vorgesehen und ebensowenig die Entdeckung eines Verfahrens, das die billige Umwandlung von Autoreifen und Müll in Supertreibstoff ermöglicht. Dennoch geraten die verwegeneren der Szenarios zuweilen in nächste Nähe der *Science fiction* und der Utopie.

Szenario ist ein Wort aus der amerikanischen Film- und Theaterwelt, das in die Futurologie eingedrungen ist und zusammen mit vielen anderen Konzepten und Redewendungen in Europa wörtlich übernommen wurde. Dabei ging die Einsicht verloren, daß Szenario eigentlich nicht mehr und nicht weniger war als das Filmdrehbuch. Und in der Tat ist das Szenario der Futurologen so etwas Ähnliches wie das Drehbuch für einen Zukunftsfilm – eine verhältnismäßig detailliert ausgeführte (zuweilen auch mit Zahlenmaterial untermauerte) Studie einer möglichen Zukunftswelt. Herman Kahn, der sich im Hudson-Institut besonders intensiv mit dem Abfassen von Szenarios beschäftigt hat, schreibt in einem seiner Bücher: »Die Szenarien, die eine hypothetische Folge von Ereignissen darstellen, sollen die Aufmerksamkeit auf kausale Prozesse und Entscheidungsmomente lenken. Sie beantworten zwei Arten von Fragen: 1. Wie mag eine hypothetische Situation Schritt für Schritt zustande kommen? und 2. Welche Alternativen gibt es in jedem Stadium, um den weiteren Prozeß in eine andere Richtung zu lenken?«

In dem Schlüsselwort »hypothetische Situation« steckt aber bereits das Eingeständnis, daß die Szenarien letztlich nichts grundsätzlich anderes sind als es einst die Utopien, die Zukunftsromane, waren. Und Robert Ayres, führender Fachmann für technische Zukunftsplanung, betont, daß Szenarios, die einen »technologischen Durchbruch mit erheblichen Auswirkungen in einem größeren Industriebereich« umreißen, besonders zahlreich sind, und im gleichen Atemzug spricht er von den Verfassern utopischer Literatur, die auch vermeintlich unmögliche wissenschaftliche Durchbrüche in ihr Konzept einbeziehen, wobei »einige dieser Utopien sich schließlich als doch nicht unmöglich erweisen« könnten.

Auch Ernst Gehmacher, Soziologe und Psychologe, spricht vom Szenario als einer »Utopie am Schreibtisch«, und tatsächlich beruht der Unterschied zwischen Szenario und Utopie (bzw. *Science fiction*) oft nur auf zweierlei: erstens, auf wessen Schreibtisch sie entsteht, und zweitens in der Konsequenz der Durchführung. Was die Verfasser betrifft, so werden Utopien von Schriftstellern, Weltverbesserern, Unzufriedenen und Revolutionären geschrieben, Szenarios vorwiegend von Wissenschaftlern, die in einem Zukunftsforschungsinstitut oder einer ähnlichen »Denkfabrik« angestellt sind.

Die Konsequenz der Durchführung unterscheidet sich in zweifacher Hinsicht. Der »Utopist« legt meist nur ein einzelnes Werk vor, in dem er eine ihm vorschwebende Zukunftswelt eingehend beschreibt, im übrigen aber manche besonders schwierigen Fragen – darunter meist den Übergang von der Gegenwart in die Zukunft – entweder mit ideologischem Wortschwall überspielt, ihn völlig negiert oder unrealistische Pseudolösungen anbietet. Der Szenario-Schreiber hingegen beschränkt sich fast niemals auf ein einziges Drehbuch, sondern fächert verschiedene Entwicklungsrichtungen und Varianten auf, wobei er den schwierigen Problemen nicht aus dem Weg geht, sondern sie dadurch zu erfassen versucht, daß er eben mehrere Möglichkeiten »durchspielt«. Der Utopist ist zumeist von der Realisierbarkeit seiner Welt überzeugt, so »utopisch« sie auch manchem Leser erscheinen mag, der Szenario-Schreiber ist letzten Endes nur davon überzeugt, daß nahezu alles möglich, manches aber wahrscheinlicher ist als anderes.

Das systematische Durchspielen mehrerer Möglichkeiten gehört aber auch noch in anderer Weise zum wichtigsten Werkzeug der Futurologen; es bildet nämlich, wenn auch nicht allein, die geistige Basis für die morphologische Analyse und die Systemanalyse mit ihrem reichhaltigen Repertoire von Spezialmethoden.

Die morphologische Analyse wurde vor allem durch Fritz Zwicky bekannt. In ihrem Grundkonzept ist sie, wie so vieles in der Futurologie und in der Wissenschaft überhaupt, uralt. Aber bekanntlich ist ja alles Gescheite schon gedacht worden, man muß nur versuchen, es noch einmal zu denken – und Fritz Zwicky hat eine alte Problemlösetechnik noch einmal durchdacht und sie konsequent weiterverfolgt. Er hat versucht, alle wichtigen Einzelelemente eines Systems getrennt nach ihren Varianten zu untersuchen und dann zu überlegen, welche Teilkombinationen noch nicht ausgeführt sind, aber erfolgversprechend sein könnten. Als Experte für Strahlantrieb unterschied er etwa: a) Welches Treibmittel wird verwendet – gasförmig, flüssig oder fest; b) soll der Betrieb kontinuierlich oder in Intervallen erfolgen; c) soll das Treibmittel selbstzündend sein oder nicht? Dazu kamen noch weitere acht Fragen mit jeweils zwei bis vier alternativen Möglichkeiten. Aber schon aus den drei hier genannten Merkmalen ist ersichtlich, daß es dafür $3 \cdot 2 \cdot 2 = 12$ Kombinationsmöglichkeiten gibt.

Auf ähnliche Weise können viele Probleme studiert werden, indem eben die charakteristischen Einzelmerkmale durchgespielt und jeweils neu kombiniert werden. Es handelt sich dabei allerdings um Zukunftsforschung nur insofern, als eine derartige Problemanalyse nützliche Hinweise ergeben kann, wo möglicherweise in Zukunft ein technischer Durchbruch (oder auch eine gesellschaftliche Veränderung) erfolgen könnte.

»Durchgespielt« werden Kombinationen auch bei der Systemanalyse, nur handelt es sich hier vorwiegend um Verfahren der höheren Mathematik und Rechentechnik, um Optimierungsmethoden unterschiedlicher Art und unterschiedlicher Schwierigkeitsgrade, die von relativ einfachen Verteilungsproblemen (kostengünstigste Zustellung an mehrere Abnehmer) bis zu den Weltmodellen reichen. Grundbedingung für alle Methoden der Systemanalyse ist, daß geeignet erscheinende Rechenverfahren vorliegen, die die Zusammenhänge innerhalb des Systems quantitativ darstellen. Solche Rechenverfahren sind dort relativ leicht zu erarbeiten, wo es sich um einfache Systeme handelt und wo die Randbedingungen vernachlässigt werden können. Sie werden aber immer zweifelhafter in dem Maße, in dem kein klarer Überblick über die Wechselwirkungen innerhalb des Systems besteht und man daher mehr und mehr auf Annahmen und Schätzungen zurückgreifen muß. Auch raffinierteste mathematische Methoden vermögen dann das Nichtvorhandensein exakter Daten oder die Fehlerhaftigkeit der eingegebenen rechnerischen Zusammenhänge nicht zu überwinden.

Aber von Zahlen geht nun einmal von jeher eine geradezu magische Faszination aus – sie erscheinen dem Laien, aber auch dem Fachmann, der es zuweilen besser wissen sollte, als Inbegriff des unanfechtbar Korrekten. Und wenn eine Zahl gar noch mehrere Stellen hinter dem Komma aufweist, dann ist an ihrer Präzision überhaupt nicht mehr zu zweifeln, wenngleich erfahrene Statistiker seit eh und je erklärt haben, spätestens hinter dem Komma fingen die Zweifel an.

Neben dieser Pseudo-Exaktheit gibt es aber auch das Spiel mit dem Zufall. In der futurologischen Prognose taucht es u. a. zuweilen unter dem seltsamen Wort *serendipity* auf. Von dieser *serendipity* – den Namen gab eine Erzählung von Horace Walpole – heißt es unter anderem in dem großen Werk von Erich Jantsch über die Methoden des *»Technological Forecasting«*, es handle sich dabei um die glückliche Begabung, durch Zufall etwas Wertvolles zu entdecken, während man etwas ganz anderes sucht. Die *serendipity* entspräche also etwa der Vorstellung, daß ein blindes Huhn auch einmal ein Korn findet, und sie wäre anzuwenden auf »Zufallserfindungen« wie die Photographie oder das Schwarzpulver. Und Serendipität (so heißt sie zuweilen in Übersetzungen) bedeutet dann eben in der Futurologie den Zufallstreffer des Außenseiters, die unwissenschaftliche Prognose, die trotzdem plötzlich genau stimmt.

Aber so hübsch sich die Geschichte vom Ursprung des Begriffes Serendipität anhört – sie ist irreführend. Gewiß, es gibt jene Erzählung von Walpole über »Die drei Prinzen von Serendip«, doch erstens geht sie auf einen viel älteren italienischen Roman von Cristoforo Armeno zurück, und zweitens ist die vermeintliche Serendipität der drei Prinzen keine Glückssträhne, sondern ein Triumph des Scharfsinns. Man könnte in den Prinzen weit eher Sherlock-Holmes-Figuren sehen. Die *serendipity* hat also aus ganz anderen Ursachen einen wichtigen Platz in der Zukunftsschau: Sie symbolisiert die Fähigkeit, aus kleinsten Hinweisen das Richtige zu erkennen.

Kann es jedoch überhaupt, so ist zu überlegen, Zukunftsfachleute geben? Kann man Futurologie erlernen, oder ist die Zukunftsschau höchstens ein Teilgebiet für die Experten eines bestimmten Sektors? Von der Delphi-Methode, vom *brainstorming* und von vielen anderen Verfahren der wissenschaftlichen Zukunftsforschung gilt, daß so weit wie möglich Experten der jeweiligen Fachgebiete herangezogen werden müssen, weil schon die Fragestellung einen Laien überfordern müßte. Aber wer ist innerhalb der Experten der am besten Geeignete? Das ist die große und meist kaum lösbare Frage. Er wird um so eher als Autorität anerkannt, wenn er »sich einen Namen gemacht« hat – aber bedeutet das, daß er eine Kapazität auf seinem Fachgebiet sein muß oder bedeutet es nicht vielmehr, daß er auf diesem Fachgebiet besonders die Zukunftsproblematik studiert hat? Vor Irrtümern ist keine der beiden Gruppen gefeit, wie später noch zu zeigen sein wird.

Cicero berichtet von Cato den Satz, er wundere sich, daß zwei sich begegnende Haruspices – Priester, die aus den Eingeweiden der Opfertiere weissagten – sich nicht einfach angrinsten, weil sie wußten, daß sie die Leute beschwindelten. (Man übertrug das später auf die Auguren, ebenfalls römische Priester; daher unser

»Augurenlächeln«, das Lächeln der Eingeweihten.) In gewisser Weise hat Catos Meinung wohl auch heute noch Gültigkeit. Denn wenn auch die Zukunftsforscher in ihrer Gesamtheit den Anspruch erheben, als seriöse Wissenschaftler zu gelten und die reale Bedeutung der Futurologie für das Geschick der Menschheit nachdrücklich betonen, so sind sie sich doch gleichzeitig der Tatsache bewußt, daß ihr Wissen von der Zukunft prinzipiell nur Vermutung sein kann und daß ihre Prognosen zum weitaus überwiegenden Teil nicht in Erfüllung gehen werden.
Dennoch ist selbst beim Hinweis auf die relativ engen Grenzen der Möglichkeiten, die futurologischen Aussagen gezogen sind, mit allem Nachdruck darauf hinzuweisen, daß die Beschäftigung mit der Zukunft heute wichtiger denn je ist, weil gerade unsere Zeit so viele Neuerungen hervorbringt, die von großem – und zuweilen tödlichem – Einfluß auf die gesamte Erde sein können. Die »technologische Folgeabschätzung«, ein wichtiger Bestandteil jeder Zukunftsschau, kann gar nicht intensiv genug betrieben werden. Und wenn die Expertenmeinungen differieren, dann müßte schon aufgrund der alten medizinischen Regel, »vor allem nicht schaden«, die weise Zurückhaltung vor dem tollkühnen Wagnis rangieren.
Es wird vermutlich über kurz oder lang diplomierte Berufsfuturologen geben (in den USA kann man schon jetzt auf dem Gebiet der Zukunftsforschung einen akademischen Grad erwerben); doch wird das nichts an der Tatsache ändern, daß der »ideale« Zukunftsforscher ein weltoffener, hochintelligenter und phantasievoller Fachmann sein sollte, der überdies – aber nicht an erster Stelle – das elementare Instrumentarium der Statistik zu handhaben versteht: Mit beiden Beinen auf dem Boden der Realität stehen und gleichzeitig utopisch denken zu können, das ist es wohl, was am ehesten den guten Zukunftsschauer charakterisiert.
Aber wie in jedem Beruf und in jedem Tätigkeitsbereich sind auch bei der Zukunftsforschung die Besten – schon aus den logischen Gründen der Definition – in der Minderzahl, die meisten sind »Durchschnitt«, und etliche liegen noch darunter. Und so ist es auch nicht weiter verwunderlich, wenn das Wort »Gefälligkeitsfu-

turologe« entstanden ist, das sprachlich eine Neuprägung der jüngsten Zeit ist, sachlich aber eine lange Vergangenheit aufzuweisen hat: Wie ja schon mehrfach erwähnt, haben selbst die Priester des renommierten Orakels von Delphi zuweilen Gefälligkeitsvorhersagen geliefert, von minder berühmten Orakelstätten ganz zu schweigen. Wenn also ein Staat, eine Partei oder eine Interessenvertretung eine Studie über ihre Zukunftsaussichten in Auftrag gibt, dann wählt sie ihrerseits die Experten meist so aus, daß eine einigermaßen befriedigende Analyse wahrscheinlich ist, und andererseits tendieren die Experten dazu, im Zweifelsfall (und was ist bei der Zukunftsschau nicht zweifelhaft?) sich an den Interessen ihrer Auftraggeber zu orientieren.

Es kann selbstverständlich leicht zum Streit der Kapazitäten kommen, wenn zwei Seiten jeweils ihre eigenen Fachleute mobilisieren. Das Lächeln der Auguren verschwindet dann jäh, und mit wohlgewähltem Zahlenmaterial und sorgsam eingestreuten »wenn«-und-»aber«-Floskeln werden die unterschiedlichen Prognosen mit kämpferischem Elan vorgetragen, mag es nun um künftige Wachstumsraten, um Bevölkerungszahlen, Rüstungsausgaben des potentiellen Gegners, um Budgetlücken, Arbeitslosenzahlen, Erdölvorräte oder 1001 andere Themen gehen.

Nicht in allen derartigen Fällen muß es sich um Auseinandersetzungen zwischen Gefälligkeitsfuturologen handeln. Es können sehr wohl fundierte Überzeugungen den Hintergrund der Meinungsverschiedenheiten bilden. Auf jedem Gebiet der Wissenschaft – auch in den am längsten anerkannten Zweigen – gibt es unterschiedliche Auffassungen selbst unter den Kapazitäten, sobald man den Bereich der nachgewiesenen Tatsachen und Gesetzmäßigkeiten verläßt. Da nun die Zukunftsforschung sich *per definitionem* mit dem Ungewissen beschäftigt, liegt ihr gesamter Bereich außerhalb der Gewißheit der Vergangenheit: Sie befaßt sich ausnahmslos mit dem Ungewissen, dem Möglichen und dem Denkbaren, und dadurch fällt letztlich jener gemeinsame Nenner weg, der in so gut wie allen anderen Wissenschaftsbereichen unumstritten bleibt.

Dazu kommt noch die Frage des persönlichen Engagements und

der subjektiven Überzeugungen. Beide spielen zwar u. a. auch in Jurisprudenz und Sozialmedizin, in Politikwissenschaft und Psychologie eine wichtige Rolle, in der Zukunftsforschung aber erlangen sie besonderes Gewicht deshalb, weil sie hier zu zwei völlig andersartigen Betrachtungsweisen führen. Die eine Fragestellung lautet, vereinfacht formuliert: »Was wird sein, weil es wahrscheinlich ist?«, die andere: »Was wird sein, weil es angestrebt wird?« oder, noch knapper: »Was *wird* sein?« gegen »Was *soll* sein?«
Auf den ersten Blick mag es scheinen, als ob die explorative (auskundschaftende) Methode des objektiven »Was wird sein, weil es wahrscheinlich ist?« die wissenschaftlich einzig vertretbare sei. Bei näherer Betrachtung ergibt sich aber, daß auch für die Wissenschaftlichkeit der subjektiver akzentuierten »normativen« Prognostik manches spricht – vor allem dann, wenn der betreffende Futurologe nicht kurzerhand sein persönliches Idealbild, seine eigene Zielvorstellung als allein gültig ansieht, sondern von den Zielvorstellungen der Allgemeinheit oder der meinungmachenden Gruppen ausgeht. Dann ist es nicht nur denkmöglich, sondern auch wissenschaftlich korrekt, von der Annahme auszugehen, daß diese Zielvorstellungen in Zukunft weitgehend realisiert werden könnten – und übrig bleibt bloß noch, den wahrscheinlichen Weg zu suchen, der von der Gegenwart zu dieser möglichen und erhofften Zukunft führt.
Ayres sieht in diesen beiden Positionen der explorativen und der normativen Zukunftsschau These und Antithese und versucht, sie zur Synthese zu verbinden, indem er formuliert: »Wohin *erwarten* wir von hier aus zu gehen? Welches sind die wahrscheinlichsten Wege?« Es handelt sich dabei allerdings um keine echte Synthese, sondern eher um jenen Methodensynkretismus, ohne den eine sinnvolle Zukunftsforschung nicht möglich ist: nämlich um eine Vermischung der beiden Denkansätze, um ein Ineinanderblenden von Trendanalyse und Utopie. Die Zusammenschau von unleugbaren Tatsachen und ersehnten Zielen, von Sachzwang und Vision bildet den Inhalt jeder nützlichen Zukunftsschau; andernfalls ist sie eine Fingerübung am Computer oder Tagträumerei.

V. Kapitel
Die Grenzen des Machbaren

Zu den beliebtesten Ausreden unserer Tage zählen die sogenannten »Sachzwänge«. Niemand kann mit Gewißheit sagen, wo sie hergekommen sind – Anfang der fünfziger Jahre standen sie noch nicht einmal im Duden, aber inzwischen kann kein Politiker und kein Planer mehr ohne sie auskommen. Lag früher der Teufel vornehmlich im Detail, so liegt er heute bei den Sachzwängen. Und so sehr haben wir uns an sie gewöhnt, daß sie achselzuckend akzeptiert werden wie das Kismet der Mohammedaner und selbst von notorischen »Hinterfragern« viel zu selten in Zweifel gezogen werden.

Da aber von diesen Sachzwängen in ganz entscheidendem Ausmaß die Vorhersehbarkeit, die Vorhersagbarkeit und die Gestaltbarkeit der Zukunft, vor allem der den Sachen und ihren Zwängen besonders nahestehenden technologischen Zukunft abhängt, ist es unvermeidlich, diese Sachzwänge einmal etwas unter die Lupe zu nehmen.

Gibt es nämlich echte Sachzwänge, also aus den heutigen Gegebenheiten resultierende unabänderliche Notwendigkeiten, dann haben wir damit Gesetze der Zukunftsentwicklung gefunden, zumindest aber begrenzende Bedingungen, die das unendlich weite Land der denkbaren Möglichkeiten einengen auf einen Bereich des durchaus Absehbaren. Je mehr wahre Sachzwänge es gibt, desto zwangsläufiger muß sich die Zukunft entwickeln, desto leichter muß sie zu berechnen sein. Je mehr wahre Sachzwänge es gibt, desto unvermeidlicher muß aber auch die Resignation sein – und wenn Politiker, Technokraten und Experten aller Art zuweilen so große Betonung auf die Sachzwänge legen, dann haben sie genau dieses Ziel im Auge: Resignation zu erzeugen und das von ihnen Gewünschte als das einzig Mögliche erscheinen zu lassen.

Aber nicht alle angeblichen Sachzwänge sind echte Sachzwänge im Sinne einer unausweichlichen Gegebenheit. Die weitaus meisten sind vielmehr Rechtfertigungsversuche für einen *status quo* oder für einen Trend, sind Sachzwänge nur insofern, als das Bestehende als denknotwendig angesehen wird. Ein Beispiel dafür ist der Sachzwang des wachsenden Energiekonsums: Es wird postuliert, daß auf mittlere Sicht der Energieverbrauch im Jahr um zwei, drei, vier oder noch mehr Prozent anwachsen muß – und aufgrund dieses »Sachzwangs« wird der Bau von Kraftwerken, einschließlich Kernkraftwerken, zur unabdingbaren Notwendigkeit.

In Wahrheit freilich gibt es kein wie immer geartetes Naturgesetz, welches das kontinuierliche Wachstum des Energiekonsums zwingend vorschreiben würde. (Im Gegenteil: Auf ganz lange Sicht wird irgendwann der Gesamtenergieverbrauch der Welt sogar unvermeidlich zurückgehen, weil es kein ewiges Wachstum gibt.) So ist also dieser »Sachzwang« letztlich nichts anderes als eine Begleiterscheinung unserer Lebensgewohnheiten und Wirtschaftsformen. Würde man diese oder jene (oder beide) grundlegend ändern, dann wäre der vermeintliche Sachzwang weggeblasen – wenn auch vielleicht anderen Pseudo-Sachzwängen gewichen.

Es ist sehr oft eine Frage der Weltanschauung, der politischen Überzeugung, der Bequemlichkeit oder auch nur des Denkvermögens, ob man Sachzwänge sieht oder akzeptiert. Die weitaus meisten von ihnen sind jedenfalls nur Produkte eines bestimmten Systemdenkens – wird das System umgestoßen, dann fallen auch diese Sachzwänge. Systemimmanentes Denken wird stets weit mehr Sachzwänge kennen als ein auf Systemveränderung gerichtetes Denken, wobei »System« keineswegs nur das gesellschaftliche System bedeutet, sondern u. a. auch das technische Weltbild.

Läßt sich also auf diese Weise – nämlich durch systemsprengendes oder auch durch systemimmanentes phantasievoll-schöpferisches Denken – ein großer Teil der Sachzwänge beseitigen, so gibt es dennoch einige, die durch kein noch so verwegenes Umdenken wegzuschaffen sind.

Dazu gehört beispielsweise die Einwohnerzahl eines Landes. Denn selbst wenn man annehmen wollte, die Gebärfreudigkeit ließe sich durch staatliche Prämien oder durch rigorose Abtreibungsverbote weit über das normale Maß steigern, so ist der Geburtenzahl doch eine Obergrenze gesetzt: durch die Zahl der Frauen im gebärfähigen Alter. Es gibt daher den »Sachzwang« einer ziemlich genau kalkulierbaren Maximalbevölkerung in jedem Staat. (Anders ist es mit der Minimalbevölkerung: die Ausrottung von Hunderttausenden und Millionen ist nicht nur denkmöglich, sondern wurde in unserem Jahrhundert schon mehrmals praktisch durchgeführt, zuletzt in Kambodscha.)

Einen echten Sachzwang stellt ferner die Infrastruktur dar: Selbst bei größter Anstrengung ist eine gewisse Zeitspanne erforderlich, um von der heute gegebenen Infrastruktur zu einer anderen zu gelangen: Keine der drei Weltmächte könnte innerhalb eines Jahres 20000 Kilometer neue Autobahnen errichten oder die vorhandene Stromkapazität um 50% erhöhen oder neue Wohnungen für 25% der Bevölkerung errichten.

Noch ein echter Sachzwang schließlich: das Klima. In Norwegen kann man nun einmal keine Datteln ernten (außer allenfalls in Glashäusern), und vor der Küste Arabiens treiben keine Eisberge. Sachzwang schließlich, national wie weltweit, Umfang und Qualität der Lagerstätten von Rohstoffen. Der eine hat Öl, Uran oder Diamanten, der andere eben nicht. Aber selbst dieser letzte Sachzwang ist grundsätzlich umgehbar, da eine Weltordnung denkbar – wenn auch extrem unwahrscheinlich – ist, die den gesamten Erdball als ein einziges Staatsgebilde betrachtet und keine in nationalem oder regionalem Besitz befindlichen Bodenschätze mehr kennt.

Hier wie in manchen anderen Fällen ist freilich zur Sprengung des Sachzwangs die Veränderung des gesamten Denkens und des gültigen Wertsystems erforderlich. Ein historisch-literarisches Beispiel hierfür bietet Schillers »Jungfrau von Orleans«. Man kann sich kaum einen ernsteren Sachzwang denken als jenen, der in den ersten Szenen des Dramas skizziert ist: Die Kroneinkünfte sind auf Jahre hinaus verpfändet, der Feind ist tief ins Land eingedrungen, die wichtige Stadt Orleans steht unmittelbar vor dem Fall, der König ruft verzweifelt: »Kann ich Armeen aus der Erde stampfen? Wächst mir ein Kornfeld in der flachen Hand?« Dennoch wird auch dieser Sachzwang, diese ausweglos scheinende Situation überwunden durch ein vollkommenes Um-Denken und Um-Empfinden, durch eine neuerschlossene geistige Kraftquelle, durch jenen Glauben, der immer schon Berge zu versetzen vermochte.

Die Jungfrau von Orleans ist ja keineswegs eine *dea ex machina*, die wundertätig in das irdische Geschehen eingreift wie so oft die Götter Homers. Sie ist die Verkörperung der kühnen Phantasie, des leidenschaftlichen Glaubens und des enthusiastischen Einfallsreichtums. Daß ihr Schicksal dem des Kopernikus, des Kolumbus und des Galilei ähnelt, kann nicht verwundern. Revolutionäres Denken haben die Zeitgenossen niemals geschätzt.

Die wesenhaft neuen Denkansätze stehen ja fast ausnahmslos in schroffem Gegensatz zur »Schulmeinung«, zur »herrschenden Lehre« und werden daher von den maßgebenden Autoritäten, den Vertretern von Schulmeinung und herrschender Lehre, teils aus voller wissenschaftlicher Überzeugung, teils aus Verständnislosigkeit, aus Trotz oder aus weltanschaulichen Gründen abgelehnt. (Vereinzelt ist auch das Phänomen zu beobachten, daß eine sonst allgemein anerkannte Lehre aus ideologischen Gründen abgelehnt wird: Trofim Lysenko verfocht hartnäckig einen Neo-Lamarckismus gegen die überwältigenden Beweise der Naturwissenschaft, daß erworbene Merkmale nicht vererbbar sind – er sah durch diese Ansicht die marxistische Lehre gefährdet.)

Immer wieder ergibt sich jedenfalls bei der Zukunftsschau die Notwendigkeit, Fachleute nach ihrer Meinung zu befragen. Aber die Fachleute sind zumeist ihren erlernten und selbst erarbeiteten Vorstellungen so sehr verhaftet, daß sie für grundsätzlich Andersartiges kein Verständnis aufbringen, ja zuweilen sogar die Tragweite ihrer eigenen Entdeckungen nicht abzusehen vermögen. Die Geschichte der Wissenschaft und der Technik ist voll von falschen Einschätzungen neuer Gedankensysteme und neuer Entdekkungen.

Nikolaus Kopernikus, der das heliozentrische Weltsystem entdeckte, demzufolge sich nicht die Sonne um die Erde, sondern Erde und Planeten um die Sonne drehen, starb zwar als angesehener Gelehrter, aber wohl nur, weil sein bahnbrechendes Werk erst im Jahre seines Todes erschien. Anderthalb Jahrhunderte lang stand es dann auf dem Index der verbotenen Schriften, und die elementare Selbstverständlichkeit von heute galt als gemeingefährliche Unterminierung des wahren Glaubens.

Übler erging es Galileo Galilei, der zeitlebens von den Schulgelehrten angefeindet wurde (angefangen bei seinen Beobachtungen über die Schwerkraft, angestellt am Schiefen Turm von Pisa, bis zu seinem Eintreten für die kopernikanische Lehre) und im Alter von siebzig Jahren noch ein Gerichtsverfahren der Inquisition über sich ergehen lassen mußte, vielleicht sogar gefoltert wurde. Nach seinem Tode durften ihm seine Freunde nicht einmal ein Denkmal errichten.

Der Seeweg nach Indien in westlicher Richtung wurde von den sachkundigen Beratern des Königs von Portugal als Hirngespinst bezeichnet, desgleichen gaben die Gelehrten der Hohen Schule von Salamanca ein negatives Gutachten ab. Als Kolumbus dann doch Land im Westen entdeckte, wurde diese Fehlmeinung durch einen neuen, allgemein akzeptierten Irrtum korrigiert: Man nahm an, Kolumbus habe tatsächlich Indien erreicht – Namen wie »Westindien«, »Indios«, »Indianer« zeigen das ja heute noch. Auch Kolumbus starb in dem festen Glauben – vierzehn Jahre nach der Entdeckung Amerikas –, einen neuen Seeweg nach Indien gefunden zu haben.

William Harveys Lehre vom Blutkreislauf im menschlichen Körper wurde von zahlreichen Fachleuten erbittert bekämpft und setzte sich nur zögernd durch. Als Lavoisier die Entdeckung machte, daß die Luft aus zwei Gasen – Sauerstoff und Stickstoff – bestehe und daher kein Element sei, gab es einen Sturm der Entrüstung. Ein angesehener Vertreter des wissenschaftlichen Establishments, der Chemiker Baumé, nannte die Entdeckung »absurdes Geschwätz« – man würde allen bisherigen Forschungsresultaten die Basis entziehen, wollte man Feuer, Wasser, Luft und Erde nicht mehr als Elemente gelten lassen.

Lord Rutherford, selbst einer der bedeutendsten Forscher auf dem Gebiet der Atomtheorie, spottete immer wieder über die »Sensationsmacher«, die vorhersagten, man werde eines Tages die Kernenergie freisetzen und nutzen können. Rutherford starb 1937, und schon fünf Jahre später nahm Enrico Fermi in Chicago den ersten Versuchsreaktor in Betrieb, warnte aber seinerseits davor, sich über den praktischen Nutzen der Atomenergie Illusionen hinzugeben.

Lee De Forest, der 1906 mit der Erfindung der Triodenröhre den Grundstein zur Radiotechnik legte und einer der bedeutendsten Wissenschaftler auf diesem Gebiet war, erklärte 1926 kategorisch: »Theoretisch und technisch mag das Fernsehen denkbar sein, aber kommerziell und finanziell sehe ich es als Unmöglichkeit an – es ist müßige Zeitverschwendung, davon zu träumen.«

Die Schiffsschraube, die der Österreicher Joseph Ressel schon 1829 erprobt hatte (weitere Experimente wurden wegen vermeintlicher Gefährlichkeit von der Polizei verboten), wurde noch 1837 von Sir William Symonds, einem Experten der britischen Kriegsmarine, als wertlos abgetan: »Selbst wenn die Schiffsschraube tatsächlich als Antrieb dienen könnte, so wäre sie doch in der Praxis völlig nutzlos, da durch den Krafteinsatz im Heck das Schiff unmöglich mehr zu steuern wäre.« Zwei Jahre später setzte sich mit der »Archimedes« von Sir Francis Pettit Smith (1808–1874) der Schraubenantrieb allgemein durch.

Albert Sabin, der Entdecker der oralen Polio-Schutzimpfung und einer der bedeutendsten Virusforscher der Welt, wandte sich leidenschaftlich gegen ein neuartiges Influenzamittel, das er als wirkungslos und wegen möglicher Nebenwirkungen sogar als gefährlich bezeichnete. Entgegen dem Fachurteil dieser Autorität erwies sich jedoch im Laufe von zehn Jahren, daß die Substanz durchaus wirksam und frei von schädlichen Nebenwirkungen ist.

Als es im Jahre 1840 in England um die Einführung von Briefmarken ging, erklärte der damalige britische Generalpostmeister, der Count of Lichfield: »Von all den irrsinnigen und phantastischen Plänen, von denen ich je gehört oder gelesen habe, ist dies zweifellos der aberwitzigste.«

Ein ebenfalls phantasieloser Landsmann Lichfields, Dionysius Lardner, erklärte etwa zum gleichen Zeitpunkt kategorisch vor einem Gremium von Experten: »Die Vorstellung, mit Dampfschiffen über den stürmischen Nordatlantik zu fahren, ist ebenso ein Hirngespinst wie die Reise zum Mond.« Schon zwei Jahre später gab es regelmäßigen Dampferverkehr zwischen Großbritannien und Amerika.

Das Fliegen galt seit eh und je in Kreisen der Wissenschaft als unmöglich, bis sich der erste Heißluftballon in die Luft erhob (Gusmao 1709, voll erfolgreich erst Montgolfier 1783) – nur ein Außenseiter, der Jesuit Francesco Lana, hatte schon lange vorher die technische Möglichkeit des Aufsteigens einer leergepumpten Hohlkugel skizziert.

Aber selbst als die Ballonflüge bereits zur Jahrmarktsbelustigung geworden waren, gab es unter den Fachleuten praktisch keinen Zweifel, daß jedenfalls das Fliegen mit Geräten, die schwerer als die Luft waren, unmöglich sei. Sogar ein so angesehener Physiker wie Lord Kelvin, nach dem die beim absoluten Nullpunkt beginnende Temperaturskala benannt ist, erklärte noch wenige Jahre vor dem ersten Flug der Brüder Wright voll Überzeugung: »Ich habe nicht das winzigste Molekül Zuversicht, daß es eine andere Luftschiffahrt als die in Ballonen geben wird.« Als dann der erste Flug stattgefunden hatte, erklärte der Astronom Simon Newcomb, der die Möglichkeit eines solchen Fluges zuvor noch völlig geleugnet hatte, es sei jedenfalls völlig undenkbar, daß ein Flugzeug außer dem Gewicht des Piloten auch noch einen Passagier tragen könne. Und Jahre später hieß es immerhin noch, es sei undenkbar, daß Flugzeuge die Geschwindigkeit von Lokomotiven oder Automobilen erreichen könnten.

Selbst die Verfasser von Zukunftsromanen blieben mit ihren Voraussagen weit hinter der Realität zurück: Im »Reich der Homunuliden« etwa, das im Jahr 3907 spielt und von Rudolf Hawel im Jahre 1907 geschrieben wurde, gibt es zwar schon Flugzeuge mit einer Druckausgleichskabine, aber die Geschwindigkeit reicht nicht über einige hundert Stundenkilometer hinaus. Was nun gar den Raumflug betrifft, so ist hier zwar die Phantasie der Schriftsteller den Prognosen der Experten überlegen gewesen, denn Jules Vernes »Reise zum Mond« enthält immerhin eine Reihe verblüffend genauer Details, vergleicht man sie mit dem ersten Mondflug des Jahres 1969; aber Jules Verne irrt beim Wesentlichen, nämlich bei der Antriebsart. Wenn der Roman dennoch »richtiger« war als die Aussagen der Fachleute, dann liegt das an den falschen Prognosen der Experten. Was da so alles dahinprognostiziert wurde – stets mit dem Tenor der völligen Unmöglichkeit eines Mondflugs –, das ist u. a. in Arthur Clarkes »Im höchsten Grade phantastisch« nachzulesen.

Bemerkenswert aber auch, wie sehr die einzelnen Prognosen voneinander abweichen. Ich habe in meinem Archiv einige alte Zeitungsausschnitte gefunden. Da gab es allein von 1949 bis 1957 u. a. folgende Prognosen, durchwegs von anerkannten Fachleuten: Im Jahr 1949 schrieb Kenneth Gatland, ein prominentes Mitglied der britischen Interplanetarischen Gesellschaft, die Behauptung einer kanadischen Forschergruppe, bis 1960 könnte eine Rakete für den bemannten Flug zum Mond und zurück gebaut werden, sei »doch wohl ein bißchen zu optimistisch«, und dieses Projekt könne wohl erst im letzten Viertel des Jahrhunderts realisiert werden.

Im darauffolgenden Jahr, 1950, prognostizierte Willi Ley recht genau, daß die erste bemannte Mondexpedition in »fünfzehn bis zwanzig Jahren« stattfinden würde, und dieser Ansicht war auch Professor Teofilo Tabanera aus Buenos Aires. Die Mehrzahl der Experten, die sich in Paris zum 1. Internationalen Interplanetarischen Kongreß versammelt hatten, war jedoch der Meinung, man könne einen solchen Flug erst in dreißig bis fünfzig Jahren erwarten.

Auch im folgenden Jahr sahen es Wissenschaftler aus acht Nationen als Ziel an, bis zum Jahre 1999 einen bemannten Mondflug durchführen zu können. Der Start eines Erdsatelliten sollte hingegen schon im Jahre 1970 möglich sein.

Tatsächlich wurde der erste – zur allgemeinen Überraschung sowjetische – Erdsatellit schon im Oktober 1957 auf seine Bahn gebracht. Und nun schlugen die Prognosen rasch in geradezu hysterische Euphorie um: Der Mond war nur noch um die nächste Ecke, Mars und Venus in Reichweite. Der amerikanische Astronom und Raumflug-Experte I. M. Levitt prognostizierte im Jahre 1960, schon Ende 1962 könnte es eine »bemannte Erkundung« des Mondes geben (Umkreisung in der Dauer von mindestens vier Wochen). Danach würde 1963 die erste Raumstation für Dauerverwendung zur Verfügung stehen, 1964 könnten die ersten Ionen-Raketen in Betrieb gehen, und 1966 sei die erste Mondlandung zu erwarten.

Das Datum kommt der Wirklichkeit einigermaßen nahe: Die erste Landung erfolgte 1969. Alles übrige aber ist ebenso unrichtig wie hundert Jahre vorher bei Jules Verne. Der Mondflug wird, so Levitt, nicht direkt von der Erde aus angetreten werden, sondern die Einzelteile der Mondrakete werden in eine Umlaufbahn geschossen und erst in einer großen Raumstation zusammengesetzt. Schon 1967 wird die Errichtung einer permanenten Basis auf dem Mond in Angriff genommen, gefolgt von regelmäßigen Versorgungsflügen im Jahr 1968. Für 1969 ist die erste bemannte Landung auf dem Mars und allenfalls auch auf der Venus vorgesehen. Kurzum, »was mich anbelangt, so sehe ich vor meinem geistigen Auge auf dem Mond innerhalb der nächsten zwanzig bis dreißig Jahre eine blühende Zivilisation«. Unterdes sind fast zwanzig Jahre vergangen, und die blühende Zivilisation besteht immer noch lediglich aus dem, was ein halbes Dutzend Astronauten vor ein paar Jahren auf dem Mond zurückgelassen hat.

Aber es ist gar nicht so sehr dieser irrige Über-Optimismus, auf den aufmerksam zu machen ist. Weit interessanter ist die Tatsache, daß eben dieser Fachmann drei Jahre früher (1957) noch einen völlig anderen Zeitplan publizierte: 1968 Start einer ersten bemannten Versuchsrakete über die Erdatmosphäre hinaus, 1978 Beginn des Baues einer riesigen Orbitalstation (Fertigstellung um 1980), danach eine schöpferische Pause der Wissenschaft für rund zwanzig Jahre – »und dann ist der Mensch bereit zur Reise nach dem Mond – also etwa im Jahre 2000.«

Für sich allein betrachtet mag man auch diese Prognose achselzuckend als falsch abtun wie so viele andere. Was jedoch bedenklich stimmt, ist der jähe Sinneswandel eines Experten, der im Jahre 1957 den Mondflug für das Jahr 2000 vorhersieht, und nur drei Jahre danach mit aller Unbekümmertheit – und ohne seine früheren Prognosen auch nur zu erwähnen – schon im Jahre 1980 eine blühende Zivilisation auf dem Mond prognostiziert. Das ist es nämlich, was so viele Experten verdächtig macht: nicht ihre Fehlprognosen an sich, sondern ihr hektisches Hinter-den-Tatsachen-Herhetzen, ihre Meinungskorrekturen am laufenden Band, mit der atemlosen Begründung, den neuesten Stand der Wissenschaft berücksichtigen zu müssen.

Aber nicht nur überemsige publicitysüchtige Vielschreiber leisten sich falsche Prognosen: auch absolut integre und bestinformierte Wissenschaftler sind vor Fehlprognosen nicht gefeit – oder vermischen in ihren Prognosen Richtiges und Falsches in geradezu grotesker Weise. J. B. S. Haldane, ein hochintelligenter und auch phantasievoller Wissenschaftler, behauptete 1925, um die Kräfte des Atomkerns freizusetzen, würde man Apparate von der Winzigkeit eines Atoms brauchen. Er sagte voraus, im Jahre 1968 würden allein in Frankreich 60000 Retortenbabys (»ektogenetisch gezeugte Kinder«) leben. Haldane prognostizierte aber auch sehr richtig, daß sich der Preis für elektrischen Strom im nächsten halben Jahrhundert gegenüber dem Strompreis des Jahres 1920 auf einen Bruchteil verbilligen würde, und er stellte das fest, was heute als fortschrittlichste Methode der Energiespeicherung zur Diskussion steht: »Flüssiger Wasserstoff ist, alles in allem, die leistungsfähigste unter den bekannten Methoden von Energiespeicherung.« Dieses Nebeneinander von grob falschen und erstaunlich richtigen Vorhersagen ist aber nicht nur für Haldane charakteristisch, wir finden es ebenso bei H. G. Wells und überhaupt bei allen Autoren, die eine Vielzahl von Prognosen abgegeben haben: Einige bleiben weit hinter der Realität zurück oder sind ganz einfach völlig falsch, andere sind zu kühn und gehören noch heute ins Reich der Phantasie – und einige schließlich treffen ziemlich genau das Richtige. Die Moral daraus: Eine richtige Prognose macht noch keinen verläßlichen Propheten, und auch ein sehr kluger Zukunftsdenker kann zuweilen völlig in die Irre gehen.

Und mancher kluge Kopf, der weitsichtiger ist als die Mehrzahl seiner Zeitgenossen und Berufskollegen, kann im Besitze der Wahrheit, im Irrenhaus landen. So ist es etwa dem Entdecker der Ursache des Kindbettfiebers, Ignaz Philipp Semmelweis ergangen. Zweifellos haben das Unverständnis, die Feindschaft und die Intrigen seiner »Kollegen« zum Ausbruch seiner Psychose beigetragen. Ein ähnliches Schicksal erlitt Julius Robert von Mayer, der jene Gesetze von der Erhaltung der Energie fand, die die Basis der gesamten modernen Physik bilden, aber u. a. von Kapazitäten wie Helmholtz und Joule abgelehnt wurden; Mayer unternahm einen Selbstmordversuch und verbrachte mehr als zwei Jahre in einer Nervenheilanstalt.
Die Liste der von den fachkundigen Zeitgenossen falsch eingeschätzten und falsch beurteilten Entdeckungen, Erfindungen und Einsichten ließe sich fast endlos fortführen. Zweierlei ist daraus abzulesen: erstens das bei allem Sachverstand doch beängstigende Unvermögen, eine Trendumkehr oder Neuerung richtig zu beurteilen, und zweitens die erstaunliche Häufigkeit der Nichtfachleute unter den Erfindern, Entdeckern und richtigen Propheten. Der Chirurg Carl Ludwig Schleich, selbst Erfinder einer Lokalanästhesie, die zunächst von der Kollegenschaft entrüstet abgelehnt wurde, sich aber dann überzeugend durchsetzte, schrieb in seinen Lebenserinnerungen: »Alle großen medizinischen Entdeckungen werden außerhalb der Hochburg der Großsiegelbewahrer der Wissenschaft gemacht.« Und das gilt nicht nur für die Medizin, sondern ebenso für fast alle Zweige der wissenschaftlichen Forschung.
Mit Recht schrieb René Dubos: »Zahllose technische Errungenschaften kamen unabhängig von der theoretischen Wissenschaft zustande und haben dennoch weitreichende Folgen für das menschliche Leben und die Wissenschaft selbst gehabt. Sie reichen von den sumerischen Tontafeln bis zu Gutenbergs Druckerpresse, vom Wasserrad bis zu Watts Dampfmaschine, von der Alkoholdestillation bis zur Verwendung bestimmter Hülsenfrüchte als Gründünger.« Und der Physiker Maxwell gestand in einer Vorlesung halb ironisch, halb selbstkritisch ein: »Dieser Graham Bell, der

Erfinder des Telephons, ist nicht ein Elektriker, der herausgefunden hat, wie man ein Blechplättchen zum Sprechen bringen kann, sondern ein Sprecher, der wegen seiner Schwerhörigkeit zum Elektriker geworden ist.«

Unerwartetes wird wirklich, Erwartetes läßt auf sich warten – diese Konstellation ergibt sich bei fast jedem Versuch der Zukunftsschau. Ein winziges Detail: Der britische Nobelpreisträger Sir George Thompson schrieb im Jahre 1955 ein Buch *»The Foreseeable Future«* (deutsch: »Ein Physiker blickt in die Zukunft«) und erwähnte im Abschnitt über die künftige Entwicklung der Medizin nicht einmal andeutungsweise die Möglichkeit der Organtransplantation, obwohl bereits einige Jahre zuvor die ersten Nierentransplantationen vorgenommen worden waren und Anfang der sechziger Jahre schon in vielen Kliniken durchgeführt wurden. Nach den ersten Herztransplantationen schlug dann das prognostische Pendel in die andere Richtung aus: Mensch-Maschinen-Kombinationen vom Typ »Cyborg« wurden nicht mehr als *Science fiction*, sondern als Realität von morgen oder spätestens übermorgen vorgestellt.

Ein wissenschaftlicher Durchbruch reißt ja zuweilen selbst die konservativsten und skeptischsten Experten mit: Das beste Beispiel dafür waren die Raumflugprognosen nach den ersten erfolgreichen Satellitenstarts. Olaf Helmers Experten-Panel war (1963) u. a. überzeugt, daß es spätestens im Jahre 1975 eine mit zehn Mann besetzte Raumstation geben werde und daß zum gleichen Zeitpunkt zwei Mann einen Monat auf dem Mond verbringen würden; bemannte Raumflüge zu Mars und Venus sollten noch vor dem Jahr 1980 stattfinden.

Weiß man nun schon bei den Experten nicht, wann sie irren und wann sie das Richtige vorhersagen, so ist die Entscheidung bei Laienprognosen noch schwieriger. Denn leider – oder Gott sei Dank – ist es ja nicht einfach so, daß man grundsätzlich die Prognosen des wissenschaftlichen Establishments beiseite legen und sich den Außenseitern anvertrauen könnte. Außenseiter haben wohl zuweilen das bessere »Gespür« für die künftigen Entwicklungen, aber eben doch nur zuweilen. Sie sind zwar nicht betriebs-

blind, aber oft auch nicht genügend sachkundig. Nicht jeder, der die Schulmeinung brüsk ablehnt, ist deshalb bereits ein Galilei.
Es ist andererseits aber auch nicht so, wie Arthur C. Clarke behauptet: »Stellt ein hervorragender, aber schon alternder (über vierzigjähriger) Gelehrter fest, daß etwas möglich ist, dann hat er fast sicher recht. Stellt er fest, daß etwas unmöglich ist, dann hat er sich sehr wahrscheinlich geirrt.« Das ist ein hübsches Bonmot und verkündet das Credo des schnellen und ewigen Fortschritts, aber es ist keine Wahrheit. So manches, das durchaus von Experten für möglich gehalten wurde und wird, ist bis auf den heutigen Tag nicht verwirklicht worden, obwohl es dringend benötigt wird – so zum Beispiel eine Speichervorrichtung für elektrischen Strom, die bequemer zu handhaben und leistungsfähiger und billiger ist als die herkömmlichen Batterien. Ebenso läßt die von Max Pleßner 1892 angekündigte Diktierschreibmaschine noch immer auf sich warten.
Und vollends ist nicht wahr, was zuweilen Technokraten mit frommem Augenaufschlag verkünden: daß nämlich Entdeckungen geradezu zwangsläufig gemacht werden, wenn man sie dringend benötigt. Dennoch behauptete ein ernstzunehmender Autor: »Es ist nicht daran zu zweifeln, daß unter dem stetig steigenden Druck des Energienotstandes auch die Probleme der Abfallbeseitigung von Atommüll gemeistert werden.« Das ist der pervertierte Glaube an den Sachzwang und der auf den Kopf gestellte Malthusianismus: Weil es Probleme gibt, muß es auch eine Problemlösung geben. Die siegreich fortschreitende Technik wird zum Naturgesetz hochstilisiert.
Und da erhebt sich nun die Frage, ob es allgemein gültige ewige Naturgesetze überhaupt gibt, und wenn ja, in welchen Bereichen. Dies kann nicht mit wenigen Worten beantwortet werden, doch läßt sich aus der Geschichte der Wissenschaft wenigstens eine Teilantwort herauslesen: 1900 erkannte man, daß die Fundamente des Weltbilds von 1800 brüchig und fehlerhaft waren, 1950 wußte man, wie wenig man anno 1900 gewußt hatte. Sicher ist, daß unser heutiger Wissensstand in spätestens zwanzig Jahren von den Experten herablassend belächelt werden wird und daß es die-

sen Experten fünfzehn Jahre später nicht viel anders ergehen wird – vorausgesetzt freilich, der derzeitige Trend der Wissensvermehrung hält an –, und hier kommen selbst den Experten die ersten Zweifel.
Denn wenn man auch annimmt, daß die Zahl der wissenschaftlichen Publikationen sich weiterhin ständig vermehren wird, so sieht man auch eine drastische Zunahme der Mehrfachforschung voraus: Gerade weil – trotz Computerbibliotheken – die Fachliteratur immer stärker ausufert und immer unübersichtlicher wird, geschieht es auch, daß ein und dieselbe Entdeckung mehrmals gemacht wird – mit mehrfachen Kosten natürlich. Allein in den USA werden schon heute alljährlich rund drei Milliarden Dollar für derartige Mehrfachforschung vergeudet.
Man kann also wohl mit Sicherheit damit rechnen, daß einige heute nahezu unumstrittene Lehren der Wissenschaft sich über kurz oder lang als falsch oder doch nur teilweise richtig erweisen und daß vermeintliche Unmöglichkeiten realisiert werden. Dazu wird zwar nicht gerade das Perpetuum mobile gehören, aber verbesserte Formen der Energieumwandlung könnten immerhin Maschinen entstehen lassen, die in der Praxis einem Perpetuum mobile sehr nahe kommen. (Im übrigen gibt es seit Jahren schon billiges Spielzeug, das noch dem vorigen Jahrhundert als Perpetuum mobile erschienen wäre – etwa jene kleinen Windrädchen, die sich im Photonenstrahl einer Lichtquelle bewegen.)
Die Ausschaltung der Schwerkraft erschien sogar manchen Wissenschaftlern, die sonst eher zu großer Skepsis neigten, als durchaus denkbar: Simon Newcomb etwa erklärte um die Jahrhundertwende, ein Flug mit Geräten, die schwerer als die Luft seien, sei prinzipiell unmöglich, aber es könnte immerhin sein, daß eines Tages Methoden zur Neutralisierung der Schwerkraft gefunden würden. Nach dem gleichen Verfahren ließ übrigens H. G. Wells seine beiden ersten Raumreisenden zum Mond fliegen: Einer von ihnen, Cavor, hat eine Substanz erfunden, das »Cavorit«, das der Schwerkraft nicht unterworfen ist.
Arthur C. Clarke, der recht genau die technische Entwicklung der Kommunikationssatelliten vorausgesagt hat, stellte einmal eine Li-

ste von bahnbrechenden Entdeckungen und Erfindungen zusammen, die von den Experten noch kurz zuvor kaum vorausgeahnt wurden. Auf dieser Liste finden sich u. a. die Röntgenstrahlen und das Fernsehen, die Photographie und die Quantenmechanik, die Schallaufzeichnung und die Transistoren.

Fast noch bemerkenswerter aber ist eine Parallel-Liste, die Clarke danebenstellte und die uralte Wunschträume enthält. Einige davon wurden schließlich verwirklicht, andere werden es vielleicht eines Tages noch und einige schließlich werden wohl niemals realisiert werden können – »aber was hier möglich ist, was nicht – das läßt sich nicht entscheiden«.

In dieser Liste findet man zum Beispiel den Kraftwagen und das Unterseeboot, Flugmaschinen und Fernsprecher, Todesstrahlen und Telekinese, Metallumwandlung, Telepathie und Unsterblichkeit. Und wer bei dem letzten Wort verächtlich die Achseln zuckt und von *Science fiction* spricht, der sei daran erinnert, daß erst kürzlich Joel Kurtzman und Phillip Gordon in dem Buch *»No More Dying«* allen Ernstes bereits für das Jahr 2025 die Erreichung eines mittleren Lebensalters von achthundert Jahren als durchaus möglich, ja sogar sehr wahrscheinlich hinstellen und sich dabei zum Teil auf ernstzunehmende wissenschaftliche Forschungen über den Alterungsprozeß berufen.

Damit wird bereits eine Problematik berührt, die für alle Prognostik von entscheidender Bedeutung ist: Kann, soll, wird alles Machbare gemacht werden? Kann, soll, wird nur das Wünschbare gemacht werden? Und wenn: Wer entscheidet über die Wünschbarkeit einer technisch möglichen Entwicklung? Überdies: Wer schätzt die möglichen Nebenwirkungen einer Neuerung ein und warnt vor ihren Gefahren? (In moderner Sprache: Wer betreibt das *technology assessment*?)

Drei Gruppen von Entscheidungsträgern sind denkbar: die Fachleute, die Staatsmänner und die Gesamtbevölkerung, wobei aber letztlich auch diese beiden in ihrer Meinungsbildung von den Fachleuten abhängen – und die Fachleute ihrerseits untereinander fast nie einer Meinung sind. Es ist ja keines der brennenden Umweltprobleme unserer Tage spontan in Laienkreisen erkannt worden, sondern es waren immer wieder unorthodoxe Fachleute, die als erste die möglichen Nachteile einer Neuerung vor Augen stellten – das gilt für die Gefahren der Kernkraftwerke ebenso, wie für die Gefahr der Vernichtung ökologischer Systeme durch Insektizide, Pflanzengifte oder auch Monsterbauten aller Art. Es gilt aber auch für so manches Fehlurteil, mit dem sich Experten im Laufe der Jahrhunderte lächerlich gemacht haben – und es war nicht immer nur die Schulmeinung, die fehlte, sondern auch so mancher phantasievolle Bilderstürmer war im Irrtum – Sergej Woronoff (Verjüngung mit Affenhoden) und Hanns Hörbiger (Welteislehre) sind nur zwei von vielen.

Es kommt aber auch gar nicht so selten vor, daß technische Errungenschaften in der Praxis nicht oder zuwenig genützt werden, wobei es meist politische Entscheidungen über das vermutlich Praktische und Zumutbare sind, die dem Siegeszug einer nützlichen Einsicht im Wege stehen. Roberto Vacca, ein Systemtechniker, der den Untergang der modernen Zivilisation durch Fehlentscheidungen innerhalb von unübersichtlich und unregierbar gewordenen Systemkomplexen voraussagt, nennt dafür ein simples Beispiel: Der Schaden, den in zweiter Spur haltende oder gar parkende Fahrzeuge dadurch anrichten, daß sie einen verkehrshemmenden Flaschenhals erzeugen, beträgt ein Vielfaches dessen, was das Strafmandat kostet – denn eine Strafe von tausend und mehr Mark erscheint »politisch unvertretbar«.

Wenn es »unmöglich« ist, in Krankenhäusern die Patienten bis sieben Uhr schlafen zu lassen oder hochwertige Untersuchungsgeräte auch am Nachmittag zu verwenden, und wenn die Stillegung unrentabler Bahnstrecken, die Abschaffung skurriler Subventionen oder absurder Privilegien am energischen Widerstand der betroffenen Minderheit scheitern, dann läßt sich daraus deutlich ersehen, daß – ungeachtet der jeweiligen Nützlichkeit oder Sinnhaftigkeit einer Änderung – die bloße Machbarkeit wenig bis gar nichts über die Realisierung aussagt. Technische Prognosen, die nicht von politischen oder soziologischen Vorhersagen begleitet sind, stehen im luftleeren Raum.

Die politischen und soziologischen Prognosen ihrerseits sind aller-

dings sehr wesentlich vom künftigen technischen Wissen abhängig. Der Eintritt der Frau ins Berufsleben wurde durch die Schreibmaschine in die Wege geleitet, durch Staubsauger, Kühlschrank und Waschmaschine erleichtert, durch die Vollmotorisierung (die den Pkw zur lebensnotwendigen, aber letzten Endes doch kostspieligen Anschaffung machte) geradezu erzwungen.
Die Meinungsbildung verläuft in einer Gesellschaft, in der in- und ausländische Rundfunk- und Fernsehsendungen empfangen werden können anders als in einer, die auf das offiziell verbreitete gedruckte Wort angewiesen ist. Die Datenverarbeitungsanlagen entwerten eine ganze Reihe von bislang hochgeschätzten Fähigkeiten – die von den Computern eingeleitete »kopernikanische Wende« ist weit tiefgreifender als jene historische im 16. Jahrhundert. Für meine Selbstachtung ist es nämlich ziemlich belanglos, ob sich die Erde um die Sonne dreht oder umgekehrt, dagegen trifft es das Selbstwertgefühl empfindlich, wenn meine Leistungen in Kopfrechnen, logischem Denken, Fremdsprachenbeherrschung oder Schachspiel – zumindest was das Tempo anbelangt – von einer Maschine jederzeit übertroffen werden können oder nicht.
Allerdings ist gerade die Entwicklung der Computer gekennzeichnet durch ein wild schwankendes Auf und Ab der Prognosen. Auf der einen Seite gipfelten die Voraussagen in euphorischen Verheißungen eines Goldenen Zeitalters, in dem selbstgesteuerte Produktionsmaschinen einer im *dolce far niente* dahinlebenden glückseligen Menschheit ein Füllhorn aller nur wünschbaren Güter anbieten, während auf der anderen Seite – vorgeahnt schon vor hundert Jahren in Samuel Butlers »Erewhon« – die Roboterangst im Alptraum einer dehumanisierten Maschinenwelt gipfelte, in der die Menschen austauschbare und individuell völlig belanglose Rädchen sind.
Aber nicht nur die soziologischen Auswirkungen waren und sind umstritten, sondern auch über die technischen Möglichkeiten bestand niemals Übereinstimmung unter den Fachleuten*). Nur ein

*) »Die Geschichte der Datenverarbeitung strotzt von dramatischen, überoptimistischen Vorhersagen« stellte schon vor fast zwanzig Jahren eine britische Studie fest.

einziges Beispiel sei – schlagwortartig – herausgegriffen: die bisherige Geschichte der »künstlichen Intelligenz«.
Im Jahre 1957, als eine Reihe wichtiger Erfolge auf dem Gebiet der elektronischen Datenverarbeitung erzielt worden war, machte H. A. Simon, einer der damals bedeutendsten Computerfachleute, die Voraussage, daß binnen zehn Jahren erstens ein Schachcomputer die Weltmeisterschaft erringen, zweitens ein Computer einen neuen und bedeutsamen mathematischen Lehrsatz entwickeln, drittens ein Computer Kompositionen von beachtlichem ästhetischem Wert schreiben werde. Keine dieser drei Voraussagen ist bis 1967 eingetroffen, keine ist aber auch bis 1979 eingetroffen, wenn man auch allenfalls über den ästhetischen Wert mancher Computerkompositionen (und über den schöpferischen Anteil der sie programmierenden Komponisten) streiten mag.
Zu erwähnen ist noch die Verwendung des Computers auf dem Gebiet der Sprachübersetzung und der medizinischen Diagnose. Auch hier standen enthusiastischen Prognosen nach den ersten Erfolgen eher ernüchternde weitere Entwicklungen gegenüber. Der Sprachcomputer wurde 1949 von dem bedeutenden amerikanischen Mathematiker und Statistiker Warren Weaver in der Schrift *»Translation«* erstmals skizziert. Drei Jahre danach gab es bereits ein großes wissenschaftliches Symposion, an dem zahlreiche Experten teilnahmen, 1955 erschien ein großes Werk über mechanische Sprachübersetzung – und heute, nahezu ein Vierteljahrhundert später, wissen wir, daß die Dolmetscher noch nicht um ihre Posten bangen müssen: Die Sprachcomputer sind nicht viel mehr geworden als Superwörterbücher.
Mit der Computerdiagnostik verhält es sich nicht viel anders. Man kann ein Datenverarbeitungssystem schaffen, das eine Unzahl medizinischer Daten speichert und verknüpft und, bei Angabe der Symptome, auch Listen von differentialdiagnostischen Möglichkeiten sowie Vorschläge für weitere Untersuchungen liefert, die der Diagnosestellung dienen. Aber die großen Erwartungen sind unerfüllt geblieben – wozu allerdings auch die hohen Kosten des Systems beigetragen haben. Nicht zu übersehen ist ferner ein gewisser Widerstand der Ärzteschaft, die sich zunächst in ähnlicher

Weise bedroht fühlte wie einst die Weber durch den mechanischen Webstuhl. Unterdes hat man allerdings erkannt, daß man mit dem Computer sehr gut leben kann und er für die Ärzte bis auf weiteres nicht allzu gefährlich ist.

Was schließlich die legendäre *machine à gouverner*, die »Regierungsmaschine« betrifft, so wurde dieser Gedanke anscheinend erstmals von dem Mathematiker und Physiker André Marie Ampère oder aber vom Marquis de Condorcet zu Ende des 18. Jahrhunderts zur Diskussion gestellt. Zwei gegenläufige Gedankenreihen gingen hierbei ineinander über: erstens den König und seine Funktionen als mechanisch nachahmbar und daher simpel darzustellen, zweitens aber die Regierungsarbeit als mathematisch optimierbar zu zeigen. Diese zweite Idee hat seit der Schaffung der Computer zweifellos eine gewisse Bedeutung gewonnen – teils, weil immer mehr unübersichtliche Zusammenhänge tatsächlich am besten durch ein geeignetes Computerprogramm aufgezeigt werden können, teils, weil sich der Computer so hervorragend als Sündenbock eignet. Der Mensch hat ja immer versucht, die persönliche Verantwortung für eine gefährliche oder unheilvolle Entscheidung abzuwälzen – »auf den Zufall, auf Vorgesetzte und deren Vorschriften, die man nicht anzweifeln darf, oder auf ein mechanisches Gerät, das man zwar nicht ganz versteht, das jedoch vermutlich eine Objektivität besitzt.«

Diese warnenden Worte Norbert Wieners, des »Erfinders« der Kybernetik, bewahrheiten sich immer mehr: von den praktisch nicht anzufechtenden computererstellten Telephonrechnungen über den Spießrutenlauf, der nötig ist, um eine Computerfehlbuchung richtigstellen zu lassen, ist es nicht mehr weit bis zur Unmöglichkeit, die eigene Identität glaubhaft zu machen, wenn die Datenlage im Computer etwas anderes aussagt. Es ist gar nicht so unvorstellbar, daß im Laufe der nächsten Jahrzehnte Parallelwelten entstehen werden. Neben der realen eine fiktive, aber offizielle – die der computergespeicherten Aktenlage.

Es ist heute weniger absehbar als noch vor dreißig Jahren, ob die konsequente Weiterentwicklung und -verbreitung der EDV-Anlagen der Menschheit eher zum Nutzen oder zum Schaden gereichen wird. Im übrigen kommt es für die Zukunftsschau gar nicht so sehr darauf an, was in Wirklichkeit nützlich oder schädlich *ist*, sondern darauf, was für nützlich oder schädlich, für gut oder schlecht, für erstrebenswert oder verabscheuungswürdig *gehalten* wird. Ebenso ist es ja auf der Börse, wo nicht so sehr der wahre »innere Wert« eines Papiers den Kurs bestimmt, sondern das, was die Teilnehmer am Börsengeschäft davon halten.

Wenn also, um ein Beispiel zu nennen, der Bau von Kernkraftwerken von einem großen Teil der Bevölkerung leidenschaftlich abgelehnt wird, dann ist das prognostisch von größter Bedeutung – ganz unabhängig davon, ob diese Meinung nun vernünftig oder unvernünftig ist. Denn sie bedeutet zumindest vermehrte Schwierigkeiten und Verzögerungen beim Reaktorbau, und diese Verzögerungen müssen in die Prognosen eingehen und können nicht einfach durch frischfröhliche Extrapolation von Konsumsteigerungsraten oder durch die technischen und finanziellen Möglichkeiten des Kraftwerkbaus ersetzt werden.

Das Machbare wird aber nicht erst heutzutage durch Entscheidungsinstanzen verschiedener Bedeutung eingeengt. Es wurde zu allen Zeiten – und oft weit mehr denn jetzt – durch Gesetze, Regeln, Sitten, Gebräuche, Tabus und andere Normen oder Sanktionen eingeschränkt. Alle »Vergehen« und »Verbrechen« waren jederzeit »machbar«, aber es hing von der subjektiven Einschätzung der Entscheidungsträger ab, welche davon als ernst, ja todeswürdig anzusehen seien und welche toleriert oder sogar als positiv betrachtet wurden. Der außereheliche Geschlechtsverkehr wurde in vielen Ländern über Jahrhunderte hinweg mit dem Tode bestraft, während etwa die bei den Griechen – zumindest in einigen Staaten und in der Oberschicht – durchaus respektable Knabenliebe bei uns immer noch als gleichgeschlechtliche Unzucht mit Minderjährigen strikt verurteilt wird.

Bei technischen Entwicklungen waren die Einschränkungen jahrtausendelang weniger auffallend, weil es ja kaum so gravierende Neuerungen gab, daß das Sozialgefüge dadurch in Unordnung hätte gebracht werden können. Wenn einzelne Erfindungen zuweilen als Teufelswerk galten, so handelte es sich dabei weit eher um Legenden als um Realitäten – und seltsamerweise wurden zuweilen gerade die führenden Geister mit solchen legendären Neuerungen in Verbindung gebracht: Der siebenhundert Jahre nach seinem Tod heiliggesprochene Albertus Magnus soll einen mechanischen Diener konstruiert, Papst Sylvester II. nicht nur die Uhr, sondern auch sprechende Köpfe erfunden haben. Hier ging es allerdings um Erfindungen, die aus religiösen Gründen höchst suspekt waren: Einen künstlichen Menschen zu schaffen, konnte als Anmaßung der Gottähnlichkeit aufgefaßt werden, als das vermessene Streben eines Wissenschaftlers, den Schöpfungsakt nachzuvollziehen.

Die großen technischen Neuerungen fallen jedoch fast ausnahmslos in eine Zeit, die nicht mehr religiös bestimmt war, sondern den Fortschritt der Wissenschaft auf ihr Panier geschrieben hatte und daher lange Zeit geneigt war, jedes neue Wissen, jede neue Erfindung bedenkenlos gutzuheißen. Hier kamen die Gegenströmungen von anderer Seite: von Handarbeitern, die sich in ihrer Existenz durch neue Maschinen bedroht fühlten, oder auch von Wissenschaftlern, die – vorerst meist zu Unrecht – manche neuen Entwicklungen, darunter auch die Eisenbahn, von lebensgefährlichen Nebenerscheinungen begleitet sahen.

Die einschneidende Wende brachte der Erste Weltkrieg: die Panzerschlacht von Cambrai, der Gasangriff von Ypern, der Abwurf der ersten Bomben – hier zeigte sich die Vernichtungsmacht der neuesten Technik und Forschung. Erstmals geriet die Wissenschaft ernsthaft ins Zwielicht: Ganz offensichtlich schuf sie nicht nur den »guten« Fortschritt, sondern ermöglichte auch das Fortschreiten der Vernichtung und des Bösen. In den Jahren nach dem Ersten Weltkrieg war es auch, als von dem tschechischen Schriftsteller Karel Čapek das Kunstwort »Roboter« geprägt wurde. Es ging im Nu um die Welt, weil Čapeks Roboter-Drama zweierlei charakterisierte: erstens die beginnende Verschmelzung des Menschen mit der Maschine und zweitens die gewissenlose Hybris von Managern und Wissenschaftlern, die danach streben, alles Machbare zu machen.

Seither hat man sich weltweit mit der Tatsache abgefunden, daß

jedenfalls in der Kriegstechnologie offenbar alles Machbare wirklich gemacht werden muß. (Vorwand: der Gegner macht es sicherlich auch.) Und wenn es um das B und C der berüchtigten ABC-Waffen (atomar, biologisch, chemisch) etwas stiller geworden ist, dann besagt das nur, daß entweder in striktester Geheimhaltung an ihnen gearbeitet wird oder aber, daß man ihren Vernichtungs-»Wert« nicht mehr sehr hoch veranschlagt. Außerhalb der militärischen Sphäre ist dagegen die technische Weiterentwicklung heute, zumindest in den demokratischen Staaten mit einer einigermaßen freien Presse und dem Recht auf freie Meinungsäußerung, gelegentlich durchaus einer bremsenden Kontrolle unterworfen.
Zuweilen wird eine Neuerung aber auch bloß durch das Gesetz der Trägheit abgebremst, durch Gleichgültigkeit oder Verständnislosigkeit. Als man seinerzeit den leitenden Techniker der britischen Postdirektion über seine Meinung zu dem in Amerika erfundenen Telephon befragte, erklärte er lapidar: »Die Amerikaner können es vermutlich brauchen. Wir nicht, wir haben genug Botenjungen.«
Ein gewaltiges Hemmnis stellt häufig auch die Finanzierung einer Neuerung dar. Nicht immer entscheidet der wahre Wert einer Erfindung über ihre Realisierung, oft sind es die Überredungskunst der Erfinder und die Stellung ihrer Protektoren. Und zuweilen vergehen Jahrzehnte, bis eine prinzipiell bereits erfundene Neuerung von jenem geschickten »Macher« aufgegriffen und aufpoliert wird, der sie als »machbar« verkaufen kann.
Auch aus arbeitspolitischen, sozialen und sogar aus ethischen Gründen können technische Neuerungen verzögert werden. Man spottet über die »Maschinenstürmer« des 18. und frühen 19. Jahrhunderts, die impulsiv jene Maschinen zerschlugen, die ihnen Arbeit und Brot nahmen. Aber es gehört heute zu den vordringlichsten Pflichten aller freien Gewerkschaften, technische Fortschritte teilweise dadurch zu kompensieren (und damit ihren Nutzen zu verringern), daß weit mehr Personal verlangt wird, als für rationalisierte Arbeitsabläufe tatsächlich erforderlich ist. Dieses *featherbedding* ist auch für die Prognostik bedeutsam, weil dadurch die zunächst errechneten oder vermuteten Einsparungseffekte weitge-

hend verlorengehen können. Es muß sogar im Gegenteil davon ausgegangen werden, daß im Namen einer »Vollbeschäftigungspolitik« im Zweifelsfall Positionen neu geschaffen werden, die keinerlei Funktion haben.

Auch das ethische Motiv kann das grundsätzlich »Machbare« verzögern, ja zuweilen sogar verhindern. Bei der Militärtechnik wird es, wie erwähnt, unter den Tisch gekehrt, aber in manchen Grenzbereichen der medizinischen und biologischen Forschung spielt es bereits eine gewisse Rolle – man denke nur an Schlag- und Reizworte wie »Gentransplantation« und »Retortenbaby«. Freilich unterbleiben manche vermutlich »machbaren« Manipulationen nicht einfach aus Ehrfurcht vor dem gottgeschaffenen Leben, sondern aus Angst vor der öffentlichen Meinung, von der wiederum sogar die staatlichen Geldgeber ein wenig abhängig sind. Das gilt etwa für die durchaus »machbaren« Experimente mit transplantierten Köpfen (abgeschnittene Affenköpfe wurden schon vor Jahren tagelang künstlich »am Leben« erhalten) oder für die Kreuzung von Menschen und Menschenaffen.

Selbst das erste sog. »Retortenbaby« hat ja im Sommer 1978 eine lautstarke Diskussion, mit sehr kräftigen Kontra-Stimmen, ausgelöst, obwohl es sich dabei letztlich um einen ethisch kaum anfechtbaren Fall handelte, bei dem nicht einmal Spendersamen, sondern das Sperma des Ehemannes verwendet wurde.

Fassen wir also zusammen: Sehr häufig – vermutlich sogar viel zu häufig – wird das Machbare zwar tatsächlich gemacht, aber fast immer ist seine Realisierung von Entscheidungsinstanzen abhängig. Es ist also zumindest naiv, aus der Tatsache (oder der Annahme) der bloßen Machbarkeit sofort auf die unmittelbar bevorstehende Verwirklichung zu schließen. Das Machbare muß vielmehr in der Regel zunächst als Wünschenswertes oder zumindest Akzeptables anerkannt sein, ehe es sich durchsetzen kann.

Von dem Unterschied zwischen »machbar« und »wünschbar« sind auch die beiden Hauptströmungen der Zukunftsforschung geprägt. Während nämlich die »explorative« Futurologie sich vorwiegend am bereits Gemachten und derzeit machbar Erscheinenden orientiert, sucht die »normative« Methode zunächst die künftigen Wünsche festzustellen, um dann den Schluß zu ziehen: Dieses oder jenes wird angestrebt werden, und daher werden seiner Realisierung alle Wege offenstehen, sofern es nur überhaupt machbar ist.

Was aber wird technisch machbar sein? Die widersprechenden Meinungen der Experten, die Fehlprognosen der Wissenschaftler wurden schon erwähnt. Bleiben noch die Prognosen der Phantasten nachzutragen, nur ist hier der Trennungsstrich zum Wissenschaftler nicht immer leicht zu ziehen. Autoren wie etwa Jules Verne oder H. G. Wells waren nämlich nicht nur phantasiebegabte Schriftsteller, sondern konnten sich auch als All-round-Wissenschaftler durchaus mit der Mehrzahl der Fachleute messen. Ähnliches gilt für Hugo Gernsback und Arthur C. Clarke, um nur zwei Namen aus Gegenwart und jüngster Vergangenheit zu nennen. Noch schwerer fällt die Trennung bei Sir Francis Bacon, 1561–1626, (den übrigens selbst Experten für *Science fiction* zuweilen mit Roger Bacon verwechseln), der als Staatsmann und Wissenschaftler gleichermaßen Bedeutung erlangte und wegen seiner Schilderung des fiktiven Idealstaates »Neu-Atlantis« als einer der Urahnen der *Science fiction* gilt.

Bacon hat Flugzeuge und Unterseeboote, pharmazeutische Fabriken, Klimakammern und Meerwasserentsalzungsanlagen »vorhergesagt«; doch sollte man nicht in enthusiastische Bewunderung dieser prophetischen Weitsicht verfallen. In Wahrheit stellen diese »Vorhersagen« nur Wunschträume der Wissenschaft dar, die Jahrhunderte, ja Jahrtausende hindurch fortbestanden, bis sie schließlich verwirklicht, übertroffen – oder aber noch immer nicht realisiert wurden. Die seitenlange Liste fiktiver Errungenschaft im Idealstaat »Neu-Atlantis« des Sir Francis Bacon wurde fast wortgetreu anderthalb Jahrhunderte später von Louis-Sébastien Mercier als Wirklichkeit des Jahres 2440 dargestellt, war aber im Zeitpunkt der Niederschrift des Romans immer noch bloße Hoffnung.

Dennoch sind manche frühen Vorahnungen verblüffend, vor allem wenn sie über die üblichen Märchenwünsche vom Fliegenden Teppich, den Siebenmeilenstiefeln und dem Lebenselixier hinaus

gehen. So beschreibt etwa Cyrano de Bergerac in seinem phantastischen Roman »Die Reise zu den Staaten des Mondes« ein Gerät, das in erstaunlicher Weise unserem heutigen Tonbandapparat entspricht. Es ist ein »winziges Kästchen, das im Inneren ungefähr unseren Uhren glich, voll winzigster Federn und nicht mehr wahrnehmbarer Maschinen. Das ist wahrhaftig ein Buch, aber eines, das weder Blätter noch Buchstaben hat – um daraus zu lernen, braucht man nur die Ohren. Will man lesen, dann zieht man mit einigen winzigen Drähten die Maschine auf und stellt den Zeiger auf das Kapitel ein, das man zu lesen wünscht. Und sofort kommen aus diesem nußgroßen Gebilde wie aus dem Mund eines Menschen oder aus einem Musikinstrument deutlich und klar alle Töne hervor.« Allerdings werden diese Wundergeräte nicht dazu benutzt, um sich von leichter Musik berieseln zu lassen, sondern um bei jeder Gelegenheit etwas zu lernen.
Das Fernsehen wurde von Emile Souvestre *(»Le monde tel qu'il sera«)* vor hundertdreißig Jahren vorhergesagt, Jules Verne beschrieb ein Überwachungsgerät, das unseren Radarschirmen verblüffend ähnlich sah, und Charles Steinmetz, Techniker und Schriftsteller, sagte um 1910 ziemlich genau die künftigen Verwendungsmöglichkeiten der Elektrizität im Haushalt voraus.
Daß grundsätzlich richtige neue Konzepte den Realisierungsmöglichkeiten ihrer Zeit weit vorauseilen können, wissen wir am besten durch Leonardo da Vinci, der in knappen Skizzen so ziemlich alles festgehalten hat, was seither erfunden wurde. Und Charles Babbage hätte schon vor hundert Jahren Computer gebaut, wenn Elektronik und Feinmechanik höher entwickelt gewesen wären: Seine »analytische Maschine« war eine direkte Vorahnung der Datenverarbeitungsanlage.
So hängt also der künftige Fortschritt – oder, vorsichtiger ausgedrückt: die künftige Entwicklung – sowohl von der Genialität der Erfinder als auch von den technischen Möglichkeiten, vor allem aber von den Entscheidungen jener ab, die in der Lage sind, die Entwicklung zu steuern. Mehr denn je und mit größerem Recht denn je sind wissenschaftliche Entscheidungen heute auch politische Entscheidungen und umgekehrt, denn mehr denn je hängt die

Struktur der künftigen Gesellschaft von der technischen und wissenschaftlichen Infrastruktur ab.

Hermann Lübbe, Professor an der Universität Zürich, hat dazu mit Recht gesagt, es gelte »unverändert das Argument des Philosophen Karl R. Popper, daß unsere Möglichkeiten, den künftigen Zustand sozialer Verhältnisse von einiger Komplexität zu prognostizieren, in demselben Maße schwinden, in welchem die moderne Wissenschaft in das Ensemble der den sozialen Prozeß steuernden Faktoren einrückt«. Und Lübbe fährt fort: »Sofern das aber so ist, gilt auch das folgende: Was immer wir futurologisch über die Zukunft wissen mögen – eines gerade können wir mit Sicherheit nicht wissen, was wir nämlich künftig wissenschaftlich wissen werden.«

Wissenschaftlicher und gesellschaftlicher Fortschritt waren stets aufs engste verbunden, seit mit der Aufklärung der Gedanke des »Fortschritts« das Weltbild zu beherrschen begann – es haben sich allerdings seither die Akzente nicht unwesentlich verschoben. Denn war noch für Condorcet der Fortschritt zunächst und vor allem ein »Fortschritt des menschlichen Geistes« in Richtung auf eine ständige Vervollkommnung, eine ständige Höherentwicklung des menschlichen Geistes und der ethischen Haltung, so wurde schon bald danach der ursprünglich nur gleichsam als Begleiterscheinung auftretende technisch-wissenschaftliche Fortschritt zum Zentralbegriff des »Fortschritts«. Und erst in allerjüngster Zeit gerät dieser bedeutungsverengte und bedeutungsverschobene Fortschritt allmählich ins Zwielicht, weil sich immer öfter die Frage erhebt, ob das vom rein wissenschaftlichen Fortschritt machbar Gemachte immer auch als wahrer Fortschritt zu gelten hat oder nicht vielmehr zuweilen zu einem Rückschritt und zu einer geistigen und seelischen Verarmung der Menschheit zu führen droht.

Wie steht es nun um die Zukunftsaussichten der gesellschaftlichen Entwicklung? Ist die Menschheit auf dem Wege zu neuen, höheren Formen des Menschseins, zeichnet sich allmählich der Übermensch Nietzsches oder wenigstens der *hombre nuevo* des revolutionären Sozialismus ab? Skepsis scheint angebracht, denn als biologisch und auch soziologisch kaum bestreitbare Tatsache wird offenbar, daß der Mensch im Laufe der übersehbaren Geschichte sich nicht wesentlich geändert hat. René Dubos, einer der am meisten zukunftsorientierten Biologen, stellt dazu knapp und klar fest: »Körper und Gehirn des Menschen haben sich in den letzten 100 000 Jahren nicht wesentlich verändert, und nichts deutet darauf hin, daß sie sich in der vorausschaubaren Zukunft ändern werden ... Was wir heute Zivilisation nennen, stattet den Menschen mit Techniken aus, die seine Macht und den Bereich seiner Aktivitäten erheblich vergrößern, aber es ändert nichts an seiner fundamentalen Natur.«

Wenn aber die innere Struktur des Menschen über die Jahrtausende hinweg praktisch unverändert geblieben ist, dann müßte man eigentlich annehmen können, daß sich das Verhalten des Menschen mindestens ebensogut prognostizieren läßt wie etwa die technische Entwicklung, ja sogar noch besser. Tatsächlich verhält es sich jedoch so, daß wohl gute Bekannte oder aufmerksame Psychologen das Verhalten eines Einzelmenschen in bestimmten Situationen verhältnismäßig zuverlässig vorhersagen können; die Prognosen der gesamtgesellschaftlichen Entwicklung jedoch haben sich kaum je bestätigt.

Fast keines der gesellschaftlichen Phänomene, das in den letzten Jahren und Jahrzehnten Bedeutung erlangt hat, wurde vor seinem Auftreten vorhergesagt – erst nachdem es einmal da war, hat man es übereifrig extrapoliert und in die Zukunft weiterprojiziert. Das gilt für die Studentenunruhen und die Jugendkriminalität, für Rauschgift und Kommunen, für die Umweltschutzbewegung und die Nostalgiewelle, für die Freizeitindustrie und die »permissive Gesellschaft«, für den Geburtenrückgang, ja für fast alle sozialen und soziologischen Veränderungen.

Nur die Konsumgesellschaft hat Aldous Huxley schon Anfang der dreißiger Jahre unseres Jahrhunderts, noch in der Zeit der großen Arbeitslosigkeit und der Weltwirtschaftskrise, satirisch vorgezeichnet in seiner »Schönen Neuen Welt«. Dort sind Verschleiß und Wegwerfen zur Bürgerpflicht geworden, und bereits die Kinder werden mit der Doktrin *ending is better than mending,* »Wegwerfen ist besser als ausbessern« großgezogen und auf Konsum gedrillt.

Was den Geburtenrückgang anlangt, so ist es für manche verspätete Blut-und-Boden-Fanatiker und für viele schlechte Nationalökonomen, die um die künftigen Renten fürchten, zur üblen Sitte geworden, vom drohenden Volkstod zu sprechen und aus dem Rückgang von Geburtenraten vorauszuberechnen, in welchem Jahr das deutsche Volk ausgestorben sein wird. (Daß Bevölkerungsprognosen seit eh und je erschreckend falsch waren, wurde schon früher aufgezeigt.)

Bemerkenswert ist daran nur, daß auch die Empfängnisverhütung durch die »Pille« erst »vorhergesagt« wurde, als bereits die ersten Experimente im Gange waren, und daß sich immer wieder gezeigt hat, daß die läppischen und täppischen Versuche staatlicher Funktionäre nur selten sinnvoll sind, mit Hilfe von Geburtenprämien für einen »Babyboom« zu sorgen (wenn auch derzeit in der DDR das sog. »Abkindern« staatlicher Ehestandskredite eine gewisse Rolle spielen soll). Im großen und ganzen reagiert eben die Bevölkerung höchst selten genau so, wie es die Zukunftsforscher vorhersagen oder die Politiker es anstreben.

Mit grimmiger Ironie hat Gilbert K. Chesterton im Vorwort zu seinem wenig bekannten Zukunftsroman »Der Held von Notting Hill« diese Situation geschildert. Bei Chesterton handelt es sich zwar um eine ideologische Attacke gegen die englischen Sozialprognostiker der Zeit um die Jahrhundertwende. Vieles aber hat allgemeine Geltung für sämtliche Formen der Vorhersage. Es seien daher an dieser Stelle einige Sätze Chestertons aus dem Kapitel »Einleitende Bemerkungen über die Kunst des Prophezeiens« zitiert. (Der Roman selbst sieht für 1984 eine Rückkehr zu spätmittelalterlichen Verhältnissen mit Betonung lokaler Unabhängigkeit voraus. Es ist anzunehmen, daß George Orwell sein so ganz andersartiges »1984« u. a. auch als eine späte, bittere und moderne Antwort auf dieses skurrile Idyll angesehen hat.)

Da heißt es nun also bei Chesterton: »Die menschliche Rasse hat von ihrem Anbeginn an Kinderspiele gespielt – zum Ärgernis für die wenigen, die immer Erwachsene sein werden. Eines dieser

Spiele, an dem sie am meisten hängt, heißt: ›Den Propheten Lügen strafen.‹ Die Mitspieler hören dabei sehr genau und ehrerbietig auf alles, was die gescheiten Männer über das sagen, was in der nächsten Generation geschehen soll. Die Mitspieler warten dann, bis die gescheiten Männer tot sind und begraben sie hübsch ordentlich. Dann gehen sie hin und tun das Gegenteil ... Am Anfang des 20. Jahrhunderts wurde nun dieses Spiel viel schwieriger, weil es so viele Propheten und Prophezeiungen gab. Man konnte vor lauter gescheiten Leuten kaum noch den Erdboden sehen, und alle diese gescheiten Leute stellten Berechnungen darüber an, was in der nächsten Generation geschehen würde. Sie waren sich alle ganz klar darüber, scharfsichtig und erbarmungslos klar, und zudem alle verschiedener Meinung ... Und alle gingen in gleicher Weise vor: Sie nahmen sich eine Sache her, von der sie sahen, daß sie ›in Schwung kam‹ und trieben sie so weit vor, wie ihre Einbildungskraft reichte.«

So recht Chesterton mit seiner Ironie hatte, so unrecht hatte er freilich mit seiner eigenen Prognose. Denn die lautete am Schluß dieses Einleitungskapitels: »Die Menschen straften auch die Propheten des 20. Jahrhunderts Lügen. Wenn der Vorhang zu dieser Geschichte aufgeht, so ist es heute in achtzig Jahren, und London sieht noch fast genauso aus wie jetzt.«

Das ist allerdings so ziemlich die einzige Prognose, von der man auf Anhieb sagen kann, daß sie zwangsläufig falsch sein muß, und man darf wohl annehmen, auch der kluge Chesterton habe hier nur um einer Pointe willen die Glaubwürdigkeit geopfert. Im Jahr 1904 war es nämlich bereits offenkundig, wie sehr gerade eine Weltstadt wie London raschem Wandel unterworfen ist – nur in welche Richtung dieser Wandel gehen würde, das war weit schwerer abzusehen, und heute ist es nicht viel anders. Häufiger denn je stehen die Prognostiker vor der Frage, welche der zahlreichen neuen Entwicklungen nur von vorübergehender Bedeutung sind und welche möglicherweise den Keim zu einer völligen Trendwende in sich tragen, welche nur als Strohfeuer betrachtet werden können und welche einen langsamen, tiefgreifenden Wandel anzeigen, welche als ephemer und auf weite Sicht bedeutungslos und

welche als Vorzeichen großer bedeutsamer Veränderungen anzusehen sind.
Dabei ist auch – und gerade – im sozialen Bereich die Gefahr groß, der Faszination eines Trends, einer statistisch hieb- und stichfesten Zeitreihe, zu erliegen. Ein österreichisches Forscherteam hat im Jahre 1977 die Situation und die Entwicklungstendenzen der Familie in Europa genau untersucht und dabei einleitend die Trendlinien der letzten Jahrzehnte versuchsweise bis zu den Jahren 2000 bzw. 2075 verlängert. Das war, wohlgemerkt, nicht als Prognose gedacht, sondern als Zeitreihen-Extrapolation unter der Annahme eines weiterhin unveränderten Trendverlaufs. Es ist nun interessant, zu untersuchen, was davon überhaupt als denkmöglicher Zukunftszustand anzusehen ist und was nicht.
Zunächst: Die Familien werden weiter schrumpfen. Im Jahre 2000 sind Familien mit drei Kindern bereits eine Seltenheit (die Ausgangsdaten beziehen sich auf *ganz* Europa, nicht nur Mitteleuropa, wo diese Situation schon weitgehend gegeben ist), in hundert Jahren ist die Reproduktionsrate auf 0,55 gesunken, was etwa einer Halbierung der Bevölkerung von einer Generation zur nächsten entspricht.
Vielen Ohren mag das erschreckend klingen. Es wäre aber grundsätzlich denkbar und vermutlich sogar eine eher begrüßenswerte Entwicklung, da sich dadurch die Pro-Kopf-Quote des Lebensraums und der Sozialproduktanteil vergrößern und die Summe des Energie- und Rohmaterialverschleißes reduzieren würde.
Des weiteren: Die Kinder werden fast ausschließlich von sehr jungen Frauen geboren. Vom Jahr 2050 ab werden nach fünfjähriger Ehedauer überhaupt keine Kinder mehr geboren. Die Proportion zwischen ehelich und vorehelich gezeugten Kindern bleibt annähernd unverändert. Die Ehen selbst werden zunehmend kürzer und brüchiger: Schon um die Jahrhundertwende wären im europäischen Durchschnitt rund fünfundachtzig Prozent der Ehen mindestens einmal geschieden (was vermutlich richtiger heißen soll: der Ehepartner, denn Ehen können nicht öfter als einmal geschieden werden), und im Jahre 2075 ließen sich alle Leute durchschnittlich zweimal scheiden. Ledige mittleren Alters gibt es

nämlich schon um das Jahr 2000 nicht mehr. Auch diese Extrapolation ist nicht als Unmöglichkeit anzusehen; bereits heute sind Hunderttausende in Europa zweimal und öfter geschieden.

Weiter sinkende Geburtenzahlen und das allmähliche Hineinwachsen der zahlenmäßig stärkeren älteren Jahrgänge ins Pensionsalter, dazu eine noch längere durchschnittliche Lebenserwartung müßten außerdem dazu führen, daß in hundert Jahren etwa die Hälfte der Bevölkerung älter als fünfundsechzig Jahre sein wird. Auch das ist nicht undenkbar, wäre aber wohl zwangsläufig mit einer Neuregelung der Altersversorgung verbunden – sei es, daß die Rentenhöhe begrenzt wird oder eine Verschiebung des Rentenalters nach oben stattfindet, was bei steigender mittlerer Lebenserwartung zu rechtfertigen wäre; überdies wäre der Arbeitsmarkt möglicherweise nur unzureichend mit neuen Arbeitskräften versorgt, obwohl bei fortschreitender Automatisierung unter Umständen selbst schwache Geburtsjahrgänge noch von Arbeitslosigkeit bedroht sein könnten.

Hier ist jedenfalls eine komplizierte Konstellation gegeben, die nach allen Richtungen hin auf ihre Konsequenzen durchdacht werden müßte und die auch weitgehend vom technischen Fortschritt abhängt. Es ist ja nicht denkunmöglich, daß in hundert Jahren die Produktion weitgehend automatisiert ist. Dadurch wären zwar einerseits wenig Arbeitsplätze vorhanden, andererseits aber die Produktivität so enorm hoch, daß eine befriedigende Versorgung der vielen Nichtarbeitenden durchaus möglich erscheint.

Schließlich aber: Das durchschnittliche Heiratsalter sinkt bis zum Jahr 2000 bei den Frauen auf zwanzig, bei den Männern auf dreiundzwanzig Jahre – und es sinkt bis zum Jahre 2075 weiter auf elf Jahre bei den Frauen und auf fünfzehn bei den Männern! Nun ist zwar selbst *das* nicht absolut denkunmöglich, denn Kinderhochzeiten in europäischen Herrscherhäusern hat es schon vor Jahrhunderten gegeben, aber hier grenzt die Prognose offensichtlich an baren Unsinn. Doch diese Feststellung kann nicht genügen. Will man prognostizieren, so gilt es zu überlegen, *wann* der unvermeidliche Knick in der Kurve eintreten wird, wann also das Heiratsalter nicht noch weiter absinken wird. Es ist aber gerade an diesem Beispiel auch sehr deutlich zu sehen, daß die Trendextrapolation zu in sich widerspruchsvollen Resultaten führen kann: Die Prognose der Kinderehe schlägt sich aus biologischen Gründen mit der Prognose, daß Kinder nur noch kurz nach der Eheschließung und nicht mehr nach dem fünften Ehejahr geboren werden.

Eine letzte Extrapolation noch: In hundert Jahren werden alle Frauen berufstätig sein und alle Europäer über eine abgeschlossene Hochschulbildung verfügen. Der totale Berufseinsatz der Frauen käme nicht sonderlich überraschend, er ist vor allem in den »sozialistischen« Ländern Europas heute schon nahezu Realität. Die allgemeine Hochschulbildung hingegen macht wieder offenbar, wo die Grenze zum Unsinn erreicht ist: Wenn tatsächlich jeder eine Hochschule besucht hat, dann muß dies auch für geistig weit unterdurchschnittlich Begabte zutreffen. Wir hätten also letztlich nichts anderes als einen Pflichtschulbesuch bis zum fünfundzwanzigsten Lebensjahr. Daß Hochschulausbildung nicht unbedingt mit Verwendung in »akademischen Berufen« zu tun hat, zeichnet sich übrigens schon heute ab. Einem ständigen prozentualen Anwachsen der Akademiker kann eben nicht zwangsläufig ein gleich stark wachsendes Angebot an Spitzenpositionen gegenüberstehen, denn Spitzenpositionen sind, wörtlich wie sachlich, eben nur für die »Spitze« (wie immer die Auswahlkriterien sein mögen), und nicht für die Gesamtheit. Besitzt jedermann den Doktortitel, dann werden die Spitzenpositionen eben nach anderen Prinzipien vergeben – vielleicht an Leute mit mehrjährigem *postgraduate study*, vielleicht an die Schönsten, an die Kräftigsten oder höchstwahrscheinlich an jene, die sich einer besonderen Förderung durch die Machthaber erfreuen: Parteibuch und Nepotismus waren allemal mindestens ebenso wirksam beim Aufbau einer Karriere wie Intelligenz und Tüchtigkeit. Hieran hat sich, wieder einmal, im Laufe der Menschheitsgeschichte nicht viel geändert. Wir haben hier offensichtlich eines der wenigen elementaren soziologischen Gesetze vor uns: Jeder Machthaber sucht sich mit Freunden und Verwandten zu umgeben.

Dennoch kommt es in unregelmäßigen Abständen, teils schleichend durch Evolution, teils durch revolutionäre Explosionen zu jenem Phänomen, das der Nationalökonom und Soziologe Vilfredo Pareto den »Elitenwechsel« genannt hat. Eine Führungsgarnitur hat zuviel Inzucht betrieben, hat sich zu sehr von der Basis gelöst, hat zu offensichtlich zum Schaden der Mehrheit in die eigene Tasche gewirtschaftet oder war so unübersehbar erfolglos, daß »Jungtürken« oder Revolutionäre ihr die Macht entreißen. Dabei gehört es zu den Traditionen, daß diese neuen Eliten ihrer Herkunft nach den alten verhältnismäßig nahestehen. Nur so können sie deren Schwächen genau kennen, ihr Bildungssystem nutzen, einige Zeit hindurch sogar noch ihre Toleranz in Anspruch nehmen. Karl Marx stammte aus dem reichen Bürgertum, Lenin war der Sohn eines geadelten Schulinspektors, Robespierre und Danton waren Rechtsanwälte, Gandhi stammte aus einer angesehenen Hindufamilie, Mao Tse-tung hatte an der Universität studiert (was im damaligen China eine Seltenheit war), Atatürk war hoher Offizier, Mussolini war Lehrer und Chefredakteur, die heutigen Führer der Dritten Welt wurden zum großen Teil an westlichen Hochschulen ausgebildet, Fidel Castro war Rechtsanwalt.
Doch wir haben es zunächst nicht so sehr mit den politischen Veränderungen zu tun, als in erster Linie mit den sozialen und soziologischen – die mit ihnen freilich in einem engen Zusammenhang stehen. Diese Veränderungen im Aufbau der Bevölkerung haben bereits so früh die Aufmerksamkeit mancher Beobachter erlangt, daß wir die Untersuchungen über die »Gesetzmäßigkeiten« in den sozialen Lebenserscheinungen zu den frühesten Arbeiten über Statistik, aber auch Prognostik zählen können. Denn wenn einmal eine Beobachtungsreihe deutlich genug gewisse Regelmäßigkeiten für die Vergangenheit aufweisen konnte, dann lag es nahe, ähnliche Erscheinungen für die Zukunft zu prognostizieren.
Eines der ersten Bücher über Statistik, erschienen vor zweihundertvierzig Jahren und geschrieben von dem preußischen Feldprediger und nachmaligen Oberkonsistorialrat Johann Peter Süßmilch, trug den bezeichnenden Titel »Betrachtungen über die gött-

liche Ordnung in den Veränderungen des menschlichen Geschlechts, aus der Geburt, dem Tode und der Fortpflanzung desselben erwiesen.« Darin zeigte Süßmilch anhand von reichhaltigem Datenmaterial, wie ähnlich von Jahr zu Jahr die demographischen Zahlen sind – ein Phänomen, das heute, da Seuchen wegfallen, noch weit ausgeprägter ist.

Mehr als ein Jahrhundert später griff der Nationalökonom Adolph Wagner einen besonderen Aspekt dieser Gesetzmäßigkeiten (die »göttliche Ordnung« war unterdes einem aufgeklärt-rationalem Denken gewichen) auf und meditierte über »Die Gesetzmäßigkeit in den scheinbar willkürlichen menschlichen Handlungen«. Damit griff er ein Problem auf, das auch für die Zukunftsforschung von besonderem Interesse ist. Wagner – und nach ihm andere – wiesen nämlich darauf hin, daß selbst so offensichtlich von individuellen Entschlüssen abhängige Entscheidungen wie die Eheschließung oder der Selbstmord in ihrer Summierung mit verblüffender Präzision vorhersagbar sind. Jede Abweichung dieser Zahlen, die über einen schmalen statistischen Zufallsspielraum hinausgeht, muß als äußerst bemerkenswert gelten und hat zumeist ganz besondere Ursachen in Veränderungen der Gesamtsituation.

Dennoch sind selbst mittelfristig auf derartigen Gesetzmäßigkeiten nicht allzuviele Prognosen aufzubauen, wie etwa die Serie der Fehlprognosen auf dem Gebiet der Bevölkerungsentwicklung gezeigt hat. Das »reproduktive Verhalten« ist nicht mehr so gleichartig wie zu den Zeiten von Süßmilch oder Malthus; es kann extrapoliert werden, aber es ist keineswegs undenkbar, daß in kurzer Zeit ein deutlicher Knick im derzeitigen Trend auftritt.

Es ist auch gar nicht ungewöhnlich, daß eine Zeitreihe ein scheinbar ungewöhnliches Verhalten zeigt. So schien es etwa noch vor wenigen Jahren, als ob die Neigung zu Flugreisen allmählich nachlassen und sich auf hohem Niveau einpendeln würde – zumindest in dem weitaus führenden Luftfahrtland, den Vereinigten Staaten. Man hätte 1975 guten Gewissens von einer »Sättigungskurve« sprechen können, denn nach einem steilen Anstieg der Passagierflugkilometer kam es 1973 nur noch zu einem leichten Zuwachs,

1974 und 1975 blieben die Zahlen praktisch stationär. Doch dann brach 1976 unvermittelt eine neue Reisewelle aus, gefördert durch verbilligte Flugtarife 1977 und einem sensationellen Höhepunkt zustrebend 1978 – einem Höhepunkt, zu dem die Fachleute Kommentare abgaben, wie, er habe »die wildesten Erwartungen übertroffen« und »Wer uns im Vorjahr gesagt hätte, daß wir heuer einundzwanzig Prozent mehr Passagierkilometer haben würden, den hätten wir in der Zwangsjacke abgeführt.«

Über die wirtschaftliche Bedeutung ähnlicher Fehlprognosen wird später noch mehr zu sagen sein; hier geht es vorerst um die Voraussagbarkeit des menschlichen Verhaltens im allgemeinen und dabei eben auch um die Prognose der Freizeitgestaltung.

Die Freizeit selbst ist ja unterdes weitgehend zu einer verpflichtenden Konsumzeit geworden, das alte *dolce far niente,* der beschauliche Müßiggang und das entspannende Nichtstun sind zeit- und geldaufwendigen Vergnügungen gewichen, die vom Skilauf zur Flugpauschalreise und vom Dressurreiten zur Wochenendautofahrt ins Graugrüne reichen. Wenn man heute von Freizeit sprechen will, muß man erst definieren, was man darunter versteht: die Gesamtheit der Nicht-Arbeitszeit (Arbeit im Sinne einer Erwerbstätigkeit) oder aber die Summe der frei verfügbaren und zu nichts verpflichtenden Zeit. Die Differenz zwischen den beiden Summen setzt sich unter anderem aus Fahrzeiten vom und zum Arbeitsplatz, aus Wartezeiten bei Ämtern und Ärzten, aus notwendigen Arbeiten in Haus und Garten, aus der Instandhaltung von Hobbygeräten usw. zusammen. Dabei verschwindet nicht selten fast die ganze vermeintliche Freizeit, was wieder den Vorteil hat, daß jene Langeweile verringert wird, die bei labilen Charakteren nur allzu leicht in die Kriminalität führen kann. (Schiller: »In müß'ger Weile schafft der böse Geist«.)

Gegen die Langeweile und zur ständigen Weiterbildung des Menschen kann aber auch die *éducation permanente* eingesetzt werden. Sie ist in den letzten Jahren zu einem Schlagwort geworden, an dem sich nicht nur die Erzieher begeistern. Die lebenslange Weiterbildung ist die moderne Version des »geistigen Fortschritts« – war dieser zur inneren Vervollkommnung des Menschen gedacht, so ist jene darauf abgestellt, zeitlebens aus jedem Menschen die jeweils wirtschaftlich optimale Leistung herauszuholen: zur Steigerung seines Einkommens einerseits, zur Erhöhung des Bruttosozialprodukts andererseits.

Der Sozialkritiker, Geistliche und Pädagoge Ivan Illich hat leidenschaftlich vor dieser dauernden »Verschulung der Gesellschaft« gewarnt, aber der Trend scheint doch in diese Richtung zu laufen. Geradezu mit Stolz verkünden manche Soziologen, es werde in Zukunft kaum mehr jemand geben, der am Ende seines Berufslebens in der gleichen Sparte tätig sein werde wie zu Beginn. Die Umschulung würde dadurch zu einem Routinevorgang statt zu einer Notmaßnahme.

Grundsätzlich wäre dieser wiederholte Wechsel des Berufs durchaus im Einklang mit der Prognose des wiederholten Partnerwechsels und des schon heute sehr häufigen Wohnsitzwechsels – aber es ist gerade bei diesen sozialen Akzelerationserscheinungen sehr fraglich, wie lange sie weitergehen, wie sehr sie sich beschleunigen können, ohne die Persönlichkeit des Menschen zu zerstören. Wieviel Wandel erträgt der Mensch, wann ist der Zukunftsschock nur stimulierend, und von wann ab ist er tödlich? Die Futurologen strahlen meist Optimismus aus (so auch Alvin Toffler, der das Wort vom »Zukunftsschock« prägte), die Biologen und Mediziner neigen zur Skepsis.

Gewiß ist hingegen, daß bislang *eine* Form des permanenten Wandels durchaus Anklang gefunden hat, wenn auch unter tatkräftiger Mithilfe der Werbung: die Mode in all ihren Erscheinungsformen. War sie zunächst vornehmlich auf die Damenkleidung beschränkt, so hat sie unterdes sämtliche Konsumbereiche erfaßt: ein Schlagersänger, ein Skistock, ein Urlaubsstrand, eine Zimmerpflanze ist ebenso »in« (oder eben nicht mehr »in«) wie ein Sommersmoking, ein Paar Sandalen oder ein Anorak. Und der Rhythmus wird auch hier immer hektischer: Auf die hochjubelnde Werbeeuphorie folgt sehr häufig abrupt der Ausverkauf und die Verschrottung.

Gerade weil aber der Rhythmus immer hektischer wird, drängt sich die Frage auf, ob diese Hetzjagd des Verschleißes sich noch längere Zeit in derselben Weise beschleunigen läßt oder ob das,

was zunächst als »Nostalgie« galt, und zum Teil einfach Antiquitätenspekulation ist, nicht einen Sinneswandel andeutet, der von der Konsummaximierung und vom Moderummel weg und zur Wertschätzung gediegener alter Handarbeit hinführt.
Für die Wirtschaft ist es verständlicherweise sehr wichtig, beizeiten einen Überblick über die Kaufabsichten der potentiellen Kunden zu erlangen. Daher hat sich seit dem Ende des Zweiten Weltkriegs die Marktforschung als Spezialgebiet der Meinungsforschung sehr lebhaft entwickelt. Und da Marktforschung immer und Meinungsforschung zumeist zukunftsorientiert ist und Anhaltspunkte über das künftige Verhalten der Befragten (und jener, die sie – unbeabsichtigt – repräsentieren) liefert, gehört ein kurzer Exkurs über diese Umfragen zu jeder Auseinandersetzung mit Propheten und Prognosen – und das um so mehr, als ja bis auf den heutigen Tag elementare Mißverständnisse über die Möglichkeiten und Grenzen der Meinungsforschung bestehen, der man einerseits blind bis hinter das Komma vertraut und die andererseits der gröbsten Fehlprognosen bezichtigt wird. Auch ein naheliegender, aber naiver Einwand, der immer wieder zu hören ist, muß – in aller gebotenen Kürze – analysiert werden. Dieses Trumpf-As der Skeptiker gegen die Meinungsforscher lautet: *»Mich* haben sie ja nicht gefragt – und wie sollen fünfhundert oder zweitausend Befragte repräsentativ sein für sechzig Millionen?«
Zugegeben, in der Bundesrepublik leben sechzig Millionen Menschen – jeder vom anderen verschieden, jeder ein Individuum mit einer höchsteigenen Kombination von Ansichten, Meinungen, Wertvorstellungen, Eigenschaften. Aber gerade auf das Individuelle kommt es bei der Meinungsforschung und ähnlichen Umfragen nicht an – es interessieren jeweils nur einige wenige Merkmale, die häufig sogar nur in die schlichte Alternative »Entweder A oder Nicht-A« zerlegt werden.
Sind Sie für oder gegen die Wiedereinführung der Todesstrafe? Glauben Sie, daß Politiker zuviel verdienen – ja oder nein? Wollen Sie ihren nächsten Urlaub im Inland oder im Ausland verbringen? Waren Sie in den vergangenen zwölf Monaten bei einem Facharzt? Haben Sie die Absicht, im kommenden Jahr einen neuen Wagen

zu kaufen? Sind Sie mit Ihrem Arbeitsplatz zufrieden? Und wenn man, etwa bei der letzten Frage, nicht einfach mit »ja« oder »nein« antworten will, dann sind allenfalls vier oder fünf Abstufungen (nicht besonders, so halbwegs, eigentlich schon) vorgegeben.

Das alles aber bedeutet, daß es innerhalb der sechzig Millionen Individuen zu den einzelnen Fragen jeweils nur zwei, drei, wenn es hochkommt vier oder fünf Antworten geben kann, diese Millionenschar also jeweils nur in zwei bis fünf ungeheuere Millionenlager zerfällt. Und das wiederum besagt, daß eine nach genauen Verfahrensregeln getroffene Zufallsauswahl von Befragten tatsächlich repräsentativ ist für sechzig Millionen. Als Faustregel kann dabei gelten, daß zweitausend Befragte schon ein sehr genaues Ergebnis bringen, besonders dann, wenn es sich um weitverbreitete Merkmale oder Meinungen handelt, die zu vierzig oder mehr Prozent vorhanden sind. Sucht man dagegen Wähler von Splittergruppen oder Einäugige, Orgelspieler oder Jachtbesitzer, dann muß man die Stichprobe weit größer wählen oder sich anderen Methoden bedienen.

Es gibt genaue und allgemein anerkannte Tabellen über die Zufallsverteilung in Stichproben. Aus ihnen ist unter anderem abzulesen, daß bei zweitausend Befragten die Fehlerspanne nicht mehr als plus/minus zwei Prozent beträgt, wenn das gesuchte Merkmal in mindestens einem Viertel der Grundgesamtheit vertreten ist. Ergibt die Stichprobe unter zweitausend Personen zum Beispiel: »Dreißig Prozent der Befragten sind stark beunruhigt über die Staatsverschuldung«, dann heißt das: Mit hoher (fünfundneunzigprozentiger) Wahrscheinlichkeit sind mindestens achtundzwanzig Prozent und höchstens zweiunddreißig Prozent der Gesamtbevölkerung darüber stark beunruhigt.

Daß richtig durchgeführte Umfragen zumeist ein Ergebnis erbringen, das diesen Fehlermargen genau entspricht, hat sich immer wieder bei Wahlprognosen bestätigt, obwohl dabei stets zu berücksichtigen ist, daß die Umfrage nur für den Zeitpunkt der Befragung gilt – bis zur Wahl selbst können unter Umständen etliche Wähler ihre Meinung noch geändert haben. Selbst das »berüchtigte« Vorschauergebnis der Truman-Wahl des Jahres 1948 (die Gallup-Umfrage sah einen klaren Sieg Deweys voraus) war, obwohl noch mit primitiven Methoden zustandegekommen, gar nicht so falsch, sondern lag durchaus im Bereich des statistischen Zufallsfehlers. Doch auch bei einer nach besten heutigen Methoden durchgeführten Umfrage kann die Prognose 51:49 durchaus zum Resultat 49:51 führen und damit den vermuteten Wahlausgang auf den Kopf stellen.

Elementare Grundannahme aller Umfragen ist, daß der Befragte erstens die Frage richtig versteht, zweitens sich nicht innerlich gegen ihre Beantwortung sträubt und drittens seine wahre Meinung sagt oder, wenn er das nicht will, zumindest die Antwort verweigert, aber nicht schlechthin lügt. Die Qualität eines Umfrageergebnisses hängt also nicht zuletzt von der Formulierung der Fragen ab. Das aber heißt: Es ist jederzeit möglich, durch geeignete Fragestellungen das Resultat zu manipulieren. Das wird in der Regel weder der Auftraggeber wünschen, weil er ja meist wirklich wissen will, welche Meinung oder Absicht die Öffentlichkeit in dieser oder jener Hinsicht hat, noch wird das Meinungsforschungsinstitut die Fragestellung bewußt auf ein bestimmtes Resultat hin ausrichten.

Im Ausnahmefall aber kann es sein, daß der Auftraggeber andeutet oder unmißverständlich zu erkennen gibt, er erwarte eigentlich eine große Mehrheit für diese oder jene Antwort – dann steckt das Institut im Zwiespalt zwischen wissenschaftlicher Sauberkeit und gutem Kundendienst.

Ein allzu beflissenes Eingehen auf vermeintliche Wünsche des Auftraggebers kann allerdings sehr leicht zu gefährlichen Fehlinformationen führen. Spione, Geheimpolizisten und ähnliche staatspolitische »Meinungsforscher« haben oft zwischen zwei Extremen geschwankt – entweder die Situation rosig erscheinen zu lassen oder aber eine Überfülle von staatsfeindlichen Aktionen und Äußerungen zu melden, je nachdem, was sie für erwünscht hielten. Das Ergebnis solcher verzerrter Berichte ist, wenn sie höheren Ortes geglaubt werden, eine irrige Einschätzung der Lage, eine falsche Beurteilung der künftigen Entwicklung.

Wie reimt sich nun die Behauptung von vorhin, Stichprobenumfragen lieferten ein verblüffend exaktes Bild von der Grundgesamtheit, mit der Tatsache zusammen, daß je nach Fragestellung höchst unterschiedliche Umfrageresultate erzielt werden können? Ganz einfach: Die Stichprobe liefert sehr genau die Antwortenverteilung in der Gesamtheit, aber das besagt mir, daß eben auf eine manipulierende Frage auch die Gesamtheit ganz ähnlich wie die Stichprobe geantwortet hätte.

Doch auch wissenschaftlich korrekte Fragen können zu falschen Antworten führen – etwa wenn es um Persönliches geht, das der Befragte nicht gern wahrheitsgetreu beantworten möchte. Das mag Fragen des Vermögens oder des Einkommens betreffen, aber auch Fragen des sexuellen Verhaltens oder der persönlichen Hygiene. Es ist eine alte Erfahrungstatsache der Meinungsforschungsinstitute und der Statistischen Ämter, daß in Befragungen stets mehr Seife und Zahnpasta und weit weniger Alkohol erscheint, als es den realen Absatzziffern der betreffenden Branchen entspricht.

Ein weiteres Problem bilden die Antwortverweigerer oder die Unentschlossenen. Die Statistischen Ämter erhalten täglich Stöße von Zahlen, die im besten Fall über den Daumen gepeilt sind, weil sich in den zur Auskunft gesetzlich verpflichteten Firmen niemand die zeitraubende Mühe machen will, diese Zahlen wirklich exakt zusammenzustellen.

Jedenfalls aber ist die Ausgangsbasis für die Zukunftsabschätzung und für die Überlegung, welches Machbare wann gemacht werden wird, äußerst schlüpfrig, und auch für die Resultate der Meinungs- und Marktforschung gilt wie für alle anderen statistischen Daten: Alles wegstreichen, was hinter dem Komma steht, und den Rest als Schätzwert ansehen. Selbst die Erfassung der Gegenwart ist niemals völlig exakt möglich, und Zahlenprojektionen in die Zukunft hinein verlieren sich rasch im Märchenwald der Illusion.

VI. Kapitel
Die Formeln der Macht

Von Blaise Pascal stammt das Bonmot: »Wäre die Nase der Kleopatra etwas kürzer gewesen, so hätte sich das Antlitz der ganzen Welt verändert.« Er wies damit auf die entscheidende weltpolitische Rolle hin, die die ägyptische Königin während der Kämpfe Cäsars, Antonius' und Octavians um die Herrschaft im Nahen Osten gespielt hat. Hätten sich Cäsar und Antonius nicht für sie begeistert, oder hätte Kleopatra gewiß sein können, auch Octavian zu betören, dann – so folgert Pascal – wäre der Lauf der gesamten weiteren Weltgeschichte ein anderer gewesen.
Der amerikanische Erzähler Stephen Vincent Benet spinnt in einer Erzählung das Leben eines Napoleon Bonaparte aus, der eine Generation zu früh auf die Welt gekommen ist – 1737 geboren, stirbt er 1789 als pensionierter Major an einem schweren Leiden und hinterläßt einen Schrank voll verstaubter Feldzugspläne. Aber es war ihm nie möglich, auch nur ein einziges Gefecht zu lenken: als junger Leutnant in Indien von den Engländern gefangengenommen, dann zehn Jahre Dienst auf Mauritius, dann in anderen Garnisonen, zuletzt krankheitshalber verabschiedet …
Charles Renouvier schrieb vor hundert Jahren eine teils skurrile, teils faszinierend logische romanhafte Studie »Uchronie – eine apokryphe historische Skizze über die Entwicklung der europäischen Zivilisation, wie sie nicht war, aber sehr wohl hätte sein können.« Im Nachwort skizziert er sogar einen »Entscheidungsbaum« oder »Relevanzbaum« wie ihn die moderne Spieltheorie wieder entdeckt hat – jenen Baum, bei dem jeder Verzweigungspunkt eine Entweder-Oder-Entscheidung bedeutet.
Auch eine Reihe anderer Autoren und Denker hat immer wieder

mit der Überlegung gespielt »Was wäre gewesen, wenn ...« So erwähnt Robert Ayres in seiner Studie über »Prognose und langfristige Planung in der Technik« eine Anzahl derartiger Gedankenspiele: Was wäre geschehen, wenn Richard III. bei Bosworth Field nicht vom Pferd gestürzt wäre? Was, wenn die Pistole von John Wilkes Booth, der Lincoln ermordete, versagt hätte? Und was wäre geschehen, wenn Sir Alexander Fleming selbst die wirtschaftliche Herstellung des Penicillins in die Wege geleitet hätte, statt auf die Verwertung durch die *Rockefeller Foundation* zu warten?

Wenn derartige Gedankenspiele durchaus ernsthafte Wissenschaftler und Denker beschäftigen, dann hat das eine zweifache Ursache. Erstens zwingt eine solche Fragestellung zu einer Stellungnahme über Willensfreiheit und »historische Notwendigkeit«, über Zufall und Unabänderlichkeit in der Geschichte – und zweitens führt die sachlich nutzlose Überlegung »Was wäre gewesen, wenn ...« zu der weit bedeutsameren und möglicherweise zukunftsgestaltenden »Was wäre, wenn ...?«

Vor diese Frage sehen sich ja tatsächlich die Politiker und Planer in aller Welt gestellt. Denn nichts ist wichtiger für ihre eigenen Entscheidungen, als die Entscheidungen ihrer Gegenspieler vorauszuahnen und wenn möglich vorherzuberechnen. So wird die politische Prognose zur weltbewegenden Kunst, werden Mathematik und die Spieltheorie der Macht zu entscheidenden Wissenschaften.

»Man spricht von der Geschichte der Menschheit; aber was man meint, und was man in der Schule gelernt hat, ist die Geschichte der politischen Macht«, klagt Sir Karl Popper resigniert. Aber es ist nun einmal so: Das Schicksal der Menschheit wird bestimmt von den Trägern der politischen Entscheidungen, und diese Entscheidungsträger sind in der Regel die Inhaber der politischen Macht.

Nun wäre es schon schwierig genug, die Entschlüsse der jeweiligen Machthaber vorauszusehen und gleichsam zu erfühlen, ob die Nase der Kleopatra für Cäsar oder Octavianus wohlgeformt genug sein wird, oder ob ein Staatsmann in einem kritischen Augenblick einen Gichtanfall erleiden wird, der ihn a) mißmutig und reizbar oder aber b) schwerfällig und resignativ stimmen könnte.

Derartige psychologische Studien überfordern selbst die scharfsinnigsten Beobachter und machen sie nur allzu leicht zu dem, was verächtlich, aber nicht unzutreffend »Kreml-Astrologen« genannt wird: Okkultisten, die aus diesen oder jenen Anzeichen weitreichende Schlüsse zu ziehen suchen und im Ernstfall zu hilflosem Raten gezwungen sind. Weder nach dem Tode Stalins noch nach dem Tode Mao Tse-tungs konnte einer der Fachleute auch nur annähernd richtig die Entwicklung der darauffolgenden zwei Jahre voraussagen – zu verschlungen und kompliziert war das Spiel um die Macht zwischen den führenden (zuweilen scheinbar nur im zweiten oder dritten Glied stehenden) Persönlichkeiten.

Das war freilich nicht weiter verwunderlich. Schon im Jahre 1971 klagte eine große deutsche Tageszeitung resignierend: »Das volkreichste Land der Erde bleibt wie hinter einem dichten Vorhang verborgen. Die professionellen China-Watcher sind hauptberuflich ratlos. Das Fehlerrisiko macht ihr Geschäft zum Glücksspiel.«

Doch auch die Sankt-Peter-Astrologen versagen kläglich. Bei den Papstwahlen des Jahres 1978 waren unzählige Namen im Gespräch, nur die beiden dann tatsächlich Gewählten wurden meist nicht einmal unter den Außenseitern genannt. So zählte vor der Wahl von Papst Johannes Paul I. ein angesehenes internationales Nachrichtenmagazin fünf Hauptkandidaten und nicht weniger als ein Dutzend Außenseiter auf, darunter die Kardinal-Erzbischöfe von Cagliari, Florenz, Palermo, Neapel und Turin – nicht jedoch den Patriarchen von Venedig, der schließlich schon im dritten Wahlgang gewählt wurde.

Noch stärker daneben griffen die Prognostiker bei der Wahl von Johannes Paul II. im Oktober desselben Jahres. Galt es schon als äußerst unwahrscheinlich, daß ein Nichtitaliener gewählt werden könnte, so tippte man für den Fall, daß dies doch einträte, auf die Kardinäle Willebrands oder König oder Pironio oder Lorscheider, aber kaum auf den polnischen Kardinal Karol Wojtyła.

Die Wahl der Namen dieser beiden Päpste kam übrigens nicht nur der zeitgenössischen christlichen Welt überraschend; auch die Propheten hatten sich geirrt, wie die 1899 als Ergänzung zur Malachias Prophezeiung veröffentlichte Weissagung des sog. »Mönchs von Padua« beweist (Seite 71).

Selbst dort, wo die maßgebenden Persönlichkeiten weniger abgeschieden von der publizistischen Weltöffentlichkeit leben als im Kreml oder im Vatikan, sondern sich sogar aktiv um die höchsten Staatsämter bewerben, ist die politische Prognose ein sehr risikenreiches Unternehmen. Als im Herbst 1975 die Bewerber um die demokratische Präsidentschaftskandidatur in den USA ins Rennen gingen, da schien es klar, daß die Entscheidung zwischen Hubert Humphrey, Edward Kennedy und George Wallace fallen müsse; Außenseiterchancen räumte man Jackson, Udall, Harris, Bayh und Shriver ein. Jimmy Carter wurde mit einem Nebensatz abgetan: Er knüpfte seine Hoffnungen an die magere Chance, George Wallace bei den Vorwahlen in Florida zu schlagen.

Doch schließlich war es ausgerechnet Carter, der Präsident der Vereinigten Staaten wurde – und wenn etwas noch überraschender war, als dieser Wahlsieg eines extremen Außenseiters, dann die Art und Weise, mit der er sein Amt verwaltete: Binnen anderthalb Jahren galt er bei der Mehrzahl der Amerikaner als unfähig, und die in ihn gesetzten Erwartungen hatten sich nicht annähernd erfüllt. Seine Entscheidungen und Programme verblüfften oder verstörten mehr als sie faszinierten und stießen oft selbst in seiner eigenen Partei auf massiven Widerstand.

Führende Staatsmänner verhalten sich eben auch nur selten genau so, wie man es von ihnen erwartet hat, ja zuweilen nicht einmal »streng rational« im Sinne konventioneller Vernunftbegriffe – sei es, daß sie aufgrund ihrer Persönlichkeitsstruktur (weil sie Fanatiker sind oder sogar von Verfolgungswahn Besessene) zu anderen Schlüssen gelangen als ein unbeteiligter, aber sachkundiger Beurteiler der Situation, sei es, weil sie Vorstellungen vom nationalen oder parteipolitischen Interesse haben, die ihnen wichtiger erscheinen als der sachlich beste Weg.

In der Wirtschaftspolitik ist ein derartiges Verhalten sogar eher die Regel als die Ausnahme: Wirtschaftsprobleme werden nicht gelöst, sondern meist *ad hoc* provisorisch geregelt – wegen des Drucks irgendeiner Lobby oder im Hinblick auf wichtige Wählerschichten. Die Vorhersage muß also in solchen Fällen eher von jenen Faktoren ausgehen, die Einfluß auf die Entscheidung nehmen, als von der Annahme, daß die definitive Lösung eines Problems angestrebt wird. Wer für die Landwirtschaftspolitik der EG-Staaten Voraussagen treffen will, darf nicht von der naiven Vorstellung ausgehen, erstes und oberstes Ziel sei die Beseitigung und Vermeidung landwirtschaftlicher Überschüsse.

Yehezkel Dror, der israelische Politikwissenschaftler, ist sogar so weit gegangen, das rationale Verhalten von Staatsmännern überhaupt zu leugnen und von *crazy states*, »Verrückten Staaten« – so der Titel eines seiner Bücher – zu sprechen. Er behauptet darin nicht mehr und nicht weniger als: »Die Weltgeschichte besteht nicht aus höchst-wahrscheinlichem Verhalten, sondern es sind vielmehr ungewöhnliche Phänomene und Ausnahmefälle, die die Ereignisse gestalten.« Das aber heißt in logischer Konsequenz, daß das Verhalten von Staatsmännern so gut wie überhaupt nicht vorhergesagt werden kann und dem Spiel der Phantasie weit mehr Platz eingeräumt werden muß als der bloßen Logik.

Dennoch ist – von bizarren Ausnahmen abgesehen – jede politische Entscheidung in sich einigermaßen logisch, wenn man die Entscheidungskriterien der Machthaber richtig einsetzt. Und man darf es sich auch nicht so leicht machen, hinterher beweisen zu wollen, wie unsagbar töricht diese oder jene politische Entscheidung gewesen sei. So ist es zum Beispiel abstrus, wenn Wilhelm Fucks im Jahre 1978 behauptet, die Japaner hätten im Dezember 1941 völlig davon überzeugt sein müssen, daß ein Krieg gegen die USA nicht zu gewinnen sei – u. a., weil die Stahl- und Energieproduktion Japans nur etwa ein Zehntel der amerikanischen betrug: »Wie man sich angesichts dieser Sachverhalte entschließen konnte, mit den USA in den Krieg einzutreten, ist schlechterdings unverständlich.« Aber das Unverständliche geschieht eben zuweilen und macht Weltgeschichte.

Im übrigen war der Kriegseintritt Japans im Dezember 1941 keineswegs so völlig absurd. Die japanischen Machthaber – darunter der noch heute regierende Kaiser Hirohito – konnten zu diesem Zeitpunkt durchaus annehmen, daß Deutschland den Rußlandfeldzug gewinnen würde (besonders wenn nun zusätzlich japanische Kräfte den Fernen Osten der Sowjetunion bedrohten) und daß die Vereinigten Staaten einen langen, verlustreichen Krieg an zwei entlegenen Fronten (in England, bzw. im Pazifik) scheuen würden, sobald einmal Hitler-Deutschland in ganz Kontinentaleuropa fest etabliert war.

Mit bloßen Zahlenvergleichen von Produktions- und Bevölkerungsziffern läßt sich da kaum argumentieren (siehe: USA in Vietnam). Doch je schwieriger die Voraussage des individuellen oder kollektiven Verhaltens von Entscheidungsträgern erscheint, desto mehr verbeißen sich die Prognostiker eben in jenen Bereich der politischen Prognose, der mathematisch zugänglicher erscheint – auf den Teilbereich der bloßen Machtbasis, losgelöst von der Persönlichkeit der Machtausübenden.

Es setzt sich ja eine weltpolitische Vorherschau aus mindestens drei untereinander eng verzahnten Teilprognosen zusammen (und auch dies ist schon eine grobe Vereinfachung): erstens aus der Vorhersage des Verhaltens der Entscheidungsträger und dem Ausgang ihrer internen Auseinandersetzungen, zweitens aus der Vorhersage der öffentlichen Meinung, wie sie sich in Wahlresultaten oder Stimmungsumschwüngen, in Enthusiasmus oder passiver Resistenz dokumentiert, und drittens eben aus der Abschätzung der gegenwärtigen und künftigen Machtmittel wie Infrastruktur eines Staates, Produktionsergebnisse, Rüstungspotential, geopolitische Lage. Hier scheint es sich um Fakten zu handeln, die ziffernmäßig erfaßbar oder sonstwie quantifizierbar sind – ähnlich wie es beispielsweise in den Lehrbüchern des Schachspiels an Hinweisen nicht fehlt, welchen Wert eine Dame im Verhältnis zu einem Läufer oder zu einem Turm besitzt. Man kann, so lernt der eifrige Schüler, dadurch »Qualität gewinnen«, daß man einen Läufer opfert, um einen gegnerischen Turm zu schlagen. Später lernt dann der weiter Fortgeschrittene, daß es durchaus Situationen geben kann, in denen das Opfer eines Turms gegen einen Läufer einen viel wichtigeren Positionsvorteil bringen kann.

Die elementare Grundlage des Bridgespiels bildet das Erlernen der »Figurenwerte«. Aus ihnen läßt sich der Wert eines Blattes errechnen und danach abschätzen, was man mit diesem riskieren kann. Freilich – wenn Durchschnittsspieler mit einem guten Blatt gegen Meister mit einem mäßigen Blatt antreten, haben sie dennoch kaum eine Chance.

Geht man aber von der Annahme aus, daß im großen ganzen die Entscheidungsträger in aller Welt von annähernd gleicher Qualität und Risikofreude sind, dann gewinnt der Vergleich der Machtbasen und ihrer voraussichtlichen künftigen Entwicklung zunehmend an Bedeutung. Wie sehr ein solcher Vergleich freilich in der Praxis täuschen kann, zeigt das klägliche Debakel der Vereinigten Staaten in Vietnam – es wurde allerdings nicht zuletzt durch falsche Prognosen der Verantwortlichen mitverschuldet. (So »verbesserte« etwa ein General die Spionageberichte, um höheren Ortes Zufriedenheit auszulösen – und diese falschen Daten wurden dann von Systemanalytikern und Computerspezialisten verarbeitet, bis auf dem geduldigen Papier alle Gegner vernichtet waren; allerdings nur dort.)

Genauigkeit der Information, Zuverlässigkeit der verfügbaren Daten – das ist ja stets das Um und Auf jeder sinnvollen Prognostik. Die raffiniertesten Rechenmethoden und die modernsten Datenverarbeitungsanlagen können keine brauchbaren Ergebnisse liefern, wenn die Daten, auf denen ihre Berechnungen und logischen Verknüpfungen basieren, falsch sind. Mindestens ebenso schlimm ist es freilich, wenn die Annahmen über die Korrelationen, also über die zahlenmäßigen und logischen Zusammenhänge zwischen mehreren Daten falsch oder unvollständig sind: Stimmen die Prämissen nicht, dann sind auch die Schlußfolgerungen und die Prognosen falsch – das gilt für die Banalitäten der Alltagsentscheidungen ebenso wie für computergerechnete Weltmodelle.

Nun sind manche Daten, die der Berechnung der Staatsmacht dienen können, verhältnismäßig leicht zugänglich – etwa die Bevölkerungszahlen. Bei den Produktionsziffern ist es schon nicht mehr ganz so leicht: Es ist kein Zufall, daß die sozialistischen Staaten des Ostens Produktionszahlen meist nur als chiffrierte Planerfüllungszahlen bekanntgeben – sie wissen genau, wie wichtig die entsprechenden westlichen Ziffern für sie sind und wollen daher den potentiellen Gegner nicht exakt über ihre eigene Leistung informieren. Gilt das schon für die Rohstoff-, Energie- und Lebensmittelproduktion, so gilt es erst recht für die Rüstung. Dennoch sind die wichtigsten Zahlen zumindest in glaubhaften Näherungswerten bekannt, und so ist es also durchaus möglich, eine Berechnung der Macht der einzelnen Staaten zu versuchen. Freilich muß man zunächst einmal definieren, was man sich unter dieser »Macht« vorstellen will.

Naheliegend wäre es, dabei zu allererst an das militärische Machtpotential zu denken und es in Panzern, Flugzeugen, U-Booten und atomaren Sprengköpfen auszudrücken – von der Annahme ausgehend, daß Macht eben bedeutet, den eigenen Willen durchsetzen und den Willen eines anderen brechen zu können. Wer mehr Panzer hat, hat mehr Macht. Aber wie sehr solche Zahlenverhältnisse trügen, hat erst in jüngster Vergangenheit der Vietnamkrieg gezeigt, von dem der amerikanische Journalist und Autor David Halberstam in seinem Buch *»The Best and the Brightest«* (deutsch »Die Elite«, 1974) schrieb: »Die Statistiken und Berechnungen waren völlig wertlos, weil aus ihnen nie hervorging, daß auch ein Kräfteverhältnis von zehn zu eins zugunsten der Saigoner Regierung noch nichts besagte, weil der eine Mann bereit war, zu kämpfen und zu sterben, die zehn aber nicht.«

Vor zweihundert Jahren waren sich die Merkantilisten, die in der eben im Entstehen begriffenen Nationalökonomie den Ton angaben, darin einig, daß Wohlstand und Macht eines Staates vor allem von seiner Einwohnerzahl und vom Fleiß seiner Bürger abhingen. Aus jener Zeit stammt ja auch die bis in unsere Tage fortdauernde Vorstellung vom notwendigen Wachstum der Bevölkerung, die bisweilen geradezu Züge von Besessenheit annehmen kann: Jedes Geburtendefizit wird sofort als bevorstehender Tod der Nation beklagt, oder zumindest sieht man die Altersversorgung gefährdet. Daß die Produktion und das Sozialprodukt heute weit mehr vom sinnvollen Einsatz der Energie und der Technik abhängen als von der Anzahl der Hände, das will noch immer nicht in so manche Köpfe. Aber das gehört u. a. zu den Unterschieden zwischen nationalem und rationalem Denken ...

Dennoch bleibt eines unumstritten: Die Bevölkerungszahl eines Landes spielt, zumindest in gewissem Ausmaß, auch heute noch eine Rolle im Weltgeschehen. China etwa, als der volkreichste Staat der Erde, ist bereits deswegen ein Machtfaktor, mit dem alle Welt zu rechnen hat. Dabei sollte allerdings nicht übersehen werden, daß erstens China vor dreißig Jahren mit einem prozentual etwa ebenso hohen Anteil an der Weltbevölkerung politisch noch eine *quantité négligeable* war, und daß zweitens Indien, hinsichtlich der Bevölkerungszahl das zweitgrößte Land der Welt, in der Weltpolitik keineswegs als Machtfaktor gilt, sondern weit eher als Sorgenkind, das für unabsehbare Zeit auf fremde Hilfe angewiesen sein könnte.

Die Bevölkerungszahl allein macht es also nicht – wenn es noch eines weiteren Beweises bedürfte, dann genügt ein Blick in den Nahen Osten, auf den arabischen Goliath und den israelischen David. Was also macht sonst noch Macht aus, außer der Bevölkerungszahl?

Eine der naheliegenden, verhältnismäßig bequemen und daher auch oft verwendeten Antworten lautet: das Bruttosozialprodukt eines Landes. Ohne hier auf nationalökonomische Feinheiten der Definition einzugehen, läßt sich dieses »BSP« übersetzen als »Gesamtheit der Güter und Dienstleistungen, die in einem Land hergestellt werden und auf den Markt kommen«. Die Beifügung »und auf den Markt kommen« ist bedeutsam für das ganze Konzept. Damit wird nämlich erstens ausgesagt, daß die Bewertung über den »Marktpreis« erfolgt und daß zweitens alle Leistungen, die nicht »vermarktet« werden, unberücksichtigt bleiben.

Das heißt, daß eine Gesellschaft, die vorwiegend aus sich selbst versorgenden Bauernfamilien besteht, so gut wie kein BSP aufzuweisen hat, selbst wenn sämtliche Angehörigen dieses Volkes abwechslungsreich ernährt, gut behaust und bekleidet in gesunder Umgebung in Freuden leben. Das heißt aber auch, daß die Arbeit der Hausfrauen unberücksichtigt bleibt – nur wenn sie sich, statt im eigenen Haushalt zu arbeiten, jeweils beim Nachbarn verdingen wollten, ginge ihre Leistung plötzlich ins Sozialprodukt ein. Und das heißt schließlich, daß die Leistung der Beamten mangels einer sichtbaren und vermarktbaren Produktion mit ihrem Gehalt gleichgesetzt wird: Mehr hochbezahlte Beamte ist gleich mehr Sozialprodukt.

Fügt man noch die Überlegung hinzu, daß gerade wegen dieser Umwegberechnung über das Geld internationale Vergleiche doppelt absurd sind – erstens wegen der unterschiedlichen staatlichen Strukturen und zweitens wegen des Schwankens der Wechselkurse, dann sollte eigentlich das BSP als Vergleichsbasis sowohl für Produktion als auch für Lebensstandard oder auch für Macht ein für allemal ausscheiden.

Aber dieses Bruttosozialprodukt läßt sich, vor allem in den Industriestaaten, so schön berechnen, und so bildet es denn auch einen wichtigen Aspekt in den Prognosen etwa von Herman Kahn, freilich mit der für Kahn charakteristischen breiten Auffächerung »von – bis«, die letztlich so gut wie alle Möglichkeiten offenläßt. In einem früheren Kapitel war das anhand eines typischen Beispiels bereits aufgezeigt worden. Ist Kahn schon beim BSP so vorsichtig, daß er ziemlich alles in den Bereich des Möglichen rückt, so kommt es ihm erst recht nicht in den Sinn, etwa einen »Macht-Index« zu konstruieren und Zahlenreihen für die Machtentwicklung der Weltmächte aufzustellen und zu extrapolieren. Er liefert statt dessen ein Dutzend oder mehr verbaler »Szenarien«, die von einer stabilen Status-quo-Welt bis zum »atomaren Schlagabtausch und seinen Folgen« reichen. Irgend etwas davon wird schon annähernd stimmen.

Dagegen stürzt sich ein anderer Autor tollkühn in die Berechnung von »Formeln zur Macht« und versucht etwas auszusagen über »Mächte von morgen«: der Aachener Plasmaphysiker Wilhelm Fucks. Er konstruiert eine Macht-Formel, in der drei Elemente miteinander verknüpft sind: die Bevölkerungszahl, die Stahlproduktion und die Energieproduktion. Es gibt eine Reihe von Möglichkeiten, diese drei Faktoren zu verknüpfen – von der simplen Addition (Indexzahlen jeweils bezogen auf Basis = USA = 100) bis zu den kompliziertesten mathematischen Verbindungen. Fucks hat jene Möglichkeit ausgewählt, die ihm für Gegenwart und Vergangenheit die plausibelsten Resultate zu liefern schien. Das ist eine Formel, in der die Bevölkerungszahl wesentlich geringer gewichtet wird als die beiden Produktionen, was durchaus im Einklang steht mit unseren Überlegungen hinsichtlich Israels und Indiens.

In seinem ersten Buch »Formeln zur Macht« hat Fucks gezeigt, wie er tastend zu dieser Formel gekommen ist, in den »Mächten von morgen« versucht er von vornherein alle Einwände mit ständig wiederkehrenden Suggestivwörtern wie »natürlich« vom Tisch zu wischen: Der repräsentierende – so Fucks wörtlich – Faktor der agro-industriellen Produktion kann »natürlich« nur der Energieverbrauch sein, von den Ölstaaten muß man »natürlich« im Augenblick absehen, aber immerhin steht »natürlich« nichts im Wege, es auch einmal mit anderen Modellen zu versuchen.

Nun, sehen wir uns einmal jene seiner Prognosen an, die schon über zehn Jahre alt sind, die Prognosen aus »Formeln zur Macht«. Da ist die Ausgangs- und Vergleichsbasis die Macht der USA im Jahre 1960 = 100. Zu diesem Zeitpunkt, für den die Formeldaten ja schon vorlagen, ergab sich die Macht Chinas mit 19, die der UdSSR mit etwa 55. So weit, so gut. Nach der Fucksschen Prognose von damals erreicht China die Macht der Sowjetunion im Jahre 1975 (beide stehen dann ungefähr bei 100, die USA unterdes auf 140); im Jahr 1979 beginnt China mit Indexzahl 150 auch die USA zu überflügeln, zieht bis zum Jahr 1990 auf nahezu 400 davon und steht zur Jahrtausendwende bei etwa 750, während die USA und die UdSSR mit etwa 180 und 160 nur noch unter »ferner liefen« rangieren. Sehen wir von der noch offenen Zukunft ab und fragen wir uns: Hat China heute (1979) sowohl die Macht der Sowjetunion übertroffen als die der USA erreicht? Selbst wenn man die Fucksche Formel zur Beantwortung heranzieht, muß die Antwort ein klares Nein sein. Die mit viel Aufwand errechnete »Formel zur Macht« ist also von der tatsächlichen Entwicklung bereits eindeutig widerlegt worden.

Das hat aber Fucks wie viele andere Propheten nicht davon abhalten können, fünfzehn Jahre und viele Fehlprognosen nachher neuerlich die prinzipiell gleiche Formel anzuwenden und abermals zu prognostizieren. Wunderlicherweise sieht allerdings diesmal

schon die Ausgangsbasis ganz anders aus: USA als Standard zwar selbstverständlich wieder 100, UdSSR mit 52 kaum verändert, aber China steht plötzlich schon auf 34.
Dennoch ist Chinas Höhenflug nun nicht mehr ganz so steil – darf es auch nicht sein, weil unterdes die Realitäten von 1970 und 1975 bekanntgeworden sind, die sich mit den alten Prognosen – tückisch wie die Wirklichkeit nun einmal ist – nicht decken wollten. Sollte ursprünglich China im Jahre 1975 die Sowjetunion und im Jahre 1979 die Vereinigten Staaten eingeholt haben, so finden wir nun China im Jahre 1980 nur bei Indexwert 77 gegenüber 202 der USA und 138 der Sowjetunion. Und selbst zur Jahrtausendwende, an der einst – das heißt: vor fünfzehn Jahren – China klar dominierte, liegt das Reich der Mitte mit Index 238 erst halbwegs zwischen den USA, 270 und der UdSSR, 216. Aber um wenigstens *ein* publicitywirksames Überraschungsmoment einzubringen, taucht nun ein neuer Schnellstarter auf: Brasilien, aus dem Nichts kommend (1960 = 1,4, knapp ein Sechzigstel der USA), erreicht um die Jahrtausendwende die Bundesrepublik Deutschland, die unterdes (anno 1993) bereits von Indien überflügelt wurde.
Wer viel prophezeit, wird unweigerlich auch einmal etwas fast Richtiges vorhersagen, und wenn es schon mit China nicht geklappt hat, das nun bei Fucks in Ungnade gefallen ist, mag es immerhin eintreffen, daß Brasilien mit seinen gewaltigen Ressourcen bis zur Jahrtausendwende eine Macht vom Rang der Bundesrepublik Deutschland wird – falls diese dann noch eine Macht von Rang ist.
Die Entstehung und die Bedeutung der Dritten Welt wurden im übrigen von der politischen Prognostik generell übersehen oder unterschätzt. Noch am Vorabend des Zweiten Weltkriegs hat wohl kaum ein »Realpolitiker« – und nicht einmal ein Utopist wie H. G. Wells – auch nur im entferntesten daran gedacht, daß in den fünfziger Jahren unseres Jahrhunderts eine große Welle der Entkolonialisierung über die Welt gehen würde. Und man kann es niemandem verdenken, der *nicht* daran gedacht hat. Denn selbst nach Kriegsende, im Jahre 1945, bestand keine zwingende Notwendigkeit etwa für England, Indien aufzugeben. Die Sieger wa-

ren es ganz einfach müde geworden, nach Ende des großen Krieges ihre Truppen nun auch noch in Kleinstkriegen zu verzetteln, deren Ende nicht abzusehen war. Die Forderungen nach Selbständigkeit wurden erst dann immer lauter und drängender, als sich gezeigt hatte, wie wenig entschlossen die alten Kolonialherren waren, an ihrem Besitz festzuhalten.

Northcote Parkinson, der ebenso witzige wie scharfsinnige Analytiker sozialen Verhaltens, hat – später einmal – geschrieben: »Niemals lehnen sich Menschen gegen eine Tyrannei auf, sondern stets gegen eine Autorität, die schwächer wird und zu wanken beginnt. Die Geschichte aller Revolutionen beginnt nicht mit der Verschwörung der Rebellen, sondern mit Meinungsverschiedenheiten und Zweifeln unter den Männern im Amt.«

Freilich – alles Gescheite ist schon gedacht worden, man muß nur versuchen, es noch einmal zu denken, wie Goethe sagt. Parkinsons »Gesetz« wurde schon mehr als hundert Jahre früher von dem französischen Historiker und Politiker Alexis de Tocqueville »gedacht«. Danach werden Herrschaftssysteme immer dann verletzbar, wenn sie sich durch liberale Reformen selbst schwächen. Solange die unterdrückte Masse keinen Funken Hoffnung sieht, hält sie still; wird ein wenig Bewegungsfreiheit gewährt, kann es zur Revolution kommen.

Wenn man »Gesetzmäßigkeiten« in der Weltgeschichte sucht, dann ist dieses Gesetz – in der Parkinsonschen Fassung wie in der von Tocqueville – mindestens so gut wie irgendein anderes. Es sagt freilich leider nichts darüber aus, wann und wo die nächste Gruppe von Machthabern auf diese Weise zur Rebellion einladen wird. So kam ja etwa der Zusammenbruch der Diktatur in Portugal für alle Welt sehr überraschend – noch wenige Monate vorher hätte niemand daran zu denken gewagt. Mindestens ebenso überraschend kam dann auch die schnelle Liquidierung des portugiesischen Kolonialreichs, von dem man angenommen hatte, es werde das dauerhafteste in Afrika sein.

Auf jeden Fall aber kann auch dieses »Gesetz« über die Entstehung von Revolutionen keine Allgemeingültigkeit beanspruchen, sondern muß im Zusammenhang mit der weltpolitischen Gesamtlage gesehen werden. So war der »Prager Frühling« zweifellos ein klassisches Beispiel für die Behauptung, nachlassender Druck und beginnende Liberalisierung führten zu immer lauteren und zahlreicheren Forderungen. Aber zu einem revolutionären Umschwung konnte es nicht kommen, weil letztlich ja nicht das Regime in Prag der Gesprächspartner oder der Gegner war, sondern das durch keinerlei Liberalisierung angekränkelte Regime in Moskau, das in der Tschechoslowakei den drohenden Umsturz gleich im Keim erstickte, so wie es ein paar Jahre zuvor die bereits aufgeloderte Revolution in Ungarn mit Waffengewalt niedergeschlagen hatte.

Unterdes ist deutlich geworden, daß ein politischer Wandel im Osten Europas nur auf zweierlei Weise erfolgen kann: entweder durch einen globalen Krieg, der ja stets die Landkarten und die Herrschaftsverhältnisse verändert hat (und fast immer in anderer Weise, als es zuvor vermutet oder vorausgesagt wurde), oder aber durch einen Liberalisierungsprozeß im Zentrum der Macht selbst, also im Kreml.

Daran aber wagt kaum jemand zu denken, geschweige denn davon zu sprechen, weil es zu den stillschweigenden Konventionen der Zukunftsforscher zu gehören scheint, die augenblicklichen Staatsformen und Staatsgrenzen als in alle Ewigkeit festgeschrieben anzusehen – eine Vorstellung, die um so aberwitziger ist, als das auch nur flüchtige Durchblättern eines historischen Atlas jedermann zeigen könnte, wie häufig und wie radikal die Veränderungen der politischen Landkarte zu allen Zeiten waren.

Ebenso besagt der Einwand nichts, im Zeitalter der Atomwaffen sei kein Dritter Weltkrieg mehr möglich. Erstens ist immer wieder das Unmögliche geschehen – und ein paar hundert Millionen Menschen würden wohl auch den Dritten Weltkrieg überleben –, und zweitens kann es durchaus zu einschneidenden politischen Veränderungen kommen, ohne daß deswegen ein Dritter Weltkrieg ausbrechen muß.

Man kann solche Szenarios an den Fingern abzählen – eines wie das andere ein Sakrileg, aber keines prinzipiell undenkbar. Zum Beispiel: Wie sähe es etwa in einer Welt aus, in der sich der Marxismus allgemein durchgesetzt hat? Selbst wenn man der bissigen Gegenfrage: »Welcher – der russische, der chinesische oder ein anderer?« ausweicht, indem man etwa den Sowjetkommunismus heutiger Moskauer Prägung annimmt, bedarf es einer gehörigen Portion Naivität, anzunehmen, daß dann ein einig-einheitlicher Weltstaat geschaffen wäre.

Noch skurriler mutet ein weiteres Szenario an: ein sozialistisch-kommunistisches Regime in den Vereinigten Staaten, ein christlich-konservativer Block in Mittel- und Osteuropa. (Die Neuerweckung des Christenstums von Rußland her wurde sogar schon prophetisch prognostiziert, beginnend mit der Vorstellung vom Dritten Rom.)

Mindestens ebenso abwegig mutet ein drittes Szenario an: Aussöhnung Israels mit den arabischen Nachbarstaaten und Entstehung eines Semitischen Reiches vom Kaspischen Meer bis zur marokkanischen Atlantikküste, im Besitz fast aller Ölvorräte, eines gewaltigen Raums und hochentwickelter Technologie. Seit der völlig unvorhergesehenen Reise Präsident Sadats nach Israel im Spätherbst 1977 ist dieses Gedankenspiel mit den »anderen Möglichkeiten« (wie Raymond Ruyer die Utopien nannte) allerdings nicht mehr ganz so offensichtlich absurd. Die Weltgeschichte wiederholt sich zwar nicht, aber in diesem Zusammenhang sei doch daran erinnert, daß der Nahe Osten lange Zeit noch viel näher war: Die Araber sind im 10. Jahrhundert sogar vor den Toren von Paris gestanden – und die Türken noch im 17. Jahrhundert vor den Toren Wiens.

Und wenn wir schon bei den historischen Erinnerungen sind: Die Nationalstaaten sind eine Errungenschaft der neuesten Zeit (und es muß sich erst noch erweisen, ob ihnen Dauer beschieden ist). Die Idee des Nationalstaats entstand in Frankreich während der Französischen Revolution, das Konzept hat im vergangenen Jahrhundert in Europa seinen Höhepunkt erreicht (kulminierend 1918 in der Zerreißung des österreichisch-ungarischen Vielvölkerstaates) und erlebt jetzt in der Dritten Welt eine perverse Nachblüte – pervers deshalb, weil als unverrückbare »nationale« Grenzen die Linienziehungen der weiland Kolonialmächte angesehen werden.

Wie nahe liegt da das vierte Szenario: Auflösung der heutigen Staaten in Regionen, die ihrerseits teilweise über die alten Grenzen hinweggreifen. Ein Konzept, das deshalb nicht abwegig ist, weil eines Tages möglicherweise die Zentralmächte in ähnlicher Weise müde werden könnten wie vor dreißig Jahren die Kolonialmächte: Selbständigkeit also für die lästigen Basken und Katalonen, Bretonen und Walliser, Schotten und Sizilianer. Und wenn es einmal so weit ist, dann auch noch für Bayern und Kroaten, Makedonier und Letten, Ukrainer und Wallonen – ganz zu schweigen von den denkbaren Veränderungen in Asien und Afrika, wo die Sezession von Biafra und der Ogaden-Konflikt vermutlich nur ein erster Auftakt künftiger Ereignisse waren.
Keines dieser in wenigen Worten skizzierten und improvisierten Szenarios wird Wirklichkeit werden – aber ebensowenig wird Wirklichkeit bleiben, was derzeit Wirklichkeit ist. Das Fortbestehen des *status quo* – auf welchem Gebiet auch immer – ist die einzige Prognose, die kürzestfristig fast immer stimmt und längerfristig ausnahmslos falsch ist.
Zu den wenigen, die den Gedanken zu denken wagten, daß auch die Sowjetunion nicht in alle Ewigkeit fortbestehen wird, zählt vor allem Andrej Amalrik, der vor rund zehn Jahren eine kleine Schrift mit dem provokanten Titel »Kann die Sowjetunion das Jahr 1984 erleben?« verfaßte. Bei der Jahreszahl hat er sich – auf Anraten von Freunden – offensichtlich von George Orwells »1984« inspirieren lassen, sachlich aber gipfelt seine Prognose in folgenden Aussagen: Der Krieg zwischen China und der Sowjetunion, den er als nahezu unvermeidlich ansieht, »dürfte irgendwann in der zweiten Hälfte der siebziger Jahre beginnen«; dieser Krieg wird »ebenso langwierig wie zermürbend sein und keiner der beiden Seiten einen schnellen Erfolg bescheren«, im Laufe dieses Krieges werden innere Spannungen in der UdSSR vorerst zu einer Militärdiktatur, dann aber zum Zusammenbruch des Regimes führen – etwa zwischen 1980 und 1985, jedenfalls nach dem Kriegsausbruch mit China; allenfalls verbleibt in Mittelasien ein bolschewistischer Reststaat, aber nicht mehr.
Die siebziger Jahre sind nahezu vorbei – wenn dieses Buch er-

scheint, ist das nächste Neujahr schon 1980 –, und Amalriks Prognose hat sich zumindest in den Daten als falsch erwiesen. Wie ja auch Orwells »1984« mag man hinzufügen, doch würde das eine völlige Fehleinschätzung von Orwells Werk und der Absicht des Autors bedeuten. Der sog. Zukunftsroman »1984« hat wohl die Form einer Utopie (oder einer Dystopie, einer Kakatopie, einer Anti-Utopie), aber er war von Orwell keineswegs als realistische Prognose gedacht, wie ja auch seine »Republik der Tiere« *(»Animal Farm«)* nicht als »wirklichkeitsnah« gelten kann. Beide Werke sind grimmige Satiren, und wenn man »1984« als Zukunftsroman und als – mahnende – Vorhersage ansehen will, dann nur im Sinne einer *self-destroying prophecy.*

Aber auch die Phantasie, selbst wenn sie kombiniert ist mit scharfem analytischem Geist und lebhaftem politischem Interesse, ist kein verläßlicher Wegweiser in die Zukunft. Der große H. G. Wells – Zeitkritiker und Utopist, Wissenschaftler und *Science-fiction*-Autor – hat einmal gewagt, die weltpolitische Entwicklung der nahen Zukunft vorherzusagen, in einem Buch, das den Titel trug *»The Shape of Things to Come«* (»Die Gestalt der künftigen Dinge«). Es wurde 1933 veröffentlicht; eine deutsche Übersetzung davon scheint es nie gegeben zu haben. Dieses Buch ist nicht zuletzt dadurch so faszinierend, daß hier ein Autor mit besonders feinem Gehör und »Gespür« für die Zukunft seine Prognosen formuliert hat – und diese Prognosen zum Teil verblüffend richtig, zum weitaus größeren Teil aber völlig falsch waren.

Richtig gesehen hat Wells damals u. a. den Anschluß Österreichs an das Deutsche Reich, den Ausbruch des Zweiten Weltkriegs (ausgehend von einem Attentat im Polnischen Korridor, was der späteren Realität immerhin recht nahe kam), den Einmarsch der Russen in Ostpolen und Bessarabien.

Damit aber sind sämtliche Treffer bereits aufgezählt, und übrig bleibt ein ganzes Buch voll falscher Visionen mit der Schilderung eines Krieges und einer Nachkriegszeit, wie sie unzutreffender kaum hätte erdacht werden können. Da marschieren nach Kriegsausbruch die Polen auf Berlin, werden aber durch Giftgas aufgehalten. Die französische Luftwaffe dominiert, England bleibt neutral; zwischen Deutschland und der Sowjetunion kommt es zu keinem Krieg (das wäre 1939/40 sogar kurzfristig richtig gewesen). Der Krieg selbst ist nicht sehr verlustreich, aber Epidemien fordern zahllose Opfer, so daß die Kampfhandlungen im Jahr 1949 in allgemeiner Erschöpfung langsam zu Ende gehen. Mitte der fünfziger Jahre rafft eine neue, bisher unbekannte Seuche die halbe Menschheit hinweg. Und die sechziger Jahre stehen im Zeichen einer weltweiten Depression; Handel und Verkehr kommen völlig zum Erliegen, die Hotels an der Riviera verfallen, es gibt keinen Fremdenverkehr mehr.

Egon Friedell gibt in seiner »Kulturgeschichte der Neuzeit« im Schlußkapitel eine Analyse der zukünftigen weltpolitischen Entwicklungsmöglichkeiten, und diese Analyse ist wegen ihrer Pointe bemerkenswert. Friedell schreibt: »Es gibt nun folgende fünf Möglichkeiten: Erstens, der Amerikanismus siegt materiell: Weltherrschaft der Vereinigten Staaten und am Ende dieses Zwischenreichs Untergang des Abendlandes durch Übertechnik; zweitens, der Amerikanismus siegt geistig, indem er sich sublimiert: Wiedergeburt Deutschlands, von dem allein dies ausgehen kann; drittens, der Osten siegt materiell: Weltbolschewismus und Zwischenreich des Antichrist; viertens, der Osten siegt geistig: Erneuerung des Christentums durch die russische Seele. Die fünfte Eventualität ist das Chaos. Diese fünf Möglichkeiten sind gegeben, andere nicht: weder politisch noch ethisch noch psychologisch. Der intelligente Leser ist sich aber hoffentlich darüber im klaren, daß keine von ihnen eintreten wird, eintreten kann, denn die Weltgeschichte ist keine Gleichung, auch keine mit mehreren Lösungen. Ihre einzige reale Möglichkeit ist die irreale und ihre einzige Kausalität die Irrationalität.«

Damit scheint Friedell Yehezkel Drors *crazy states* vorausgeahnt zu haben. Aber während Dror das irrationale Verhalten von Staaten auf das irrationale Denken ihrer Staatsmänner zurückführt, sieht Friedell im Weltenlauf das Walten eines »höheren Geistes als des menschlichen« – die Notwendigkeit des Weltgeschehens ist grundsätzlich vom Menschen nicht einsehbar. Jedenfalls aber zeigt seine ironisch-tiefsinnige Analyse etwas sehr Richtiges an:

Mag es auch so scheinen, als seien alle Alternativen analysiert – es kommt letztlich doch anders als man denkt. Das gilt nicht nur für die Biertischstrategie der »politischen Kannegießer« oder des Josef Schwejk, der bei Ausbruch des Ersten Weltkriegs mit naiver Überzeugungskraft genau die falschen Bündnisse voraussagt, sondern es gilt auch für die Fachleute und Großmeister der Politik. Selbst Marx und Engels erwarteten den entscheidenden Durchbruch des Sozialismus in England oder Deutschland oder auch in Frankreich, aber ganz gewiß nicht in Rußland.

Noch zu Beginn des Jahres 1917 waren selbst führende russische Kommunisten überzeugt, »daß die sozialistische Revolution sich zuerst in England und in den anderen fortgeschrittenen Ländern vollziehen müsse, bevor die Reihe an Rußland kommen könne« – so Trotzkij, der sich im übrigen rühmte, die russische Oktoberrevolution schon dreizehn Jahre zuvor und immer wieder prophezeit zu haben, was nur sehr bedingt richtig ist: Er sagte wohl die sozialistische Revolution in Rußland voraus (eher in der Art der Propheten, die durch die Weissagung zur Erfüllung aufrufen), aber er prognostizierte keine Daten und keine näheren Umstände.

Übrigens ist es nach wie vor ein amüsantes Gedankenexperiment, darüber nachzudenken, was geschehen wäre, wenn die deutsche Oberste Heeresführung Lenin *nicht* heimlich nach Rußland eingeschleust hätte, um durch Unterminierung des Zarenregimes den Sieg an der Ostfront zu erzwingen. Sicher ist nur, daß kein noch so scharfsinniger Politiker und kein noch so phantasiebegabter Utopist dieses entscheidend wichtige Detail voraussehen konnte.

Louis-Sébastien Mercier war stolz darauf, die Französische Revolution vorhergesagt zu haben. Als er in der nachnapoleonischen Zeit zum Mitglied der *Académie française* gewählt und anderer Ehren teilhaftig wurde, hatte er das nicht zuletzt dem Umstand zu verdanken, daß er alle Welt darauf aufmerksam machte, er habe schon im Jahre 1770 in seinem Zukunftsroman »Das Jahr 2440« – übrigens die erste datierte Utopie der Weltliteratur – die Große Revolution vorhergesagt.

Mit dieser Behauptung betätigte er sich freilich nur als kühner Interpret seiner eigenen Prophezeiung; denn Merciers geträumter

Zukunftsstaat war eine teils aufgeklärte, aber von Spitzeln und Schnüfflern durchsetzte Monarchie mit verbesserter Sozialgesetzgebung, Vorschriften gegen wilde Kutscher und mit einigen demokratischen Zügen, aber weder ein Abbild der Revolutions- noch der Konsulatszeit oder der Restauration. Von den Ereignissen der Französischen Revolution ist ebensowenig vorhergeahnt wie vom Kaiserreich Napoleons. Und die technischen Errungenschaften der Zukunft schrieb Mercier wortwörtlich aus Sir Francis Bacons »Neu-Atlantis« ab. Dagegen soll, wie ausführlich auf Seite 75 ff. dargestellt, ein anderer Schriftsteller mit erschreckender Präzision die Ereignisse der Revolution vorhergesagt haben – Jacques Cazotte.

Daß Mercier in seinem »Jahr 2440« auch einige kleine Treffer erzielte, kann nicht verwundern, handelte es sich dabei doch um Verbesserungen, die allgemein angestrebt wurden und »in der Luft lagen«. Insgesamt aber hat er in seinem Roman die kommenden Ereignisse völlig falsch gesehen.

Zuweilen trifft allerdings auch ein Utopist und Satiriker fast haargenau ins Schwarze. So ist es nicht ohne makabren Reiz, etwa Eugen Richters »Sozialdemokratische Zukunftsbilder«, erschienen 1891 als Entgegnung auf Bebels Verheißungen einer schöneren Zukunft, mit der Entwicklung in der DDR zu vergleichen: Gesetze gegen die unerlaubte Auswanderung – mit Strenge gehandhabt –, scharfe Besetzung der Grenzen – die Grenzpatrouillen sind angewiesen, gegen Flüchtende von der Schußwaffe rücksichtslos Gebrauch zu machen. Dies vorherzusagen in einer Zeit, da man ungehinderter kreuz und quer durch ganz Europa reisen konnte als heute durch Westeuropa, ist immerhin eine erstaunliche Leistung. Dabei wollte Richter gar keine Vorhersage schreiben, sondern – ähnlich wie später Orwell – durch die Vision eines Alptraums eine ihm drohend erscheinende Entwicklung abbremsen. Richter war ein prominenter Reichstagsabgeordneter, der als extremer Liberaler sowohl Bismarck als auch Bebel leidenschaftlich bekämpfte.

Erfolgreich als Prognostiker geschlagen hat sich aber auch ein mindestens ebenso bedeutender französischer Staatsmann, der weitgereiste und scharfsichtige Alexis de Tocqueville. Er prophezeite schon um das Jahr 1830, die beiden Weltmächte der Zukunft würden Amerika und Rußland sein – und das war in Anbetracht der damaligen internationalen Machtstruktur eine sehr kühne Prognose. Er stand mit dieser Ansicht dennoch nicht allein da, denn auch der Schriftsteller Karl Julius Weber sah den Aufstieg Amerikas kommen, wenn auch mit der für Propheten und Utopisten oft so charakteristischen Zeitverzögerung: »Nach tausend Jahren wird Amerika höchstwahrscheinlich die Leuchte des Erdballs sein«. Für Rußland prognostizierte Weber: »Sobald es bebaut und bevölkert sein wird, muß es in sich selbst zerfallen.«

Langfristige, allgemeine politische Prognosen ganz anderer Art hat schon vor zweieinhalb Jahrtausenden Aristoteles angestellt. Mit der sachlichen Neugier des Philosophen und Staatstheoretikers ist er der Frage nachgegangen, wie und warum es zu Umwälzungen in einem Staatswesen kommt, und ob dabei eine bestimmte, gleichmäßige Abfolge zu beobachten sei.

Grund zu jeder Umwälzung ist, nach Aristoteles, die Maßlosigkeit und Gewinnsucht der Machthaber und die wachsende Ablehnung dieser regierenden Clique durch die Mehrheit der Bevölkerung. Zur Umwälzung kommt es dann entweder durch Gewalt oder aber durch List, also durch Revolution oder durch politische Manöver.

Er und vor ihm schon Platon, haben einen ständigen Wandel der Staatsformen festzustellen versucht und dabei die Abfolge Königtum – Oligarchie – Demokratie – Ochlokratie – Tyrannis als besonders typisch angesehen. Dabei ist unter Königtum die Herrschaft eines weisen und gerechten Monarchen, unter Tyrannis die eines brutalen und gesetzlosen Einzelnen zu verstehen, Oligarchie ist eine akzeptable Adelsherrschaft, Ochlokratie eine Herrschaft des Pöbels. Die positiv zu beurteilende Volksherrschaft der Demokratie entartet leicht zu einer derartigen Ochlokratie, über die sich dann ein Tyrann als Machthaber setzt.

Aristoteles spann den Faden weiter: Der Tyrann selbst oder seine Nachfolger werden allmählich einsichtig und weise, ihre Tyrannis läutert sich zum Königtum. Der Zyklus kann wieder beginnen.

Allerdings hat Aristoteles diese Kreislauftheorie nicht als Gesetzmäßigkeit angesehen, sondern ausdrücklich betont, daß der Wandel einmal in diese, ein andermal in jene Richtung gehen könne. Einen modernen, späten Nachklang dieser Zyklentheorien finden wir vor allem in Vilfredo Paretos soziologischen Überlegungen über den Wechsel der Eliten: Die Machthaber versteinern, versumpfen und verkommen allmählich – und werden dann von einer jüngeren, energischeren, neuerungswilligen und vorerst von besten Absichten beseelten neuen Führungsgarnitur kurz entschlossen beiseite gestoßen.

So viel Vernünftiges aber in diesen und anderen Zyklentheorien stecken mag – als Prognoseinstrument sind sie, zumindest kurz- und mittelfristig, unbrauchbar. Und die Gewißheit, daß jede Tyrannis irgendwann einmal durch eine bessere und gerechtere Herrschaftsform abgelöst werden wird, vermag wohl nur einen echten Philosophen zu trösten.

Aber die Gedankenspiele mit dem Wechsel der verschiedenen Regimes sind in der modernen Futurologie ohnehin kaum von Bedeutung. Sie mögen in den Geheimdiensten und bei strategischen Planungen der Militärs ins Kalkül gezogen werden – die Zukunftswissenschaft geht von der Annahme aus, daß bis auf weiteres die politischen Verhältnisse in der Welt unverändert bleiben werden – abgesehen von kleinen Verschiebungen in minder bedeutenden Randgebieten. Selbst wenn die Futurologen ihre Zahlenreihen bis weit über das Jahr 2050 hinaus projizieren, dient ihnen als Basis stets die politische Weltkarte von heute.

Dafür gibt es freilich nicht nur die hintergründige Erklärung, daß man nirgendwo anecken und keinen Sturm der Empörung entfesseln will, sondern auch die vordergründige und sehr wichtige, daß nämlich grundsätzlich alle Vorhersagen stets von einer stillschweigenden oder am Rande vermerkten *Ceteris-paribus*-Bedingung ausgehen. Das aber besagt nicht mehr und nicht weniger, als daß die Vorhersagen von vornherein nur unter der Annahme erstellt sind, daß alles, was nicht ausdrücklich erwähnt wird, so bleibt, wie es ist. Das ist das Schlupfloch aller Prognostiker: Geht ihnen eine Prognose daneben, dann ziehen sie sich dorthin zurück und

klagen – meist durchaus zu Recht –, die Randbedingungen hätten sich eben verändert.
Gerade die modernsten Formen der Zukunftsschau sind jedoch bestrebt, so zahlreiche Einzelkomponenten wie möglich in ihre Prognosen einzuarbeiten, und wenn dazu zwar nicht gerade die Änderungen von Regierungsformen zählen, so werden dafür doch möglichst viele der einigermaßen quantifizierbaren Elemente des Weltgeschehens herangezogen und auf ihre wechselseitigen Zusammenhänge und Auswirkungen hin untersucht. Auf diese Weise entstehen dann die »Weltmodelle«. Inzwischen ist es um sie allerdings – nach dem Sensationserfolg der »Grenzen des Wachstums«, der zum Teil durch ein Mißverständnis zustande kam (nämlich durch das naive Vertrauen in Computerdaten) – schon wieder etwas stiller geworden, da alljährlich mindestens *ein* neues Weltmodell vorgestellt wird, das allen früheren mehr oder weniger widerspricht.
Das Grundkonzept aller Weltmodelle ist das Bestreben, einige als besonders wichtig angenommene Zahlenreihen zu einem System zu verknüpfen, das für die Vergangenheit (zumindest für die jüngste Vergangenheit) richtig zu sein scheint und das daher – *ceteris paribus* (!) – auch prognostische Kraft aufweisen könnte. Die Modelle werden von Jahr zu Jahr verfeinert; ob sie dadurch aussagekräftiger werden ist freilich eine andere Frage. Denn erstens: Je mehr Zahlen verwendet werden, desto mehr Zahlen können falsch sein (und je weiter man sich von einigermaßen zuverlässig ermittelten Zahlen entfernt und auch solche mit einschließt, die nur lückenhaft vorliegen, desto größer wird diese Gefahr). Und zweitens: Je mehr Zahlenreihen es zu verknüpfen gibt, desto mehr Annahmen über die inneren Zusammenhänge müssen getroffen werden – und abermals kann jede einzelne dieser Annahmen falsch oder doch sehr ungenau sein. Im übrigen ist jedes Modell eben ein Modell, also keine genaue Abbildung der Wirklichkeit, sondern eine bewußte und erzwungene Vereinfachung – ob dabei nicht gerade Wesentliches wegvereinfacht wurde, merkt man leider meist erst hinterher.
Das Weltmodell von Jay Forrester, 1971 unter dem Titel »*World*

Dynamics« erschienen (die deutsche Bearbeitung 1972 heißt »Der teuflische Regelkreis«) arbeitet nur mit sechs Hauptgrößen, die aber in einem »Flußdiagramm« durch ihre diversen Verknüpfungspunkte insgesamt nicht weniger als zweiundvierzig Kenngrößen ergeben. Die sechs zentralen Variablen des Modells sind die Bevölkerungsgröße, die Lebensqualität, die Rohstoffreserven, die Kapitalinvestitionen (worunter Forrester eher die Summe der Kapitalgüter versteht), die Nahrungsmittelproduktion und der Verschmutzungsgrad.

Über die Zusammenhänge sagt Forrester in der Einleitung unter anderem: »Der Bevölkerungszuwachs erzeugt den Drang zu verstärkter Industrialisierung, erhöhter Nahrungsmittelproduktion, Besiedlung von mehr Bodenfläche. Aber mehr Nahrung, mehr Industriegüter und mehr Siedlungsland begünstigen eine weitere Bevölkerungszunahme.« (Hier gehen die Meinungen der Demographen schon weit auseinander – bekanntlich wird ja meist erwartet, daß gerade die Industrialisierung und der höhere Lebensstandard in den Entwicklungsländern zu einer Verringerung der Geburtenrate führen werden.) Forrester aber folgert weiter: »Die Bevölkerungszunahme und ihre Begleiterscheinungen – Industrialisierung und Umweltbelastung – sind die Ergebnisse aus Kreisprozessen, wobei jeder Sektor das Wachstum aller anderen hervorruft und unterstützt. Allmählich nähert sich das Wachstum den von der Natur gesetzten Grenzen. Es gibt nicht mehr genügend unbesiedeltes Land, die Rohstoffquellen sind begrenzt und gehen zur Neige, das biochemisch-physikalische System, das die Abfallstoffe wieder abbaut, wird überlastet.«

Dieser Gedankengang muß nun in ein systemtheoretisches mathematisches Konzept umgeformt werden, damit die Bearbeitung der Datenflut durch ein Computerprogramm möglich ist. Dabei ist es unvermeidlich, daß immer wieder Schätzungen und vage Annahmen an die Stelle von exakt nachweisbaren logischen Zusammenhängen treten. Wo gibt es denn nachprüfbare zuverlässige Zahlen, etwa über die Auswirkung der Umweltverschmutzung auf die Lebenserwartung (und damit auf Lebensqualität und Bevölkerungszahl) und wie ist »Umweltverschmutzung« überhaupt zu messen?

Was heißt das: Die Umweltverschmutzung ist auf das Doppelte oder das Zehnfache gestiegen? Das mag beim Schwefel- oder Kohlendioxidgehalt der Luft möglich sein, aber ist das bereits »die Umweltverschmutzung«? Und um wieviel steigt die Bevölkerungszahl, wenn das Nahrungsmittelangebot um zehn, zwanzig oder fünfzig Prozent steigt? Wenn die Kapitalinvestitionen in der Landwirtschaft auf das Doppelte steigen, wieviel Prozent Erntezuwachs ergibt das, und wird dieser Zuwachs im Marktwert der Ernte gerechnet oder in Brotgetreide-Tonnen umgerechnet? Und – das war einer der Hauptvorwürfe gegen die frühen Modelle von Forrester und Meadows – wie ist es mit der Verteilung? Die Zahlen sind durchwegs Globalzahlen. Aber wirkt sich eine Verzehnfachung der Umweltverschmutzung in der Bundesrepublik auf die Lebensqualität der Weltbevölkerung aus, führen Investitionen in Brasilien zu verbesserter Ernährung in Indien?
So viele – und noch weit mehr – Fragen – und nur wenige Antworten. Spätere Weltmodelle (Pestel/Mesarovic, das RIO-Modell, das lateinamerikanische Modell und wie sie alle heißen) waren teils detaillierter und komplizierter, gingen mitunter auch mehr von Zielvorstellungen als von reinen Extrapolationen aus und kamen daher zu recht unterschiedlichen Resultaten die im einzelnen zu analysieren hier nicht möglich ist. Aber wenn schon von Forresters Modell, als dem frühesten und relativ einfachsten die Rede war, dann seien immerhin noch die Schlußfolgerungen und Zukunftsaussichten angeführt, die sich bei der Durchrechnung all der untereinander verflochtenen Regelkreise ergaben.
Die Quintessenz der Folgerungen enthält dieser Satz: »Die konventionellen Maßnahmen gegen wirtschaftliche und soziale Probleme bringen keine Lösungen auf lange Sicht.« Weder mit vermehrten Kapitalinvestitionen noch mit gesteigerter landwirtschaftlicher Produktion allein noch auch in Kombination mit einer Reduzierung des Bevölkerungswachstums ist eine Entwicklung zu vermeiden, die etwa im Zeitraum zwischen 2010 und 2070 – je nach Art und Intensität der ergriffenen Maßnahmen – eine Umweltkrise bewirkt, die ihrerseits zu einem drastischen Absinken der Bevölkerungszahl führt. Der »Standardlauf« des Weltmodells

nach Meadows, der von ganz ähnlichen Annahmen wie Forrester ausgeht und auf den Meßdaten der Jahre 1900 bis 1970 beruht, läßt einen steilen Abfall der Rohstoffvorräte für die Zeit der Jahrtausendwende, unmittelbar danach den Gipfel der Umweltverschmutzung und etwa um das Jahr 2040 die scharfe Trendumkehr im Bevölkerungswachstum erkennen.

Wie, wenn überhaupt noch, kann die Katastrophe vermieden werden? Forrester hat ein Modell konstruiert, das eine Welt im Gleichgewichtszustand und mit erhöhter Lebensqualität ermöglicht. Dazu wären erforderlich (Ausgangspunkt der Maßnahmen hätte bereits 1970 sein sollen, jetzt ist alles schon wieder weit schwieriger): Beschränkung des Verbrauchstempos für Rohstoffe um 75%, Reduzierung der Umweltverschmutzung um 50%, Reduzierung der Kapitalerzeugung um 40%, Senkung der Nahrungsmittelproduktion um 20% (entsprechend der Annahme, daß eine vermehrte Produktion der Nahrungsmittel die Wachstumsspirale nur immer noch höher schraubt) und Senkung der Geburtenziffer um 30%. Auf keinen Fall aber ist zu hoffen, daß jemals die Lebensqualität des Jahres 1970 merklich übertroffen werden kann.

Andere Modelle sind weit optimistischer. Freilich spiegeln die Computerläufe wegen der Subjektivität der Annahmen über die Wechselwirkungen stets die Grundeinstellung ihrer Programmverfasser wider. Und wenn ein Resultat dann trotzdem unbefriedigend ist, wird es eben nachträglich korrigiert. So kommt etwa das ohnehin auf Optimismus angelegte Computerprogramm des lateinamerikanischen Weltmodells (Bariloche-Studie, »Die Grenzen des Elends«) hinsichtlich Asiens zunächst zu einem wahrhaft skurrilen Resultat: Nach dem Jahre 2040 liegt »die Kalorienzahl, die der Sektor Ernährung liefert, unter dem Lebensminimum, doch bleibt die Lebenserwartung dank dem Beitrag der Sektoren Bildung und Wohnung relativ hoch«. Die Asiaten verhungern also nach 2040 akademisch gebildet in Luxuswohnungen. Die Autoren des Weltmodells erklären auch, warum dies so ist: »Die Funktion, die die Lebenserwartung mit den sozio-ökonomischen Variablen verbindet, ist eine kontinuierliche.« Doch genau diese Funktion,

deren Aberwitz sich spätestens 2040 offenbart, ist eine der Formeln, die in das Modell eingehen!
Aber auch aus diesem Dilemma kann man sich herauswinden. Wurde im Modell generell angenommen, der landwirtschaftliche Ertrag in Asien würde vier Tonnen pro Hektar betragen, so genügt es, diese Annahme um fünfzig Prozent auf sechs Tonnen zu erhöhen und »schon ändert sich die Entwicklung beträchtlich«.
Dieses lateinamerikanische Modell zeichnet sich überhaupt durch eine Art Schizophrenie aus. Dies ist um so verwunderlicher, als die Autoren eine wirklich blendende Darstellung der Mathematik des Weltmodellbaus geben. Da heißt es u. a. an einer Stelle sehr nüchtern und realistisch: »In einer realen Situation würde der Prozeß natürlich anders ablaufen.« Die prognostischen Zahlen in den Tabellen aber scheinen im Delirium zustande gekommen zu sein: Zahlen, die man allenfalls mit größter Vorsicht runden dürfte, werden auf Bruchpromille vorgerechnet, und jede Zahl, die die Rechenmaschine ausgespien hat, wird getreulich wiedergegeben. Die Säuglingssterblichkeit in Asien im Jahre 2030 beträgt 35,68 Promille (jawohl, 35 Komma 68 Promille, in einer Prognose über ein halbes Jahrhundert hinweg!), die Bevölkerung Asiens im Jahre 2060 (unter der Sechs-Tonnen-Ernte-Annahme, weil ja sonst alle glanzvoll verhungert wären) 7,648 Milliarden mit einer Durchschnittslebenserwartung von 68,68 Jahren – nein, da ist nicht die Rechenmaschine hängengeblieben, es sind 68 ganze und 68 Hundertstel Jahre; Säuglingssterblichkeit in Lateinamerika im Jahre 2060: 20,88 Promille; Kopfzahl pro Familie in den entwickelten Ländern (die reichen alphabetisch von Albanien bis – der Computer spricht englisch – Yugoslavia): 2,84. Und so fort.
Auch wenn man sich von Fall zu Fall auf die Andersartigkeit einer »realen Situation« besinnt, sind die Autoren von der Präzision ihrer Zahlen trotzdem so hingerissen, daß sie im Schlußwort mit diesen Modellannahmen unablässig etwas »nachweisen« – zum Beispiel, »daß die gegenwärtig einer harmonischen Entwicklung der Menschheit entgegenstehenden Hindernisse nicht physischer oder im engeren Sinne ökonomischer, sondern im wesentlichen sozio-politischer Natur sind«. Das ist aber in Wirklichkeit kein

Nachweis, sondern eine bloße Annahme, zu der sich wohl diese oder jene Argumente finden lassen; aus einem Computermodell »nachweisen« läßt sie sich grundsätzlich nicht – auch wenn das Modell weit besser und weniger naiv wäre.

Gleich danach folgt wieder der skeptische Katzenjammer der Dezimalpropheten: »Dieser neue Weg der Entwicklung ... macht es fast unmöglich, abzuschätzen, wie groß die wirtschaftliche Kluft sein wird.«

Hier die Hundertstel Promille des Jahres 2060, da die Unmöglichkeit, auch nur zu schätzen – jene Unmöglichkeit, von der Andrej Amalrik nachdenklich und resignierend sagte: »Wenn während der römischen Kaiserzeit im 5. Jahrhundert, als es bereits sechsstöckige Häuser und dampfgetriebene Spielzeugmühlen gab, Futurologen aufgetreten wären, hätten diese höchstwahrscheinlich für das kommende 6. Jahrhundert den Bau zwanzigstöckiger Gebäude sowie die industrielle Nutzung der Dampfmaschinen vorausgesagt. Wie wir jedoch wissen, weideten im 6. Jahrhundert auf dem Forum Romanum die Ziegen.«

Es gab damals eben einen »Knick in der Kurve«, eine »Trendumkehr«, einen jähen Wandel – Phänomene, die für jede Prognose ungemein wichtig und doch so besonders schwer vorherzusagen sind, obwohl grundsätzlich alle darüber einig sind, daß eine lineare Entwicklung, ein ständiges (oder gar exponentielles) Wachstum unmöglich ist. Aber nicht nur die große mittelfristige weltpolitische Prognose, die von der Nase der Kleopatra oder von den Zahnschmerzen eines Diktators auf den Kopf gestellt werden kann, ist eine überaus schwierige Kunst. Auch die Wirtschaftsprognose, die es in der Regel mit weit kürzeren Zeiträumen zu tun hat und überdies weit eher von der Annahme eines rationalen Verhaltens der Wirtschaftstreibenden ausgehen kann, hat sich von den frühesten Anfängen bis auf den heutigen Tag nur sehr selten durch wahre Weitsicht ausgezeichnet.

Ich habe mir einmal um die Mitte der siebziger Jahre den Spaß gemacht, wahllos Ausschnitte aus durchaus seriösen Zeitungen und Zeitschriften zusammentragen, in denen – sei es im Titel, sei es in einem Nebensatz – auf die Irrtümer der Wirtschaftspropheten hingewiesen wurde. Aus dieser Blütenlese seien einige Exzerpte hier zitiert – gleichsam als »Einstieg« in die Probleme der Wirtschaftsprognostik. Da heißt es also unter anderem: »Die Studentenlawine hat die Prognose der Bildungsplaner überrollt: 1964 errechnete der Wissenschaftsrat für das Jahr 1970 196000 bis 218000 Studenten, tatsächlich bevölkerten dann in jenem Jahre 386000 junge Männer und Frauen die Hochschulen.« »Die berufsmäßigen Prognostiker haben ihre Voraussagen (über den Automobilabsatz) für 1977 von Quartal zu Quartal korrigieren müssen, am ehesten hatten diejenigen recht behalten, die nicht aus der Branche selbst stammten.« »Der Vizepräsident der Deutschen Bundesbank, Otmar Emminger, sagte: ›1975 war ein Rekordjahr der Fehlprognosen‹.« »In den meisten Jahren folgt auf das Jahresgutachten der ›Fünf Weisen‹ ein ›Sondergutachten‹, weil sich die Prognosen, die in den Jahresgutachten aufgestellt sind, häufig schon bei ihrer Veröffentlichung oder sonst wenige Monate danach, als völlig unzutreffend erwiesen haben.« »Vor einem Jahr noch befürchtete man, daß die Ölländer mit ihren riesigen Einnahmen innerhalb weniger Jahre die gesamten internationalen Währungsreserven an sich reißen könnten, doch diese Befürchtungen haben sich nicht bewahrheitet – im Gegenteil: Einige Ölländer drängen sich gegenwärtig mit sieben- und achtstelligen Anleihen auf die westlichen Kapitalmärkte.« »Die Experten sind ausnahmslos überrascht von dieser Dollarhausse; wer sie vor Wochen zu prognostizieren gewagt hätte, wäre ausgelacht worden.« »Die von den Arabern ausgelöste Energieknappheit ließ die ursprüngliche Prognose rasch zur Makulatur werden.« »Bundeswirtschaftsminister Friderichs erklärte dieser Tage: ›Wir haben uns alle geirrt‹; diese schlechte Note verdienen indessen nicht nur die deutschen Konjunkturforscher, sondern ebenso die amerikanischen Koryphäen.« »Die früheren Prognosen mußten wegen der Energiekrise und der Inflation ›ziemlich revidiert‹ werden.« »Niemand hatte die Dauer und die Heftigkeit des weltweiten Wirtschaftsbooms richtig kalkuliert; niemand hatte vorausgesehen, daß die Bergbauländer ihre Kohleförderung drastisch einschränken würden.« »Schillers Jahresprojektionen erwiesen sich alle als rundum falsch.« »Entgegen der allgemeinen Erwartung ... verstärkte sich die freundliche Stimmung am Aktienmarkt weiter.« »Die Fusion Ciba-Geigy verursachte entgegen allen Erwartungen vor allem für die Geigy-Inhaberaktien größere Abschwächungen.« »Die Bilanz nach zwölf Monaten lautet: Die meisten Prognosen für 1970 waren falsch.« »Es war kein gutes Jahr für die Prognostiker.« Und zuletzt ein resignierendes Eingeständnis: »Jedenfalls scheinen Prognosen über die künftige Preisgestaltung bei Silber derzeit eher sinnlos zu sein.«

So irren auch die Wirtschaftsprognostiker am laufenden Band. Aber da ja Propheten nicht irren dürfen, wenn sie ihren Ruf (und ihr Einkommen) behalten wollen, greifen sie schließlich zu dem verzweifelten Hilfsmittel, der Realität hinterherzueilen und die vorjährige (oder vorgestrige) falsche Prognose durch eine brandneue, diesmal absolut zuverlässige zu ersetzen, gültig auf Widerruf, bis sie durch eine allerneueste dritte abgelöst wird oder die Wirklichkeit sie widerlegt. So stellte etwa eine Basler Zeitung vier »deutlich voneinander abweichende Langfristprognosen über die schweizerische Bautätigkeit ... alle aus derselben Küche« in einer Graphik über- und untereinander. Da lautete im Jahr 1974 der für 1985 prognostizierte Bauindex (1973 = 100) 140, im Jahr darauf aber nur 118, abermals ein Jahr darauf 125 – und dann fiel er (1977) wieder auf 120.

Auch die OECD irrte kräftig, hatte aber immerhin den Mut ihre »wechselnde Einschätzung« (*changing assessment*) der Wachstumsaussichten selbst offiziell zu veröffentlichen. Danach wurden Anfang der sechziger Jahre die Wachstumsaussichten erst einmal zu gering eingeschätzt, worauf in den frühen siebziger Jahren die Schätzung energisch nach oben revidiert wurde – mit dem Resultat, daß die Realität stark dahinter zurückblieb. Dennoch: Nach der Stagnation der Jahre 1973/75, in denen der vorgesehene Wachstumspfad deutlich verlassen wurde, erwartet nun die OECD sogar ein noch steileres Wachstum – oder sagen wir vorsichtiger: erwartete die OECD noch im Jahre 1976 ein derartiges Wachstum.

Noch drastischer und noch schneller differierten die OECD-eigenen Schätzungen bezüglich der Energieproduktion und des Energiebedarfs in den OECD-Staaten im Jahre 1985. Die Vorhersage des Jahres 1974 sah 5,60 Mtoe (Megatonnen Öl-Equivalent) voraus, schon zwei Jahre später sank die Schätzung auf 5,22 Mtoe. Noch drastischer waren die Korrekturen in einzelnen Bereichen der Energieproduktion, vor allem bei der Kernenergie, die binnen zwei Jahren von 748 auf 464 heruntergeschätzt wurde, ähnlich wie das Erdgas, das von 1016 auf 773 fiel. Und Hand in Hand damit sprang die Schätzung der Ölimporte von 1019 auf 1750.

Man darf daraus nun aber nicht die Folgerung ziehen, daß die Experten der OECD auffallend schlecht seien – ähnliche Zahlen ließen sich von anderen Quellen ebenso herbeibringen, und selbst dort, wo die Staatsmacht in vollem Umfang eingesetzt werden kann, um dekretierte Zahlen in die Realität umzusetzen, ist dieses Unterfangen noch kaum jemals gelungen: Die Haushaltsbudgets fast aller Staaten stimmen niemals mit der wirklichen Entwicklung des Staatshaushalts überein. Gewiß, mitunter werden Budgets aus politischen und wahltaktischen Gründen von vornherein anders erstellt, als sie den Gegebenheiten entsprechen; aber selbst ehrlich gemeinte Haushaltsvoranschläge sind noch allemal an der rauhen Wirklichkeit gescheitert.

Die rauhe Wirklichkeit: Das sind die Erfordernisse der Tagespolitik, die Kompromisse und Improvisationen, die kurzfristigen Optimierungen. Die Wirtschaftsprognostik aber und mit ihr letztlich die gesamte Zukunftsforschung glaubt verzweifelt an das vernünftige Verhalten, an den *homo oeconomicus* der vorklassischen und klassischen Wirtschaftstheorie.

Dieser *homo oeconomicus* ist klug auf seinen Vorteil bedacht, handelt stets innerhalb der Gesetze der Logik und der Gesetze seines Landes – und ist daher in seinem Verhalten durchaus »berechenbar«. Aber so rational war der einzelne nicht einmal in jenen Zeiten, da er seine Entscheidungen noch unbeeinflußt von Werberummel und Massenmedien treffen konnte, und heute ist er, widerstreitenden Argumenten ausgesetzt, noch weit schwerer in seinem Verhalten zu berechnen – sei es als kleiner Konsument, sei es als Manager eines Konzerns.

Wenn die Prognosen der Wirtschaftsforschung so oft falsch sind, dann ist nur zum geringen Teil die Mangelhaftigkeit des prognostischen Instrumentariums daran schuld oder das Versagen der Zukunftsspäher – zum weitaus größeren Teil liegt die Ursache einfach darin, daß die Grenzen der Prognostik erreicht sind und daß die Entscheidungen der Machthaber und Hauptverantwortlichen in der Wirtschaft ebenso wie in der Politik allenfalls zu erraten, aber kaum zu berechnen sind.

Allerdings gibt es zuweilen auch Fehlleistungen, die im besten Fall auf Betriebsblindheit, im schlimmsten auf das Morgensternsche (Christian, nicht Oskar!) Vogel-Strauß-Spiel des »Nicht sein kann, was nicht sein darf« zurückzuführen sind. So »durfte« etwa die Ölkrise von 1973 nicht so unerwartet kommen, wie sie tatsächlich kam. Denn sowohl die Begrenztheit der Erdölvorräte wie auch die politische Situation im Nahen Osten waren nichts grundsätzlich Neues, und eine solche Zuspitzung hätte selbst ein Biertischstratege in Erwägung ziehen müssen.

Sobald aber der erste lähmende Schock über die unvorhergesehene Entwicklung abgeklungen war, gingen die Futurologen hastig wieder ans Werk, und es begann eine Serie von düsteren Prognosen, wie rasch die arabischen Staaten die ganze Welt aufkaufen würden. Die OECD rechnete aus, daß die OPEC-Länder bis zum Jahre 1980 rund 650 Milliarden Dollar an Überschüssen ansammeln würden. Die Weltbank ging noch einen Schritt weiter und sagte für das Jahr 1985 sogar einen Überschuß von 1200 Milliarden Dollar voraus.

Doch »wider Erwarten« ist alles ziemlich anders gekommen: Im Jahr 1978 war der Überschuß der OPEC-Staaten mit nur 15 Milliarden Dollar sogar niedriger als der des Ölimporteurs Japan mit 18 Milliarden. Und vom drohenden Ausverkauf europäischer und amerikanischer Aktiengesellschaften an die arabischen Staaten ist keine Rede mehr. Unter den sieben größten Abnehmern deutscher Waren sind vier OPEC-Staaten, und 1977 waren die deutschen Exporte in die Ölförderländer der OPEC größer als die Einfuhren von dort.

Im übrigen zog man aus der Krise des Jahres 1973 kaum Lehren.

Energiesparmaßnahmen werden wieder verabscheut, weil angeblich nur aus einem steigenden Energieverbrauch ein Aufblühen der Wirtschaft abzulesen ist – und weil ja schließlich alles nur halb so schlimm war. Und so sind nun, (Stand Jahresbeginn 1979) auch die Prognosen im großen und ganzen wieder heiter bis wolkig, denn auch die Stand- und Blickpunkte der Zukunftsseher sind – von wenigen Ausnahmen abgesehen – entscheidend beeinflußt von der jeweiligen Gesamtstimmung.

Eine solche Beeinflussung ist bei kurzfristigen Prognosen sogar sachlich gerechtfertigt, da ja Entscheidungen aller Art nicht von »objektiven« Realitäten und Tatsachen bestimmt werden, sondern von Meinungen – vorgefaßten eigenen Meinungen und mehr noch von den Meinungen, die man über die Meinungen der anderen hat. Wichtig für jede Zukunftsschau ist nicht nur die Abschätzung der künftigen Situation, sondern mehr noch die Abschätzung der Aktionen, die die anderen Entscheidungsfähigen in dieser Lage voraussichtlich treffen werden.

Das gilt in der Weltpolitik ebenso wie im Alltag der Börse: Nicht die wirtschaftliche Lage eines Betriebs oder eines Industriezweiges entscheidet über den Aktienkurs, sondern die Ansichten, die bezüglich dieser Lage herrschen.

Da aber über diese Ansichten nur selten vorher Klarheit besteht, hat es nicht an Versuchen gefehlt, die Börsenkurse mit anderen Methoden vorherzusagen. Für unsere Zwecke seien hier nur zwei skizziert, die sich großer Beliebtheit erfreuen: die *Chart*-Technik und die *Random-walk*-Theorie, beide angeblich auf wissenschaftlicher Basis, aber auch beide in engster Nachbarschaft zur Magie.

Die sog. »Chartisten« bemühen sich, den künftigen Kursverlauf einer Aktie aus deren bisherigem Verhalten zu prognostizieren. Dabei handelt es sich aber nicht um eine simple Extrapolation der jüngsten Vergangenheit, sondern um langfristige gleitende Durchschnitte und um gewisse, vermeintlich charakteristische »Kursformationen«, gleichsam zeichnerischen Figuren auf der *chart*, der Kurskarte, auf der täglich die Kursentwicklung eingetragen wird. Eine große Rolle spielen bei dieser Analyse und

Prognose die sog. »Widerstandslinien« nach oben und nach unten: Werden sie einmal »durchbrochen«, dann steht einem weiteren Aufschwung beziehungsweise Absturz bis zur nächsten fiktiven Widerstandslinie nichts mehr im Wege.

Diese, teils an Gestaltpsychologie, teils an ein magisches Eigenleben der Aktie erinnernde Prognostik hat aber insofern doch eine gewisse Basis in der Realität, als zweifellos »runde« Kurse manche Börsenspieler zu Entscheidungen veranlassen: Über tausend verkaufte ich – unter sechshundert kaufe ich – oder auch umgekehrt.

Eine besondere Rolle in diesem Geschehen spielen dabei die diversen Börsenberatungsbriefe. Werden ihre Prognosen in weiten Kreisen geglaubt, dann können sie zu einer *self-fulfilling prophecy* führen: Die Leser kaufen XY-Aktien, weil diesen Aktien ein Kursanstieg vorhergesagt wurde – und dadurch, daß die Nachfrage steigt, steigt tatsächlich der Kurs. Zumeist aber sind diese Publikationen nicht wirkungsvoll genug, um den Kurs eines vielgehandelten Papiers nachhaltig beeinflussen zu können, und dann gilt eben auch für ihre Vorhersagen, was für die Börsenberatung und das Portfolio-Management im allgemeinen gilt (und ebenso für die Verkäufer von »todsicheren Roulettesystemen«): Wären diese Vorhersagen auch nur überwiegend richtig, dann könnten die Propheten ja selbst spekulieren, statt ihre Ratschläge zu verkaufen. Aber das Schlagwort gegen die »Chartisten« (»Wer hat schon je einen reichen Chartisten gesehen?«) richtet sich letztlich gegen fast alle Formen der Börsenprognosen.

Immerhin ist eine davon, die *Random-walk*-Theorie der sog. »Dartisten«, zumindest amüsant. Das Wort »Dartist« ist wegen des Gleichklangs zu »Chartist« geprägt worden, leitet sich jedoch von dem englischen Wort *dart* ab – jenem Wurfpfeil, der seit Jahrzehnten Jung und Alt in Amerika als beliebtes Spielzeug dient und der unterdes auch in Europa weite Verbreitung gefunden hat. Einen solchen Wurfpfeil verwendete bereits vor über zehn Jahren ein amerikanischer Senator, der – nachdem er bei einem Kongreß-*hearing* von der *Random-walk*-Theorie gehört hatte – an seiner Zimmertür statt einer Zielscheibe ein Kursblatt befestigte und den Wurfpfeil daraufschleuderte. Der Pfeil blieb, zehnmal geschleudert, bei zehn Aktien stecken. Der Senator rechnete nun nach, was er gewonnen oder verloren hätte, hätte er vor zehn Jahren je tausend Dollar in diese Papiere investiert. Das Resultat entsprach ziemlich genau dem, was eine Anlage in einem fachmännisch gelenkten »wachstumsorientierten Investmentfonds« gebracht hätte. Es lag sogar geringfügig darüber. Und der amerikanische Wirtschafts-Nobelpreisträger Paul Samuelson ist fest davon überzeugt – und kann dafür auch den Nachweis führen –, daß die Prognosen der Wallstreet-Analytiker im Durchschnitt der letzten vierzig Jahre nicht besser waren, als wenn man die Auswahl der zu kaufenden Aktien dem blinden Zufall überlassen hätte: jede Firma auf ein Röllchen schreiben, in den Hut tun, gut mischen und ziehen.

Die mehrmals genannte *Random-walk*-Theorie ist übrigens ein mathematisch-statistisches Modell kontinuierlicher Zufallsentscheidungen und ist dem Bild vom Betrunkenen abgeschaut, der einmal nach rechts, dann wieder nach links schwankt und auf diese Weise einen echten *random walk*, einen »Zufallsweg« oder »Zufallsspaziergang« absolviert. Bei einem reinen *random walk* wird allerdings auf längere Sicht mit hoher Wahrscheinlichkeit immer wieder der »Mittelweg« erreicht werden; ein komplizierterer *random walk* gibt die Zufallsschwankungen zu beiden Seiten einer Trendlinie an.

Und wie sieht es mit den klassischen Börsenweisheiten aus? *La hausse amène la hausse, la baisse amène la baisse?* Ja, das ist eine frühe Vorahnung der *Bandwagon*-Theorie der Meinungsforschung: Jeder will auch mit dabeisein, wenn der Trend klar zu sein scheint. Aber die schwierigere Kunst ist die, zu erraten, wann dieser Trend gebrochen wird. Und dazu lautet die alte Weisheit: »Zum Einsteigen (oder Aussteigen) wird nicht geklingelt!« Wer dann nicht rechtzeitig abspringt, fährt unversehens mit in die Gegenrichtung, in die er nicht gewollt hat.

Mitunter geben selbst die Experten kleinlaut zu, daß sie hilflos sind: »Da keine normalerweise günstig wirkende Nachricht ... den Kursverfall aufhalten konnte, sind professionelle Ratgeber und Kundenberater nunmehr ratlos« – ein ungewollt komisches Wortspiel um Ratgeber, Berater und ratlos. Weit öfter aber verbirgt sich die Ahnungslosigkeit hinter einem klangvollen Wortschwall: »Charttechnisch befindet sich die Aktie in einem ungebrochenen Aufwärtstrend, fundamental gesehen sind die Voraussetzungen für eine weiterhin feste Kursgestaltung zwar gegeben, doch ist bei Neuengagements Zurückhaltung angebracht.« Also: kaufen oder nicht kaufen? Schön ist auch dieses: »Der Kaffeepreis hat einen neuen Jahrestiefstwert erreicht, und diese Entwicklung scheint den zahlreichen Baissiers recht zu geben ... Demgegenüber halten Skeptiker aber durchaus auch einen Preisauftrieb für möglich.« Mit wem will man es nun halten – mit den Baissiers oder den Skeptikern? (Ein wunderliches Gegensatzpaar übrigens.)

Und schließlich ein Hin- und Hertaumeln, das fast schon an den *random walk* der Betrunkenen gemahnt: »Nach Ansicht von Charttechnikern wird sich bei einem Stand des Dow-Jones-Index zwischen 880 und 900 ein kritischer Punkt ergeben. Sollte der Markt mühelos in die Zone zwischen 865 und 875 gelangen, würde dies eine neue Lagebeurteilung notwendig machen. Man glaubt erkennen zu können, daß erfahrene Aktienbesitzer dauernd Gewinne mitnehmen und sich also auf schlechtere Börsenzeiten einrichten. Andere Experten wollen jedoch in den Gewinnmitnahmen eher ein Hausse-Argument sehen. Von anderer Seite wird darauf verwiesen, daß Wallstreet unter einem Liquiditätsschwund leidet. Dagegen steht allerdings die Kraft der institutionellen Anleger.« Einerseits – andererseits – jedoch – dagegen – immerhin könnte eine neue Lagebeurteilung erforderlich werden. Irgend etwas an dieser informativen Prognose wird doch wohl stimmen!

Als letzter Ausweg bleibt – allen Ernstes – immer noch der Börsenastrologe. Schon vor zehn Jahren konnte der amerikanische Astrologe »Zolar« in seiner Okkult-Zeitschrift mit unterschiedlichem Erfolg Horoskope auch für Aktiengesellschaften stellen und aufgrund dieser Horoskope Aktienkäufe empfehlen. Später griff die Wirtschaftsastrologie auch auf Europa über. Hinter vorgehaltener Hand wurde erzählt, daß sogar Quelle und Neckermann, Unilever und VW, Bertelsmann und Axel Springer zu den ständigen Kunden magischer Zukunftsseher gehörten – ist es nicht wahr, so hat doch der möglicherweise zögernde Interessent das Gefühl, in guter Gesellschaft zu sein.

Vielleicht hat auch irgendein Astrologe seinerzeit den großen Börsenkrach von 1929 vorhergesehen – die meisten Experten ahnten jedenfalls nichts. Professor Charles Amos Dice gab ein Buch mit dem vor Optimismus strotzenden Titel »Neue Höhen des Aktienmarktes« heraus, während die wenigen Warner überhört oder niedergeschrien wurden. Allerdings – als dann der jähe Kursverfall im September 1929 kam, konnte man einen Schuldigen namhaft machen: Der Wirtschaftsprognostiker Roger Babson hatte kurz zuvor den Teufel an die Wand gemalt, hatte düster davon gesprochen, daß früher oder später ein Zusammenbruch kommen werde und in dessen Gefolge eine ernste Depression. Kassandra war in keinem Jahrhundert beliebt.

Aber nicht jeder, der sich als Kassandra ausgibt, hat tatsächlich die seherischen Fähigkeiten der trojanischen Königstochter. Wenn etwa Paul Erdman den »*Crash of '79*«, den großen Weltwirtschaftskrach von 1979 vorhersagt, dann ist das eher ein spannend geschriebener Roman, der zufällig teilweise Wirklichkeit werden könnte, aber keine ernsthafte Prognose. Und wenn die deutsche Übersetzung den Weltwirtschaftsuntergang um zwei Jahre verschiebt, wie die Adventisten die Wiederkunft des Messias, dann ist das nur zum Teil Verkaufsstrategie (wer soll 1979 ein Buch kaufen, das für 1979 nicht Eingetretenes prophezeit?), zum Teil auch das frischfröhliche Eingeständnis, daß ein flotter Wirtschaftskrimi ein paar Jahre später noch immer beinahe genausogut ist wie ursprünglich.

Weit ernster zu nehmen sind hingegen die Theorien über die Konjunkturschwankungen. Seit mehr als hundert Jahren haben die Wirtschaftstheoretiker Überlegungen über das Auftreten von Konjunkturwellen angestellt und sind dabei zu einer ganzen Reihe von »Zyklen« gelangt. Einer der ersten, der Wirtschaftskrisen als Bestandteil von Zyklen auffaßte, war der französische Statistiker und Nationalökonom Clément Juglar, der aber bei den Zeitgenos-

sen wenig Beachtung fand und auch heute meist nur in Fußnoten auftaucht.
Auch William Stanley Jevons, der britische Philosoph und Volkswirtschaftler, scheint Juglars Werk über die Zyklen nicht gekannt zu haben, sondern gelangte eigenständig – bzw. über astronomische Beobachtungen des periodischen Auftretens der Sonnenflekken – zu einer Zyklentheorie der Wirtschaft: Im Einklang mit den Sonnenflecken betrage die Zyklusdauer jeweils zehn bis elf Jahre. Andere Autoren versuchten, diese Theorie rational zu untermauern, indem sie auf den Einfluß der Sonnenflecken auf das Wetter und damit die Ernten hinwiesen, aber letztlich war dem Jevons-Zyklus kein besonderer Erfolg beschieden.
Dagegen erlangte ein anderer Zyklus weltweite Beachtung – der des sowjetischen Nationalökonomen N. D. Kondratjew, der die Ansicht vertrat, in der kapitalistischen Gesellschaftsordnung gebe es »lange Wellen« der Konjunktur – jede dieser Wellen dauere mit Wellenberg und Wellental etwa vierzig bis sechzig Jahre. Zum Zeitpunkt ihrer Veröffentlichung ließ sich diese Theorie für den Zeitraum von 1780 bis 1920 einigermaßen glaubwürdig belegen; was seither geschah, läßt sich nur mit Schwierigkeiten der Theorie anpassen. Nimmt man aber als Ende der dritten »langen Welle« die Weltwirtschaftskrise der dreißiger Jahre an, klammert dann den Zweiten Weltkrieg aus und läßt mit Kriegsende eine neue rund sechzigjährige Welle beginnen, dann stünden wir derzeit etwa kurz hinter dem Wellenberg, und die Talfahrt ins Konjunkturtal müßte einsetzen und noch fast dreißig Jahre dauern. Eine Talfahrt übrigens, die, laut Kondratjew, systemimmanent ist und durch keine Eingriffe der Wirtschaftspolitik verändert werden könnte.
Andere Theoretiker glauben »kurze Wellen« der Konjunktur entdeckt zu haben, die von etwa achtjähriger Dauer sind – allerdings nur im Durchschnitt, denn manche Wellen sollen lediglich sechs, andere bis zwölf Jahre gedauert haben – man kann also fast jede Wirtschaftsentwicklung in das Schema der »kurzen Wellen« einpassen, man kann nur nicht vorhersagen, wie lange die nächste dauern wird.

Weniger umstritten und auch in ihren logischen Zusammenhängen durchaus einleuchtend – was für Prognosen aller Art eine stets sehr wichtige, aber häufig übersehene Vorbedingung ist – sind jene kurzen Wirtschaftszyklen, die mit dem Schlagwort »Schweinezyklus« bezeichnet werden. Es handelt sich hier um die – notwendigerweise nachhinkende – Erhöhung des Angebots auf eine gestiegene Nachfrage und um die sinkenden Preise bei Erhöhung des Angebots. Dieses Phänomen wurde beim Schweinefleisch immer wieder beobachtet. Zu einem beliebigen Zeitpunkt ist Schweinefleisch billig, die Züchter verdienen nicht viel, wenden sich lieber der Aufzucht von Geflügel oder Rindern oder einer anderen landwirtschaftlichen Produktion zu – das Angebot an Schweinefleisch geht zurück, die Nachfrage bleibt annähernd unverändert, die Preise beginnen zu steigen, erreichen Spitzenwerte – in diesem Augenblick sehen die Züchter große Gewinnmöglichkeiten bei der Schweinehaltung, produzieren vermehrt Schweine, aber sobald diese auf den Markt kommen, beginnt der Preise wegen des erhöhten Angebots wieder zu sinken. Der Zyklus ist beendet, ein neuer kann beginnen.

Im Zeitalter der Tiefkühltruhen hat dieser Zyklus zwar etwas von seiner Bedeutung eingebüßt, aber grundsätzlich ist er immer wieder auch bei anderen Waren zu beobachten. So hat erst vor wenigen Jahren ein Nationalökonom einen »Tankerzyklus« beobachtet. Tatsächlich ist es so, daß etwa im Augenblick, da diese Zeilen geschrieben werden, viele Tanker weltweit ungenutzt im Hafen liegen, während vor einigen Jahren eine so große Nachfrage bestand, daß die Reeder eilends Aufträge erteilten und die Werften, die heute unterbeschäftigt sind, mit dem Neubau von Tankern kaum nachkamen.

Wer aus den Zyklen Gewinn ziehen will, muß sich daher »antizyklisch verhalten«. Das stimmt auch mit dem berühmten Ratschlag der Besonders-Weisen überein, genau das Gegenteil von dem zu tun, wozu die Experten raten: »Verkaufen, wenn alle Propheten zum Kauf raten; kaufen, wenn sie zum Aussteigen blasen!«

Für die Prognostik sind Zyklen besonders dadurch verwirrend, daß sie einerseits einen Bruch im Trend vortäuschen können, wo gar keiner vorliegt, und andererseits einen weiteren Aufschwung, während in Wahrheit ein Stabilisierungsprozeß oder gar ein Abschwung eingesetzt hat. Zyklen haben freilich den Vorteil, daß sie – wenn auch nicht immer in der prognostizierten Art und Weise – mit hoher Wahrscheinlichkeit auch weiterhin auftreten werden. Denn ein gewisses Auf und Ab, ein mehr oder minder regelmäßiges Oszillieren oder Pendeln gehört nun einmal zum Lauf der Weltwirtschaftsgeschichte wie zum persönlichen Schicksal.

Im allgemeinen bewahrheitet sich auch die alte Erfahrung, daß auf einen steilen Aufstieg ein steiler Sturz folgt – die Frage ist nur, wann der Aufstieg zu Ende ist. Ein besonders eindrucksvolles Beispiel für ein solches Phänomen von rasch aufeinanderfolgendem Glück und Ende bietet die Geschichte des Tulpenwahns, die darüber hinaus auch sehr schön erkennen läßt, wie eng Irrationales und Rationales verwoben sein kann.

Dieser Tulpenwahn, die »Tulpomanie«, erfaßte im frühen 17. Jahrhundert binnen kürzester Frist ganz Holland: Tulpenzwiebeln waren Spekulationsobjekte und wurden zu teilweise wahrhaft horrenden Preisen gehandelt – in Haarlem wurden am Höhepunkt der Spekulation für eine einzige Zwiebel 13 000 Gulden bezahlt, und der Gulden hatte eine weit höhere Kaufkraft als heute. Viele Leute, die zunächst diesen Irrsinn noch kopfschüttelnd abgelehnt hatten, entschlossen sich dann, auf der Hausse mitzuschwimmen und erlagen der Versuchung, im Handumdrehen durch Spekulation reich zu werden. Als dann um das Jahr 1640 die Tulpenspekulation jäh zusammenbrach, standen Tausende kleiner und großer Amateurspekulanten und Profis mit Säkken voll wertloser Blumenzwiebeln da, für die sie ein Vermögen bezahlt hatten. Vermutlich hatten sie alle sehr wohl gewußt, daß dieser scheinbar unaufhaltsame Preisanstieg eines Tages ein Ende nehmen müßte – aber wann genau, das war die entscheidende Frage, die die meisten falsch beantworteten.

Ähnlich ist – in weit kleinerem Ausmaß – in den frühen siebziger Jahren unseres Jahrhunderts die Spekulation mit dem bogenweisen Ankauf von Briefmarkenneuerscheinungen zusammengebrochen. Auch hier schüttelten die »alten« Philatelisten zunächst mißbilligend und skeptisch die Köpfe, ließen sich aber dann von der allgemeinen Spekulation mitreißen und gaben ihr dadurch erst recht Auftrieb.

So ist also gerade beim Wirtschaftsgeschehen vieles nur auf dem Umweg über Psychologie und Massenpsychologie zu erahnen: Wann wird die allgemeine Stimmung, das »Investitionsklima«, so umschlagen, daß »Gewinne mitgenommen« werden? Bei jedem spekulativen Kauf sind es zwei einander entgegengesetzte Zukunftserwartungen, die zum Abschluß führen: Der Käufer ist überzeugt, daß das Gekaufte noch teurer wird, der Verkäufer nimmt an, daß es billiger werden könnte. (Der Händler, der vom Umsatz lebt, verkauft selbstverständlich auch wenn er mit steigenden Preisen rechnet.)

Hier sind die Grenzen der Computerprognose und der ökonometrischen Modelle erreicht, und es beginnt der Bereich des schwer definierbaren »Gespürs«, aber selbstverständlich auch der der Insider-Informationen – freilich nicht der, die in Publikationen öffentlich breitgetreten werden. Doch sogar solche veröffentlichten Ratgebertips können nützlich sein, weil daraus auf das Verhalten ihrer Leser geschlossen werden kann.

Im Unterschied zur Wetterprognose haben ja alle Vorhersagen, die von Menschen mitgestaltbare Ereignisse betreffen, sowohl die Absichten und Wünsche als auch den Informationsstand der mitentscheidenden Menschen ins Kalkül zu ziehen, psychologische Barrieren oder jähe Schreckreaktionen zu berücksichtigen. Je mehr man nun über das weiß, was gewollt und gewußt wird, desto genauer kann man seine eigene Verhaltensweise auf die der anderen abstellen.

Zusätzliche Informationen sind daher bei jeder Entscheidung von Wert – und jede Entscheidung ist zukunftsorientiertes Handeln. Immer gilt: Wer mehr weiß, hat die besseren Chancen, weil er die Situation richtiger einzuschätzen vermag. Allerdings darf die Suche nach Informationen nicht zur Manie ausarten: Der Preis der Information (und dazu gehört auch der Zeitaufwand, der zu ihrer Beschaffung erforderlich ist) muß in einer vernünftigen Relation zu ihrem Wert stehen.

Immer aber werden auch die besten Informationen nur Entscheidungshilfen sein und keine Gewißheiten vorhersagen können. Wer in der Wirtschaft nach unumstößlichen »Gesetzen« Ausschau halten will, muß sich mit Bonmots begnügen – etwa mit des Nationalökonomen Schumpeter Feststellung, man werde eher einen Pudel dazu bringen, eine Wurstsammlung anzulegen, als ein Parlament bei vollen Staatskassen keine neuen Ausgaben zu beschließen.

Und unter Wirtschaftswissenschaftlern kursiert seit vielen Jahren das »einzige Gesetz der Wirtschaft«: *»There is no such thing as free beer* – umsonst ist gar nichts.«

VII. Kapitel
Glanz und Elend der Zukunftsforschung

Jakob Bernouilli schrieb über die »Kunst der Vermutung« – und schuf mit dieser Schrift die wissenschaftlichen Grundlagen der mathematischen Wahrscheinlichkeitstheorie und damit auch eine wichtige Basis für die Futurologie.
Auguste Comte war bestrebt, eine neue, umfassende Wissenschaft zu erfinden, die aus den Erscheinungen des sozialen Lebens die darin enthaltenen Gesetzmäßigkeiten erkennen und verwerten sollte – und seine »Soziologie« wurde letztlich zur Kunst, Unbeweisbares durch psychologische Einsicht vorauszuahnen.
Ossip Flechtheim begründete die moderne Wissenschaft der Futurologie, und fast gleichzeitig lehnte sich Bertrand de Jouvenel dagegen auf und postulierte, mit annähernd der gleichen Zielsetzung, eine moderne »Kunst der Vorausschau«.
So wird also die Zukunftsforschung sowohl von der Kunst als von der Wissenschaft in Anspruch genommen, wobei man den künstlerischen Anteil als individuelle Fähigkeit des Prognostikers zur visionären Zusammenschau und als kreative Phantasie ansehen kann, den wissenschaftlichen Anteil aber vor allem in der Gewissenhaftigkeit, Aufrichtigkeit und Objektivität der Berechnungen und in der wissenschaftlichen Korrektheit der angewandten Methoden zu suchen hat.
Der »ideale« Futurologe ist gleichermaßen Künstler und Wissenschaftler, verbindet also Phantasie und Intuition mit Sachkenntnis und intellektueller Redlichkeit. Wenn sich nun die Waage mehr nach der einen oder nach der anderen Seite neigt, dann gerät man in Extrembereiche: in das der Propheten und Phantasten einerseits oder der verwissenschaftlichten Nur-Berechner andererseits, de-

nen die mathematischen Verfahren mehr bedeuten als die Realität.
Auch die Medizin scheint eine vergleichbare Zwitterstellung einzunehmen, ist sie doch ebenfalls zugleich Kunst und Wissenschaft: Heil-Kunst und ärztliche Wissenschaft. Die Heilkunst beginnt bereits im vorwissenschaftlichen Bereich, beim Zauberpriester und Schamanen, reicht über den Heilpraktiker und Sanitätsgefreiten in Grenzgebiete der Schulmedizin, zur Chiropraktik und Homöopathie, und erreicht schließlich die wissenschaftliche Vollendung in der modernen Facharztausbildung und der »apparativen« Medizin mit ihrer Vielzahl von komplizierten Diagnose- und Therapiegeräten.
Beim Futurologen scheint die Linie gleichfalls bei der Kunst des Zauberpriesters zu beginnen und bei der Computerprognostik zu enden. Aber während es für den Arzt seit Jahrhunderten einen geordneten Ausbildungsweg und ein entsprechendes Studium gibt, kennt die »Zukunftsforschung« als Spezialgebiet neuesten Datums keine solche Ausbildung, wenn auch das Bemühen um die »Berechnung« der Zukunft dazu führt, daß Mathematiker, Statistiker, Nationalökonomen, Computerexperten sowie allenfalls noch Soziologen, Psychologen und Politologen das Hauptkontingent der Zukunftsforscher bilden. Aber gerade die bekanntesten Zukunftsforscher kommen nicht selten aus »fremden« Wissenschaftsdisziplinen, so Dennis Gabor, Paul Ehrlich oder René Dubos, wenn nicht gar aus dem Journalismus wie Alvin Toffler oder Robert Jungk, dessen berühmter Bestseller »Die Zukunft hat schon begonnen« das allgemeine Interesse an der Zukunftsschau im deutschen Sprachgebiet überhaupt erst wachgerufen hat.
Aber aus der Herkunft oder Vorbildung des Prognostikers läßt sich nicht einfach auf die Richtigkeit seiner Vorhersagen schließen. Vermutlich haben die Wahrsager nicht öfter geirrt als die Systemanalytiker, wobei freilich zu bedenken ist, daß es sich dabei um jeweils andersartige Formen der Prognosen handelt. Von Kartenschlägern, Astrologen und ähnlichen Zukunftsdeutern wird zumeist eine spezielle (individuelle) und kurzfristige Vorhersage gewünscht, bei der ein verständnisvolles Eingehen auf die – meist

wohlbekannte – Eigenart der Klienten sehr nützlich sein kann, während von Zukunftsforschern im engeren und wissenschaftlichen Sinne des Wortes fast immer präzise mittel- und langfristige Prognosen gefordert werden.

Sobald sich übrigens Hellseher und Wahrsager an generelle Zukunftsprognosen wagen, ist das Resultat in der Regel äußerst dürftig, selbst wenn die gewählten Formulierungen einen ohnehin weiten Spielraum lassen. Eine »Astrologen-Vorschau auf 1978«, veröffentlicht zu Neujahr 1978, sah etwa folgendermaßen aus: Tod Leonid Breschnjews und eine tiefgehende Unruhe im Regime der UdSSR; Absetzung des spanischen Königs Juan Carlos; Attentat auf Fidel Castro; Rücktritt des Ministerpräsidenten Barre nach den Parlamentswahlen in Frankreich; große Schwierigkeiten für Jimmy Carter und sein Wirtschaftsprogramm; Kandidatur Kissingers für den amerikanischen Senat; beispiellose Hochkonjunktur in der Bundesrepublik; Eintritt der Kommunisten in die italienische Regierung; Frieden im Mittleren Osten dank des persönlichen Mutes von Sadat und Begin; Thronbesteigung von Prinzessin Beatrix von Holland; Verlobung oder Verheiratung von Kronprinz Charles; Gesundheitskrise der britischen Königin; neue königliche Geburt in Schweden; weitere Ausbreitung des Terrorismus mit vielen Geiselnahmen durch die japanische »Rote Armee«; Entdeckung eines Wundermedikaments gegen den Krebs.

Also: Falscher geht es gar nicht mehr! Obwohl alle aufgezählten Ereignisse vom Blickpunkt Ende 1977 gesehen plausibel bis wahrscheinlich waren (eine schwere Erkrankung Breschnjews machte Schlagzeilen, die französischen Parlamentswahlen waren angesetzt, Carter hatte mit seinem Wirtschaftsprogramm schon 1977 größte Schwierigkeiten; die *apertura a sinistra,* die »Öffnung nach links«, war Tagesgespräch; die sensationelle Reise Sadats nach Jerusalem hatte eben erst stattgefunden; Kronprinz Charles war »überreif« für eine Verlobung; die junge schwedische Königin konnte sehr wohl ein zweites Kind haben), trat so gut wie keines ein, von Carters notorischen Problemen abgesehen. Die Vorschau wich also sogar von der rechnerischen Trefferwahrscheinlichkeit nach unten ab, denn mit Fug und Recht hätte man bei so banalen

und naheliegenden Prognosen mindestens die Hälfte »Treffer« erwarten dürfen.
Nur wenn man noch unverbindlicher wird und etwa vorhersagt, daß im nächsten Jahr ein »großer Staatsmann« sterben wird, dann muß sich diese Prognose fast zwangsläufig erfüllen – vor allem dann, wenn der Hellseher sich nicht eindeutig darauf festgelegt hat, wer als »groß« zu gelten hat.
Diese Art der Zukunftsschau, aus den Sternbildern oder dem Kaffeesatz gedeutet, wird daher kaum wirklich ernstgenommen. Solche Prognosen aus der Hexenküche haben zwar unleugbar einen gewissen Unterhaltungswert und können Schlagzeilen machen, aber ihre praktische Bedeutung ist gering. Und wenn die angekündigten Ereignisse eintreffen, dann besteht kaum Anlaß zu Verwunderung oder Bewunderung, weil ja doch nur aus einer langen Liste von an sich schon höchst wahrscheinlichen Vorgängen der eine oder andere Wirklichkeit geworden ist. Aber da sich das Problem der Magier und Wahrsager von vornherein überwiegend aus »Gläubigen« zusammensetzt, werden eingetroffene Vorhersagen mit Jubel begrüßt, nicht eingetroffene aus der Erinnerung verdrängt.
Die wissenschaftlichen Zukunftsforscher haben es viel schwerer. Sie werden weit kritischer beobachtet und beurteilt, und vor allem erwartet man von ihnen klarere und präzisere Angaben. Gerade deswegen aber irren sie fast unvermeidlich, denn eine Vorhersage beispielsweise über den Erdölverbrauch in vier Jahren ist nicht nur in genauen, sondern sogar in gerundeten Zahlen beinahe zwangsläufig falsch. Wenn die prognostizierte Ziffer auch nur annähernd erreicht wird, kann das schon als Erfolg gelten.
Daran hat auch der Einsatz der Datenverarbeitungsanlagen nur wenig geändert, obwohl die Entwicklung der Computertechnik zweifellos sehr viel zur Belebung der Zukunftsforschung beigetragen und die Wissenschaftlichkeit der modernen Futurologie noch unterstrichen hat. Die Computergläubigkeit hat ja auch viel zum Welterfolg der »Grenzen des Wachstums« beigetragen, weil in weiten Kreisen die von den Wissenschaftlern zuerst geschürte und danach verlachte Bereitschaft bestand und besteht, Computeraus-

sagen wegen ihrer vermeintlichen Objektivität und Präzision besonders ernst zu nehmen. Immerhin aber hat diese Prognose, die aus dem Computer kam, entscheidend mitgeholfen, in aller Welt das Interesse an der Zukunft neu zu wecken und die Bedeutung der Zukunftsforschung zu betonen. Unterdes ist viel von diesem Enthusiasmus abgeklungen – nicht zuletzt deshalb, weil aus anderen Computern andere Zahlen und andere Prognosen kamen.

Die gedankliche Grundlage der Datenverarbeitung ist die prinzipiell durchaus richtige Vorstellung, daß mehr Information auch mehr und bessere Entscheidungshilfen bietet. Aber sollen sie wirklich nützen, dann müssen diese Informationen erstens richtig sein und zweitens in richtiger Weise miteinander verknüpft werden. Wenn die logische Programmierung nicht stimmt, kann auch das Resultat nicht stimmen. Schon aus der Frühzeit der Computertechnik ist das Wort »GIGO« bekannt – eine Abkürzung für *garbage in, garbage out,* »Mist hinein, Mist heraus«. Und das trifft sowohl für den Datenmist zu wie für den Gedankenmist. In der Regel produziert der Zukunftscomputer eine mathematische Extrapolation des Weltbildes seines Programmierers, nicht mehr und nicht weniger.

Die Faszination, die die elektronische Datenverarbeitung nicht nur auf den Laien, sondern oft auch auf den Wissenschaftler – sowohl den spartenfremden als auch den zuständigen – ausübt, hat freilich noch mehr als die Magie der Mathematik dazu verführt, Berechnungsergebnisse bis weit hinter das Komma ernst zu nehmen, ohne Rücksicht darauf, daß schon im eingegebenen Datenmaterial Fehler unterschiedlicher Größenordnung enthalten sind und daß der Trendverlauf nur unter dem rigorosen Vorbehalt gilt: »Wenn die Entwicklung genauso bleibt, wie sie zuletzt von uns errechnet wurde.« Das führt dann zu Bevölkerungsprognosen für das Jahr 2000 oder gar noch später, die nicht etwa auf Zehntausend gerundet sind, sondern genau 23851654 männliche Einwohner voraussagen – ein wahrer Triumph des Unsinns!

Der britische Statistiker Moroney hat diese Art der gedankenlosen rechnerischen Extrapolation mit der Hofastrologie vergangener Jahrhunderte verglichen: »ein scheußlicher Aberglaube, der weit über alles hinausgeht, was im Mittelalter denkbar gewesen wäre.« Und die Ursache für die verführerische Faszination vielstelliger, bis hinter das Komma errechneter Zahlen sieht er darin, daß schon in der Grundschule der Eindruck erweckt wird, Mathematik sei eine Wissenschaft der Präzision und für jede Aufgabe gebe es eine säuberliche, exakte Lösung. Das stimmt aber nur für die Lehrbeispiele des Rechenbuchs, nicht jedoch für die Praxis des täglichen Lebens und vollends nicht für die Beschäftigung mit künftigen Entwicklungen. Man müßte daher lehren und lernen, »die Zahl 114,72 durchzustreichen und statt dessen 100 zu schreiben«.

Die weitaus meisten Zukunftsforscher aber haben diese Kunst niemals gelernt und würden sich auch scheuen, sie zu gebrauchen, da man von ihnen ja Präzision erwartet. Oder aber sie machen von dieser Aufforderung zur Pauschalierung und Rundung allzu freizügig Gebrauch und geraten dann ins andere Extrem wie etwa Herman Kahn, der großzügig eine Vielzahl weitgefächerter Möglichkeiten anbietet und es dem Leser überläßt, sich seine Lieblingsprognose auszusuchen.

Eine Prognose soll jedoch Entscheidungshilfe sein, indem sie Künftiges zumindest annähernd genau vorhersagt; Alternativprognosen, durchvariierte Szenarios und ähnliche permutierbaren Vorhersagen diskrediteren die gesamte Prognostik von vornherein. »Es darf hier keine Kompromisse geben: Jede Prognose muß wahr werden, sonst ist sie völlig wertlos«, hat Oskar Morgenstern vor fünfzig Jahren in der ersten modernen Auseinandersetzung mit der Kunst der Prognostik geschrieben.

Diese Bedingung dadurch zu erfüllen, daß man zwanzig Prognosen anbietet, von denen eine dann – vielleicht – wahr wird, ist ein Taschenspielertrick in der besten Tradition der Orakelpriester von Delphi, Dodona und minder berühmten Orakelstätten.

Wertlos oder doch nur von geringem Wert sind aber auch Prognosen, die nur ein bestimmtes Ereignis oder eine bestimmte Entwicklung vorhersagen, aber keine Daten dazu nennen. Wenn etwa vorhergesagt wird, es werde in Kalifornien ein ungemein schweres Erdbeben geben, aber der Zeitpunkt könne irgendwann zwischen morgen und in hundert Jahren liegen, dann ist diese Prophezeiung von keinem viel größeren praktischen Wert als etwa Spenglers Weissagung vom Untergang des Abendlandes.

Prognosen müssen Antworten auf Fragen sein, und die meisten Fragen betreffen den Zeitraum der nächsten fünf bis zwanzig Jahre und beziehen sich oft nur auf ein Teilgebiet. Doch da die Welt immer mehr ein engverflochtenes Ganzes ist, kann es keine wirklichen Teilprognosen geben, die alles rundum Geschehende nicht berücksichtigen.

Die Antworten müssen aber auch richtig sein, und da zwar für diese Richtigkeit keine Gewähr geleistet werden kann, mathematische Präzision aber hervorragend geeignet ist, Genauigkeit und damit auch Richtigkeit vorzutäuschen, neigen die Prognostiker in der Regel dazu, ihren Klienten einen brillanten Zahlenzauber vorzuführen. Sie sind hierzu gezwungen, weil die Futurologen ausdrücklich oder indirekt übertriebene Versprechungen bezüglich der Möglichkeiten der Zukunftsforschung machten. So entstand schließlich in der Öffentlichkeit der Eindruck, man dürfe mit Recht eine äußerst hohe Genauigkeit der Vorhersagen fordern. Der Zukunftsforscher wird damit weitgehend abhängig von den Erwartungen seiner Auftraggeber und von deren Glauben an die Richtigkeit genauer Zahlen. Und so liefert er die gewünschte Präzision und sichert sich nur in Fußnoten gegen eventuelle Einwände anderer Wissenschaftler ab.

Diese sachlichen Schwierigkeiten, die auch mit ehrlichem Bemühen um Objektivität nicht völlig überwunden werden können, vergrößern sich noch ganz wesentlich durch die Tatsache, daß der Blick in die Zukunft – weit mehr noch als der in die Vergangenheit – von persönlichen Meinungen und individuellen Standpunkten, von Weltanschauungen und Interessen geprägt wird – und zuweilen auch von der Rücksichtnahme auf die vermuteten oder wohlbekannten Interessen und Standpunkte jener, die die Zukunftsforschungsaufträge erteilen.

So erklärt sich ja auch die Mannigfaltigkeit bis Widersprüchlichkeit der Prognosen – von der Vorhersage der Kfz-Absatzziffern im übernächsten Jahr bis zu den Weltmodellen. Und nicht immer ist es leicht, zu beurteilen, ob in diese oder jene optimistische und pessimistische Prognose nur die persönlichen Ansichten und Vorurteile des Forschers und seiner Mitarbeiter eingeflossen sind oder ob es sich um bewußte Manipulationen handelt.

Der umsichtige Prognosenleser tut in jedem Falle gut daran, sich die alte Frage der Richter zu stellen: *Cui bono?* »Wem nützt es?« Denn so wie der Richter mit dieser Frage nach dem Nutznießer des Verbrechens den Schuldigen zu finden sucht, so kann die Frage nach dem geistigen oder materiellen Nutznießer einer Prognose sowohl etwas über deren wissenschaftliche Bedeutung aussagen als auch den kritischen Beurteiler zu der Feststellung veranlassen: Diese Prognose geht von einem Standpunkt aus, der nicht der meine ist, und daher kann ich auch ihre Schlußfolgerungen nicht akzeptieren.

Gerade in Fragen der Zukunftsschau kann es grundsätzlich keine »Objektivität« geben, weil Gegenstand aller Überlegungen letztlich ja nur Möglichkeiten, aber keine Tatsachen sind. Selbst im einfachsten Fall ist die Annahme zu treffen, daß der Trendverlauf gleich bleiben wird – und das ist bereits eine Ansichts-, um nicht zu sagen Glaubenssache, für die prinzipiell kein Beweis erbracht werden kann. Selbst wenn sich hinterher die eine Prognose als richtig erweist und eine andere als falsch, so ist damit noch nicht zwingend etwas über den Wert der beiden Prognosen gesagt.

Jede Woche tippen Millionen im Fußball-Toto, prognostizieren also künftige Ereignisse – und wenn die Gewinnquoten besonders hoch sind, werden sie von Außenseitern kassiert. Warum? Weil die Quoten stets dann hoch sind, wenn das von den Fachleuten für unwahrscheinlich Gehaltene eintritt, wenn die vermeintlichen Gewißheiten zu Bruch gehen und der Sachverstand total scheitert. Dann gibt es immer noch die eine oder andere »Prognose« (in diesen Fällen »Tip« genannt), die sich als »richtig« erweist – eine Prognose, auf die kein leidlich vernünftiger Fußballfreund gekommen wäre, sondern die von einem alten Mutterl in der Einöde mit einem Totowürfel ausgeknobelt wurde.

Da aber die Summe des Weltgeschehens gewiß nicht leichter berechenbar ist als ein Dutzend Fußballwettkämpfe, kann es nicht überraschen, wenn gelegentlich alle plausibel erscheinenden Vorhersagen falsch sind und das schier Undenkbare eintritt. Auch ist es des öfteren schon vorgekommen, daß sich von zwei oder mehreren einander widersprechenden Prognosen beide oder alle erfüllen, wenn auch zu unterschiedlichen Zeitpunkten. Es bestätigt sich zunächst einmal die Vorhersage A, und über kurz oder lang bewahrheitet sich dann die ihr diametral entgegengesetzte Prognose B, denn auch die Wahrheiten von gestern sind nicht selten die Irrtümer von heute und abermals die Wahrheiten von morgen.

Das SZF-Bulletin der Schweizerischen Gesellschaft für Zukunftsforschung wies im Juni 1975, auf dem Höhepunkt der Ölkrisendiskussion, auf einen Artikel des Nationalökonomen und Zukunftsforschers Professor Emil Küng hin, den dieser im Jahre 1964 geschrieben hatte. Darin heißt es: »Gewiß – es gibt abschreckende Beispiele von Fehlprognosen. So ging man in den fünfziger Jahren im Anschluß an die Suezkrise davon aus, daß Westeuropa für die kommenden Jahre mit einer Knappheit an Kohle und Erdöl zu rechnen habe ... und ging daran, die Produktionskapazitäten der Kohlenindustrie auszudehnen. Das Ergebnis ist bekannt: riesige Haldenbestände gegenüber reichlich vorhandenem und billig angebotenem Erdöl.«

Das Bulletin setzte über den kurzen Beitrag den Titel »Energieprognosen – gestern falsch, heute richtig, morgen?«, und da dieses »morgen« des Jahres 1975 unterdes bereits zum Heute geworden ist, können wir sagen, daß auch die düsteren Prognosen aus den Monaten der Ölkrise sich nicht bewahrheitet haben: Es wird munter weiterhin Erdöl in immer noch wachsenden Mengen verbraucht, und auch die zweite hastige Mobilisierung der Kohlenvorräte hat hauptsächlich zu vermehrten Haldenbeständen geführt, die mit dem Erdöl nicht konkurrieren können.

Erst wenn Prophezeiungen an festen Daten verankert werden, sind sie als Voraussagen wirklich ernst zu nehmen – erstens, weil nur dann eine klare Feststellung möglich ist, ob sie sich bewahrheitet haben, und zweitens, weil nur zeitlich einigermaßen genau bestimmte Prognosen eine Entscheidungshilfe bieten können.

Darauf aber läuft jede Prognostik letztlich hinaus: Sie soll Ent-

scheidungshilfe sein, falls sie nicht bloß *um ihrer selbst* bzw. um der Tagessensation willen betrieben wird. So dienen etwa die Wahlprognosen vornehmlich der Schlagzeilenproduktion, und wenn sie mitunter doch als Entscheidungshilfe angesehen werden, dann, weil sie angeblich das Verhalten der Wähler beeinflussen.
Nun gibt es glücklicherweise zwei völlig konträre Effekte, die mit Wahlprognosen in Verbindung gebracht werden – den *Bandwagon*- oder Mitläufereffekt und den *Underdog*- oder Mitleidseffekt. Die Erklärung für beide Auswirkungen ist eine psychologisch-soziologische. Der *Bandwagon*-Effekt (*bandwagon* ist der Wagen mit der Musikkapelle im Festumzug – jeder will auf diesem beliebten Wagen mit drauf sein) besagt, daß aus Gründen psychischer Befriedigung wie auch praktischen Nutzens jeder auf der Seite des Siegers sein will: wo es Stärkere gibt, immer auf der Seite des Stärkeren. Daher, so diese Theorie, führt die Veröffentlichung einer Wahlprognose erst recht zu einem Zustrom schwankender Wähler zur angeblich führenden Partei.
Die Theorie des Mitleidseffekts besagt das genaue Gegenteil: Wenn eine Wahlprognose zeigt, daß eine Partei deutlich in Führung liegt, dann werden die unentschlossenen Wähler dadurch bewogen, sich den offensichtlich Unterlegenen zuzuwenden: wo es einen Stärkeren gibt, immer auf seiten des Schwächeren.
Diese beiden Theorien können, so widersprüchlich sie erscheinen, auf klare Bestätigungen verweisen. Bei näherem Hinsehen löst sich der vermeintliche Widerspruch jedoch auf. Der Mitläufereffekt ist nämlich vor allem dort nachweisbar, wo die Unentschlossenen durch sichtbares Überlaufen zum vermutlichen Sieger realen Nutzen ziehen können, wie etwa bei den Nominierungskonventen der beiden großen amerikanischen Parteien. Zeichnet sich dort nach einem Wahlgang der voraussichtliche Sieger deutlich ab, dann erfolgt ein wahrer Wettlauf der bisher unentschlossenen (oder auf einen lokalen Kandidaten eingeschworenen) Delegationen um Anerkennung ihrer Sinnesänderung. Denn diejenige Delegation, deren Stimme den Ausschlag zur Mehrheit gibt oder die rechtzeitig dem *bandwagon* nachgelaufen und aufgesprungen ist, hat vom gewählten Kandidaten politische Vorteile zu erhoffen. Der Wäh-

ler in der Wahlzelle hingegen hat von einem solchen Entscheidungswandel nichts zu erwarten als höchstens das Gefühl, durch Unterdrücken seiner eigenen Ungewißheit der Mehrheit zuzustimmen.

Der Mitleidseffekt kommt wohl eher in der Wahlzelle zur Geltung; doch ist hier nicht so sehr Mitleid im Spiel als das Bestreben, ein Gleichgewichtsverhältnis anzusteuern, um eine Partei, die ohnehin schon offensichtlich überlegen ist, nicht noch hochmütiger zu machen. Per Saldo heben sich die möglichen psychologischen Auswirkungen von Wahlprognosen wohl gegenseitig auf. Das einzige, was die Parteifunktionäre fürchten müssen, ist, daß jene Parteigänger, die annehmen, man habe den Sieg ohnehin schon in der Tasche, selbstzufrieden der Wahl fernbleiben.

Eine völlig andere Art der Beeinflussung künftiger Ereignisse durch Prognosen muß hier ebenfalls kurz erwähnt werden, weil es sich zwar um okkulte Phänomene handelt, diese aber zuweilen wissenschaftlich behandelt wurden. Der amerikanische Parapsychologe Rhine, der sich seit Jahrzehnten mit Fragen der Gedankenübertragung und der Vorhersage von Zufallsereignissen beschäftigt, will in langen Versuchsreihen festgestellt haben, daß nicht nur einzelne Versuchspersonen Zufallsereignisse (wie die Augenzahl eines Würfels) wesentlich besser voraussagen konnten als andere, sondern daß es ihnen zuweilen auch gelang, die wahrscheinlichkeitstheoretischen Häufigkeiten der einzelnen Wurfresultate zu beeinflussen. Sie hätten damit gewissermaßen den Zufall hypnotisiert und dazu gezwungen, eine bestimmte Zahl häufiger erscheinen zu lassen als sonst.

Nun gibt es gegen die Annahme dieser Theorie sowie überhaupt gegen jeden theoretischen Beweis von *Clairvoyance* oder okkulter Prävision einen praktischen Gegenbeweis: Gäbe es auch nur eine Handvoll Menschen, die künftiges Geschehen richtig vorhersagen können, dann gäbe es schon lange keine Spielkasinos, keine Börsen und keine Rennwetten mehr. Da sich aber bislang immer noch gezeigt hat, daß es unvorhersehbar ist, welche Zahl morgen nachmittag um 17 Uhr 22 auf Tisch drei des Spielkasinos in Baden-Baden fallen wird, und ob Kakao heute in drei Wochen höher oder

niedriger gehandelt werden wird, ist die Frage der okkulten Prävision damit wohl eindeutig geklärt.
Wenn es aber auch nicht möglich ist, auf diese Weise durch gedankliche Konzentration ein künftiges Zufallsereignis zu beeinflussen, so ist es doch sehr wohl möglich, prognostische Zukunftserwartungen und leidenschaftliche Zukunftshoffnungen in gewissen Grenzen mit der Realität der künftigen Ereignisse in Übereinstimmung zu bringen – und zwar in gegensätzlicher Weise. Man kann erstens das eigene Verhalten an die erwartete prognostizierte Zukunftslage anpassen, um auf diese Weise das Bestmögliche aus der Zukunft herauszuholen – eine Haltung, die etwa dem »Mitläufereffekt« vergleichbar ist. Man kann aber auch, zweitens, durch leidenschaftliches Engagement die künftige Entwicklung im eigenen Sinn zu beeinflussen suchen – ein Bemühen, das in gewisser Weise dem »Mitleidseffekt« entspricht, aber von intensiverer Anteilnahme gekennzeichnet ist.
Damit sind wir aber auch wieder bei den beiden berühmt-berüchtigten Extremen der sich selbst verwirklichenden und der sich selbst zerstörenden Prognose. Und damit auch bei der systematischen Manipulation der Prognose, um einen dieser beiden Effekte zu erreichen. Im einen Fall wird die historische Unabwendbarkeit einer Entwicklung aufgezeigt, um passive Akzeptierung oder *Bandwagon*- Proselytentum zu fördern. Im anderen Fall wird ein düsteres Zukunftsgemälde entworfen, um alle Kräfte zu mobilisieren, die sich gegen eine solche Zukunft erbittert zur Wehr setzen wollen.
In beiden Fällen aber ist das Zukunftsbild, das der Prognostiker entwirft, nicht nur – was unvermeidlich ist – durch die Brille seiner persönlichen Überzeugung gesehen, sondern darüber hinaus noch propagandistisch verzerrt: Die Prognose ist nur eine Sonderform der Verheißung oder der Warnung, ein Aufruf zur Aktion pro oder contra.
Aber auch unverzerrte, um Sachlichkeit und Objektivität bemühte Prognosen lösen, sobald sie geglaubt werden, Aktionen aus und werden gerade dadurch zwangsläufig zu falschen Prognosen: Die Reaktion der Gläubigen widerlegt den Propheten.

Nehmen wir folgendes Beispiel an: Die Weltbank prognostiziert ein kontinuierliches Ansteigen des Dollarkurses gegenüber der DM im Ausmaß von zehn Prozent innerhalb eines Jahres. Was geschieht? Entweder die Prognose wird allgemein nicht geglaubt, dann ist sie bedeutungslos und wird überdies falsch sein, denn sobald sich ein Kursanstieg abzeichnet, würde man sich wieder an sie erinnern und sie ernst nehmen, sie wird also dann doch geglaubt.

Nächster Fall: Die Prognose wird geglaubt. Sie kommt von einer sowohl angesehenen als auch einflußreichen Institution, und die Prominenz der Wirtschaftstreibenden sowie die Finanzgrößen (Minister wie Spekulanten) nehmen sie ernst. Sie werden daher Dollar kaufen und DM abstoßen, um Gewinne einzustreichen oder doch Verluste zu vermeiden. Sie werden aber nicht kontinuierlich Monat um Monat zu jeweils minimal steigenden Kursen Dollar kaufen, sondern schon jetzt, wo sie noch billig sind. Ergebnis: Der Dollarkurs wird tatsächlich um zehn oder sogar noch mehr Prozent steigen, aber in wesentlich kürzerer Zeit als prognostiziert, vielleicht schon innerhalb von zwei oder drei Monaten. Die Prognose des kontinuierlichen Anstiegs ist dadurch falsch geworden.

Weitere Möglichkeiten: Die Prognose wird nicht nur ganz einfach nicht geglaubt, sondern man wittert darin den Versuch, die Öffentlichkeit zu Dollarkäufen anzuregen und schließt daraus, daß der Dollar – wieder einmal – bedroht ist. Ergebnis: Der Dollarkurs wird sinken, die Fehlprognose wird dem Ansehen des Instituts zusätzlich schaden.

Nun wird schon seit über einem halben Jahrhundert herumgeraten und herumgerechnet, ob es nicht möglich sein müßte, die Reaktionen auf die Prognose gleich mitzukalkulieren und eine dementsprechend berichtigte Prognose zu stellen. Das klingt recht gut, und Karl Steinbuch hat sich auch bemüht, ein solches Rechenverfahren als durchaus möglich darzustellen. Aber letztlich ist das Endergebnis, auch wenn man durch drei, zehn und hundert solcher Rückkopplungsschritte geht, immer wieder dasselbe: Die schließlich verlautbarte Prognose wird, wenn sie Glauben findet, zwangsläufig falsifiziert, zumindest aber nur in einer anderen als der prognostizierten Art und Weise realisiert werden können.

Nur unbestimmte Verheißungen und Warnungen, bei denen also kein Zeitpunkt der Erfüllung oder keine Details prophezeit werden, können sich erfüllen. Je seriöser und präziser die Prognose, desto sicherer ihre Widerlegung – ein prinzipiell unlösbares Dilemma der Futurologie. Damit ist aber keineswegs gesagt, daß die Zukunftsforschung sinnlos und wertlos ist, wenn es auch so scheinen möchte, als sei die einzige Prognose, die sich genau erfüllen könnte, diejenige, die streng geheimgehalten und im Safe versperrt wird, damit sich niemand nach ihr richten kann. Wert- und sinnlos kann die Beschäftigung mit der Zukunft grundsätzlich nicht sein, und die Zukunftsforschung ist daher auch keine modische Marotte sektiererischer und geschäftemachender Prognostiker (zumindest: nicht nur), sondern ein notwendiges und elementares Bestreben aller Menschen vom Anbeginn menschlichen Daseins an. Ohne ein Mindestmaß an plausiblen Vorstellungen über die Zukunft ist »vernünftiges« Verhalten undenkbar, denn jede Entscheidung orientiert sich an Erwartungen.

Zur Ausgestaltung dieser Erwartungen aber ist eine nur in Umrissen und Grundannahmen richtige Prognose zweifellos ausreichend. Die theoretische Forderung nach der exakten Erfüllung weicht der Konzilianz der Praxis: Hauptsache, das meiste ist ziemlich richtig. Aber selbst diese bescheidenen Anforderungen sind nicht leicht zu erfüllen: Mangelnde Informationen, fehlerhafte Methodik und falsche Annahmen führen auch diejenigen in die Irre, die um Objektivität bemüht sind.

Zu den häufigsten und gefährlichsten der falschen Annahmen zählt die Fehlbeurteilung der jüngsten Ereignisse. Entweder werden sie maßlos überbewertet oder im Bestreben nach einer Beurteilung »von hoher Warte« mit Hochmut übergangen. Die richtige Bewertung gerade der jüngeren Vergangenheit zählt zu den schwierigsten Problemen der Futurologie.

Die jüngsten Ereignisse stehen besonders lebhaft in der Erinnerung des Prognostikers, aber auch in der seiner Leser und Hörer. Sie zu deuten, sie einzubinden in die Zukunftsschau, erscheint sowohl sachlich notwendig – es könnte sich ja um einen neuen Trend handeln –, als auch psychologisch von Wichtigkeit, weil dadurch scheinbar die Verbundenheit der Prognose mit der Tagesaktualität dokumentiert wird. Aber dieses hektische Bemühen, die jüngste Vergangenheit für die Zukunftsschau auszuwerten, endet in der überwiegenden Mehrzahl der Fälle mit einem Fiasko: Auf die Mondlandung folgte keineswegs die Besiedlung des Mondes; auf die Ölpreiserhöhung folgte keineswegs der Ausverkauf der Industriestaaten an die Araber; und was die Änderungen in der Berufsstruktur betrifft, so wurde nicht unrichtig gesagt, die Geschichte der (Berufs-)Bedarfsprognosen sei eine Geschichte der Fehlprognosen.

Die Vielzahl der möglichen Fehlerquellen und die Vielzahl der vorgefaßten Meinungen führt in ihrer Summe dann letztlich zu einer verwirrenden Vielfalt der Prognosen, zum konkurrierenden Überangebot an Zukünften, aus der man sich zwar allenfalls jene aussuchen kann, die einem am besten zusagt, die aber – so weiß man insgeheim – ziemlich sicher nicht eintreffen wird. Welche aber wird die richtige sein, nach welcher kann man sich richten, welche bietet brauchbare Orientierungshilfe ins Ungewisse?

Die Enttäuschung wächst von Jahr zu Jahr, denn es wird immer offenkundiger, daß die Futurologie insgesamt zuviel versprochen und zuwenig gehalten hat. Dem einzelnen Institut, dem einzelnen Prognostiker kann man diesen Vorwurf nicht so leicht machen – sie sichern sich mit Fußnoten, einleitenden Bemerkungen und der schon als selbstverständlich angenommenen *Ceteris-paribus*-Klausel ab. Insgesamt aber ist im Laufe der letzten Jahrzehnte zu sehr der Eindruck erweckt worden, daß die Zukunft vorhersagbar wäre. In ähnlicher Weise haben ja auch die Erfolge der modernen Medizin allmählich den Eindruck entstehen lassen, als sei der Kampf gegen Krankheit (und fast schon gegen den Tod) so gut wie gewonnen. Für den einzelnen Patienten ist es daher besonders frustrierend, wenn der Heilerfolg ausbleibt: Die Medizin, das wissen wir doch, kann ja wahre Wunder wirken!

Ähnlich verhält es sich mit der Zukunftsschau – vom Wetterbericht für übermorgen über die Berufschancen-Prognose für 1990 bis zum Weltmodell für das Jahr 2050: Stets von neuem durch Fehlschläge enttäuscht und verwirrt von widersprüchlichen Vorhersagen, außerdem ganz allgemein zunehmend skeptischer gegenüber der »Wissenschaft« und ihren vermeintlichen Fortschritten, neigt der Durchschnittsbürger immer mehr dazu, sich lieber auf seinen »gesunden Hausverstand« als auf die Propheten zu verlassen.

Aber der »gesunde Hausverstand«, dessen Gesundheit zu allen Zeiten etwas zweifelhaft war, erleidet zwangsläufig Schiffbruch in einer Welt und Umwelt, die den normalen fünf Sinnen nicht mehr zugänglich, dem intelligenten Laien nicht mehr verständlich ist. Noch bis in die dreißiger Jahre konnte die gute Hausfrau Lebensmittel- und Stoffqualitäten sicher unterscheiden, ließ sich die Haltbarkeit eines Holz- oder Metallteiles abschätzen, konnte der Durchschnittshandwerker Materialien aller Art richtig beurteilen. Durch den ungeheuer schnellen Vormarsch von Chemie und Technik in die Alltagswelt ist diese Urteilskraft heute überfordert.

Wie sieht man Tiefkühlprodukten an, ob die Kühlkette nicht schon einmal unterbrochen wurde? Welcher von zwei gleich aussehenden »Plastikgriffen« hält zehnmal länger als der andere? Wie entscheidet man sich in einer Volksabstimmung über den Bau von Kernkraftwerken? Welche Kunstfasern in welcher Mischung reizen welche Haut?

Auch die scheinbar altvertrauten Waren sind nicht mehr das, was sie einmal waren: Zusätze aller Art stecken in ihnen. Eine Seite behauptet, sie seien höchst schädlich, eine andere (kompetentere?) verkündet tröstlich, in den verwendeten Mengen könnten sie keinerlei Schaden anrichten. Was soll der »gesunde Menschenverstand« zu 1001 Kunstharzen und 100001 Chemikalien sagen? Von ihrer bloßen Existenz erfährt er ja kaum durch die eigene Wahrnehmung, sondern durch Etiketten und Gutachten. Und wenn man sie in Bausch und Bogen ablehnen wollte, was verbliebe an realistischer Handlungsmöglichkeit?

Der Organismus warnt nicht vor krebserregenden Farbstoffen. Radioaktive Strahlung kann unbemerkt bleiben, bis irreversible Schäden eingetreten sind. Nebenwirkungen aller Art können auch für Fachleute unerwartet kommen. Entscheidungen von weltweiter Tragweite müssen an Datenverarbeitungsanlagen und an Beobachtungssatelliten weitergegeben werden. Der Dritte Weltkrieg bricht aus, sobald automatische Frühwarnstationen Signale übermitteln, die auf einen Raketenangriff schließen lassen. Die Roten Telephone und heißen Drähte sind eher Bühnenstaffage und Kinderspielzeug – und selbst wenn sie rechtzeitig und verantwortungsbewußt genutzt werden, so ermöglichen sie eben doch nur die Reaktion eines vielleicht überforderten Individuums – eine Reaktion, die letztlich programmiert ist von Meßdaten und Rechenmaschinen.

Die Unsicherheit in jedem Sinne des Wortes hat zugenommen. Der wissenschaftliche und politische Fortschritt hatte seit den Tagen der Französischen Revolution und der Aufklärung die »Überwindung des Zufalls« auf sein Panier geschrieben. Das Weltgeschehen sollte durchsichtiger und formbarer gemacht werden. Planung war die Parole der erzkapitalistischen Unternehmer wie der orthodoxen Marxisten. Versicherungen aller Art sollten die Unsicherheit beseitigen; aber Versicherungen sichern nicht gegen den Schaden, sondern sie können nur die finanziellen Folgen des Schadens kompensieren. Und selbst die Versicherungen wurden nicht selten Opfer der Unsicherheit, der Kriege, der Inflation.

Von der lauthals proklamierten und immer noch inbrünstig erhofften »Überwindung des Zufalls« ist nicht viel mehr übrig geblieben als eine Vergewaltigung der Natur –, und während die Unbilden der Natur noch einigermaßen vorausgesagt werden konnten, ist es um die Einschätzung der »technologischen Folgeerscheinungen« noch sehr schlecht bestellt. Zur Unsicherheit des Laien kommt die Unsicherheit der Experten.

Wenn heute verwundert gefragt wird, weshalb die subjektive Beurteilung der »Lebensqualität« eher abnimmt, warum Neurosen und psychische Störungen zunehmen, die Selbstmordrate im günstigsten Fall unverändert bleibt, der Herzinfarkt immer mehr Opfer fordert und psychosomatische Krankheitsbilder immer häufiger auftreten, dann besteht vermutlich zumindest ein Teil der Antwort in der Feststellung, daß das Leben unsicherer geworden ist,

die Zukunft undurchschaubarer und gerade deshalb beängstigender.
Gewiß, in vieler Hinsicht kann man sich heute einer Sicherheit erfreuen, die noch vor wenigen Jahrzehnten unvorstellbar war: Vom Kündigungsschutz bis zur Pension scheint ein dichtes »soziales Netz« Sicherheit gegen alle Wechselfälle des Schicksals und der Konjunktur zu bieten. Aber im Innersten weiß jeder einzelne Bürger, was nur hie und da offen ausgesprochen wird: Jede Art von Sozialversicherung steht und fällt mit den laufenden Beitragszahlungen. Kommt die große Krise mit der großen Arbeitslosigkeit, dann wird auch das soziale Netz brüchig und rissig, gleichgültig, was in den Paragraphen der Gesetze und den Artikeln der Verfassungen steht.
Nun ist diese Ungewißheit nichts grundsätzlich Neues, im Gegenteil: Alle Generationen vor uns haben mit ihr gelebt und waren dem Schicksal und dem Zufall mehr oder minder ausgeliefert. Aber *wir* sind im Glauben an die gelungene Überwindung des Zufalls herangewachsen, haben Plänen, Programmen und Prognosen vertraut und ließen uns überzeugen, daß die Zukunft vorhersehbar und berechenbar ist. Und nun fühlen wir immer deutlicher, daß die Vorherschau wirklichkeitsfern ist und die Berechenbarkeit zwar eindrucksvoll die Rechenkunst des Computers beweist, im übrigen aber eine mathematische Traumwelt schafft.
Es ist nicht zu leugnen, daß das Instrumentarium der Zukunftsforschung heute weit vollkommener ist, als es jemals zuvor in der Geschichte der Menschheit war – aber diese Perfektion dient letztlich nur dazu, mühsam Schritt zu halten mit einer immer unberechenbarer, weil immer dynamischer werdenden Welt, in der überdies noch die kausalen Verknüpfungen ständig zunehmen.
»Hätte ich zu Wardöhus einen Kirschkern in die See geworfen, so hätte der Tropfen Seewasser, den Mijnheer am Cap von der Nase wischt, nicht genau an dem Ort gesessen«, so philosophierte Lichtenberg vor mehr als zweihundert Jahren über die weltweiten Zusammenhänge von Ursache und Wirkung. Unterdes sind diese Verflechtungen noch weit stärker und unübersichtlicher geworden: Die Brandstiftung in der El-Aksa-Moschee in Jerusalem, Tat

eines geisteskranken Australiers, hätte einen neuen Nahostkrieg und einen Dritten Weltkrieg auslösen können; eine neue Sportart oder eine neue Mode können am anderen Ende der Welt Zehntausende arbeitslos machen, zu Krisen und Revolutionen führen.

Niemand kann alle diese Zusammenhänge kennen, niemand sie alle in einen Computer einspeichern, niemand die genauen Wechselwirkungen vorhersagen. Wir ahnen nur, daß es sie gibt, und wir merken es zuweilen erschreckt in einzelnen Fällen, die Schlagzeilen machen. Wir ahnen, daß diese (für uns) friedliche Welt nicht ganz so stabil ist, wie sie auf den ersten Blick aussieht, und daß die Zukunft viele Überraschungen vorrätig hat – für uns wie für die Futurologen. Und diese Unsicherheit führt zu jener »Sekuritätsgier«, die nicht nur rational zu erklären ist, sondern die auch Amulettcharakter hat: die Ver»sicherungs«prämie als Krug Wein, der den Göttern geopfert wird.

Auch der Glaube an die Zukunftsforschung ist in diesem Sinne doppelgesichtig, ist rational und irrational zugleich: rational, weil man Entscheidungshilfen für das eigene Handeln erhofft, und irrational insofern, als dem großen Schamanen Futurologe und seinem großen Gott Computer naives Vertrauen entgegengebracht wird. Zwiegesichtig aber auch die Reaktion auf die Offenbarungen – vom Fatalismus bis zum erbitterten Protest. Und schließlich fehlt die Verspottung des weissagenden Götzen nicht, wobei im Hohngelächter doch die Angst und die Hoffnung mitschwingen, es könnte vielleicht morgen schon die große Wahrheit verkündet werden.

Es kann kein »Kursbuch ins Dritte Jahrtausend« geben, auch wenn eine solche Präzision zuweilen vorgegaukelt wird. Ein Kursbuch ist ein Arbeitsplan einer mächtigen Organisation, die nahezu alle Faktoren unter Kontrolle hat, von denen die Realisierung des Plans, die Befolgung des Kursbuch-Szenarios, abhängt. So gibt es nur verhältnismäßig wenige Eisenbahnkatastrophen, nur fallweise Streiks, nur gelegentlich Störungen durch »höhere Gewalt« wie Unwetterkatastrophen. Und die Zugverspätungen halten sich zumeist in erträglichen Grenzen.

Die Zukunft der Welt aber wird nicht von einer globalen Behörde in allen Details festgelegt – und wenn es diese Behörde und ihre Pläne gäbe, so müßte bei deren Realisierung doch mit so vielen unerwarteten Zwischenfällen gerechnet werden, daß dieses Weltkursbuch kaum nützlicher wäre als unsere heutigen Weltmodelle: ein faszinierendes Denkspiel. Denn die Zukunft der Welt läuft nicht auf verläßlichen Gleisen, mit einem Personal, das die Intentionen der Kursbuchverfasser pflichtbewußt zu verwirklichen sucht; sie entsteht vielmehr als phantasievolles Gewebe aus Planung und Zufall, aus Absicht und Mißverstehen, aus Notwendigkeit und Improvisation, aus entschlossenem Handeln und zögerndem Reagieren.

Wer nach einem Kursbuch der Futurologen in die Zukunft fahren will, der wird mit höchster Wahrscheinlichkeit zu einem unerwarteten Zeitpunkt an einem ganz anderen Bahnhof aussteigen müssen, selbst wenn er zunächst in den richtigen Zug eingestiegen sein sollte.

Befreit man sich aber vom blinden Glauben wie vom blinden Aberglauben, von krankhafter Vertrauensseligkeit wie vom krankhaften Mißtrauen, dann bleibt für jeden etwas ungemein Wertvolles von der Zukunftsforschung übrig: ein Anstoß zum Selbst-Denken, zum Nach-Denken der Gedanken über die Zukunft; ein Anstoß auch, im eigenen, engen Aktionsbereich tätig zu werden.

Wer von der Zukunftsforschung Gewißheit und eindeutige Lösungen erwartet, wird unweigerlich enttäuscht werden. Wer bei ihr Hilfe sucht, um zielbewußter ins Dunkel schreiten zu können, wird sie finden.

Literaturhinweise

Die nachstehende Liste ist weder ein Quellenverzeichnis noch eine Bibliographie zum Thema, sondern verzeichnet einige Bücher, die als ergänzende oder weiterführende Literatur zu einzelnen Teilaspekten der Zukunftsforschung benützt werden können

Amalrik Andrej, Kann die Sowjetunion das Jahr 1984 erleben? Zürich 1970

Anderson Stanford, Die Zukunft der menschlichen Umwelt, Freiburg 1971

Ayres Robert U., Prognose und langfristige Planung in der Technik, München 1971

Cicero, Von der Weissagung (De divinatione)

Clarke Arthur C., Im höchsten Grade phantastisch, Düsseldorf 1963

Cornish Edward, The Study of the Future, Washington 1977

Dubos René, Parole Vernunft, Rüschlikon 1973

Flechtheim Ossip, Futurologie, Köln o. J.

Forman Henry James, Les propheties, Paris 1941

Forrester Jay W., Der teuflische Regelkreis, Stuttgart 1971

Freeman/Jahoda et al., Zukunft aus dem Computer? Neuwied 1973

Gabor Dennis, Inventing the Future, London 1963

Gehmacher Ernst, Methoden der Prognostik, Freiburg 1971

Gérin-Ricard L. de, Histoire de l'occultisme, Paris 1939

Hagenau Gerda, Verkünder und Verführer, Düsseldorf 1976

Haldane J. B. S., Daedalus, München 1925

Hübscher Arthur, Die große Weissagung, München 1952

Hutten Kurt, Seher, Grübler, Enthusiasten, Stuttgart 1958
Jouvenel Bertrand de, Die Kunst der Vorausschau, Neuwied 1967
Jungk Robert, Der Jahrtausendmensch, München 1973
Kahn Herman, Angriff auf die Zukunft, Wien 1972
Keller Werner, Was gestern noch als Wunder galt, München 1973
Kuehn Arthur, Das Problem der Prognose in der Soziologie, Berlin 1970
Meadows Dennis, Die Grenzen des Wachstums, Stuttgart 1972
Mesarovic/Pestel, Menschheit am Wendepunkt, Stuttgart 1974
Morgenstern Oskar, Wirtschaftsprognose, Wien 1928
Morus (Lewinsohn Richard), Die Enthüllung der Zukunft, Hamburg 1958
Nigg Walter, Prophetische Denker, Zürich 1957
Schumacher E. F., Es geht auch anders, München 1974
Sède Gérard de, L'étrange univers des prophètes, Paris 1977
Spengler Oswald, Der Untergang des Abendlandes, München 1923
Swoboda Helmut, Knaurs Buch der modernen Statistik, München 1971 – Utopia, Wien 1972
Vacca Roberto, Il medioevo prossimo venturo, Milano 1971
Varena Marcus, Gesammelte Prophezeiungen, Freiburg 1959
Voldben A., Die großen Weissagungen über die Zukunft der Menschheit, München 1975
Sammelwerke:
»Das 198. Jahrzehnt«, München 1972
»The Next Ninety Years«, Pasadena 1967
»The World in 1984«, 2 Bde., Harmondsworth 1965
Toffler Alvin (Hg.), Kursbuch ins dritte Jahrtausend, Bern 1973

Register